Embedded Engineer Textbook

임베디드 엔지니어 교과서

1쇄 발행 2020년 7월 29일
2쇄 발행 2022년 4월 30일

지은이 와타나베 노보루, 마키노 신지
옮긴이 정인식
펴낸이 장성두
펴낸곳 주식회사 제이펍

출판신고 2009년 11월 10일 제406-2009-000087호
주소 경기도 파주시 회동길 159 3층 / **전화** 070-8201-9010 / **팩스** 02-6280-0405
홈페이지 www.jpub.kr / **원고투고** submit@jpub.kr / **독자문의** help@jpub.kr / **교재문의** textbook@jpub.kr

편집부 김정준, 이민숙, 최병찬, 이주원, 송영화
소통기획부 이상복, 송찬수, 배인혜 / **소통지원부** 민지환, 김수연 / **총무부** 김유미

진행 이종무 / **교정·교열** 배규호 / **내지디자인** 이민숙 / **내지편집** 다람쥐생활 / **표지디자인** 미디어픽스
용지 신승지류유통 / **인쇄** 한승문화사 / **제본** 일진제책사

ISBN 979-11-90665-40-7 (93000)
값 26,000원

제이펍은 독자 여러분의 아이디어와 원고 투고를 기다리고 있습니다. 책으로 펴내고자 하는 아이디어나 원고가 있는
분께서는 책의 간단한 개요와 차례, 구성과 저(역)자 약력 등을 메일(submit@jpub.kr)로 보내주세요.

임베디드 엔지니어 교과서

Embedded Engineer Textbook

와타나베 노보루, 마키노 신지 지음 / 정인식 옮김

Jpub
제이펍

차례

CHAPTER 4 임베디드 시스템을 사용한 C언어 프로그래밍 ⸺ 77

옮긴이 머리말

몇 년 전부터 4차 산업혁명에 대한 이야기는 큰 이슈였다. 그리고 많은 사람이 4차 산업혁명에 대비해서 준비하고 있는데, 이때 주로 등장했던 키워드는 빅데이터, 인공지능, 사물인터넷 등이었다.

특히, 이 책과 관련 있는 사물인터넷은 관심이 초창기보다는 다소 사그라든 감이 있지만, 이에 대한 무한한 가능성은 여전히 우리들의 미래에 커다란 영향을 끼칠 거라고 생각한다.

이 책은 사물인터넷 분야와 모바일 기기, 각종 전자 장비에서 빼놓을 수 없는 임베디드 소프트웨어 기술에 대한 안내서다. 이 책에서 다루는 임베디드 기술을 올바로 이해한다면 나중에 사물인터넷 및 모바일 기기 등에서 구현하고자 하는 기능을 실현하는 데 도움이 될 것이다. 특히, 이 책은 현재 가장 많이 사용하는 임베디드 개발환경인 아두이노와 라즈베리 파이를 다루고 있다는 점에서 임베디드 개발에 대한 기초 지식과 현업에서의 개발 방식을 같이 배울 수 있을 것이다.

그러한 점에서 이 책은 임베디드 기술을 처음 접해 보는 분이나 앞으로 임베디드 기술자가 되려는 사회초년생에게 적합하다고 생각한다.

4차 산업이 향후 우리 생활에 어떻게 영향을 줄지 아직 명확하게 알 수는 없지만, 그 화두에 있는 사물인터넷 장비 개발을 위한 임베디드 기술을 이해하는 데 아무쪼록 이 책이 도움이 되길 바란다.

먼저, 이 책을 번역하게 해주신 하나님께 감사드린다.

번역 이후 교정과 편집 과정에서 많은 도움의 손길이 있었다. 이 자리를 빌려 진심으로 감사의 말씀을 드리고 싶다. 언제나 여러모로 늘 아낌없는 지원을 해주신 장성두 대표님, 이 책의 진행을 맡아 주신 이종무 팀장님 그리고 이 책의 출간에 관여한 모든 분에게 감사의

말씀을 전한다. 마지막으로, 사랑하는 나의 아내와 하은, 시온에게도 이 책의 출간에 앞서 고마움을 전한다.

코로나 19로 전 세계가 어려운 가운데에 있지만, 여러 분야에 변화의 바람이 불고 있다. 어려운 시기에 평온한 일상의 소중함을 느끼며, 의료관계자분들의 노고에도 깊은 감사를 드린다.

– 정인식

들어가며

인공지능, 자율주행, 드론, 사물인터넷 등의 최신 기술에 대한 뉴스가 연일 화제가 되면서 우리는 모두 현대 사회에서 컴퓨터가 없으면 생활할 수 없음을 실감하고 있다. 여기서는 컴퓨터라고 통틀어 표현하였으나, 비단 PC나 스마트폰뿐만이 아니다. 이 책에서 다루는 임베디드 시스템도 현대 사회를 지탱하는 중요한 컴퓨터 중의 하나다.

근래에 들어서는 고성능 마이크로컴퓨터의 가격이 많이 내려가서 리눅스와 같은 범용 OS를 탑재한 디바이스가 급증하고 있다. 이러한 범용 OS를 탑재함으로써 마이크로컴퓨터나 하드웨어는 실제 사용할 애플리케이션을 개발하는 것만으로 원하는 기능을 실현할 수 있게 되었다. 하지만, 시장에서 이용되는 제품은 애플리케이션을 만드는 기술만으로 만들어 낼 수 있는 것이 아니다. 실제 어떤 환경에서 어떤 식으로 이용되는지, QCD(품질, 비용, 납기)를 고려한다면 마이크로컴퓨터를 사용하여 어떻게 만들지 등 여러 사항을 확실히 고려해서 개발할 수 있는 스킬이 필요하다.

이 책에는 앞으로 임베디드 시스템 개발에 참여할 엔지니어를 대상으로, 개발환경에 참가하기 전에 알아 두어야 할 필수 사항을 망라하고 있다. 특히, 마이크로컴퓨터 보드가 단순한 블랙박스가 아닌, 실제로 어떻게 동작하는지에 대해 그 구조를 이해하고 문제를 해결할 수 있도록 하는 것을 목표로 집필하였다.

책이나 인터넷 등에 이미 아두이노나 라즈베리 파이에 관한 다양한 정보가 있지만, 대부분이 센서에 접속하거나 서버를 설정하는 방법에 대한 설명 위주다. 이 책에서는 시중에서 구하기 쉬운 소형 마이크로컴퓨터인 아두이노나 고성능 마이크로컴퓨터를 탑재한 라즈베리 파이를 소재로, 마이크로컴퓨터나 운영체제를 화이트박스로서 이해하는 것과 함께, 개발환경에서 이용되는 소형 마이크로컴퓨터부터 고성능 마이크로컴퓨터까지의 응용을 목표로 한다.

조사에 따르면 임베디드 시스템 개발자는 자신의 업무에 의욕을 가지고 적극적으로 개발

하는 사람이 많다. 창작자의 입장에서는 눈에 보이는 물리적인 제품을 완성한 후 고객이
나 이용자가 그 제품을 사용하는 모습을 본다면 아무래도 감동하게 된다.

앞으로 임베디드 시스템 개발에 도전하는 사람에게도 이와 같은 적극적인 경험을 기대한
다. 기술자로서 기술의 본질을 추구하고, 보다 좋은 개발 기술을 습득함으로써 양질의 제
품을 사회에 제공하길 바라는 마음을 담아서 이 책을 집필하였다.

이 책이 그 첫걸음이 돼서 기술자로서의 학습을 돕는 데 활용되길 바란다.

- 와타나베 노보루

베타리더 후기

 나건호(영광종합병원)

태어나서 처음으로 베타리딩할 기회를 주셔서 감사합니다. 평소 임베디드 분야에 관심이 있던 소프트웨어 엔지니어로서 이렇게 화장지에 물이 스며들 듯 설명을 풀어나가는 책을 접하게 되어 반갑고 기뻤습니다. 임베디드에 대한 진입장벽을 낮추고 좋은 엔지니어로 성장하는 데 도움이 되는 책이라 생각합니다.

 원동식

이 책은 임베디드 시스템의 입문 도서로 안성맞춤입니다. 우리에게 친숙한 아두이노와 라즈베리 파이를 활용하였지만, 임베디드 시스템 프로그래밍의 핵심을 간결하게 전달한 교과서입니다. 내용이 방대한 것은 아니지만, 이 교과서를 기반으로 심화 학습을 하면 훌륭한 임베디드 시스템 개발자로 성장할 수 있을 것이라 확신합니다.

 유국조

기초로 시작해서 용두사미로 끝나 버리거나 무조건 따라하기식으로 구성된 기존 도서들보다 실무 경험에서 우러나온 알째배기 정보가 많은 것이 이 책의 장점이라 생각합니다. 특히, 다른 도서에서는 단순 빌드 명령어 수준의 내용으로 끝나는 임베디드 소스의 빌드 과정을 아주 상세하고 쉽게 단계별로 설명하는 부분이 좋았습니다.

 윤석훈(위웨이크 주식회사)

드디어 임베디드 엔지니어의 길로 들어서는 동료, 선후배들에게 추천할 수 있는, 게다가 술술 읽히는 기본서가 나온 것 같아서 기쁩니다. 이 책은 임베디드 엔지니어가 되고 싶은 분의 시작을 함께하기에 부족함이 없습니다. 오랫동안 엔지니어 생활을 했더라도 임베디드의 개념을 다시 한번 정리하고 싶은 분에게도 추천합니다. 출간되면 바로 후배 엔지니어에게 선물하고 싶습니다.

 장철원

임베디드는 공부하기에 앞서 프로그래밍 지식뿐만 아니라 리눅스 사용법이나 커널의 이해와 같은 선행 지식이 필요하므로 초보자에게는 어려울 수 있습니다. 이 책은 이러한 독자들을 위해 임베디드를 포함해 다양한 배경지식을 설명하는 부분이 특히 좋았습니다. 임베디드에 관심은 있었지만, 선뜻 시작하지 못했던 독자에게 추천합니다.

제이펍은 책에 대한 애정과 기술에 대한 열정이 뜨거운 베타리더의 도움으로
출간되는 모든 IT 전문서에 사전 검증을 시행하고 있습니다.

임베디드 기사 국가자격 안내

자격명: 임베디드 기사
영문명: Engineer Embedded
관련부처: 산업통상자원부
시행기관: 한국산업인력공단

■ 기본 정보

1. 개요

임베디드 시스템 하드웨어에 대한 이해, 임베디드 소프트웨어 플랫폼, 임베디드 시스템 응용 소프트웨어에 대한
기초 지식과 설계 및 응용 능력을 바탕으로 임베디드 시스템에 펌웨어, 운영체제를 이식하고, 응용 프로그램을
설계, 구현 및 테스트를 수행하는 업무 또는 이와 관련된 지도적 업무를 수행한다.

2. 변천 과정

신설 〈2011.11.23. 고용노동부령 제35호〉

3. 진로 및 전망

임베디드시스템 하드웨어, 임베디드 소프트웨어 플랫폼, 임베디드 시스템 응용 소프트웨어 분야

4. 검정 현황

연도	필기			실기		
	응시	합격	합격률(%)	응시	합격	합격률(%)
2019	101	55	54.5%	69	1	1.4%
2018	113	68	60.2%	60	17	28.3%
2017	128	41	32%	50	25	50%
2016	150	53	35.3%	65	4	6.2%
2015	145	55	37.9%	58	11	19%
2014	127	32	25.2%	36	25	69.4%
2013	232	80	34.5%	51	22	43.1%
소 계	996	384	38.6%	389	105	27%

■ 출제 기준(필기)

- **직무 분야:** 전기·전자
- **적용 기간:** 2020.1.1~2023.12.31
- **검정 방식:** 객관식
- **문제 수:** 80
- **시험 시간:** 2(시간)

- **직무 내용:** 임베디드 시스템의 하드웨어를 분석하여 하드웨어에 대한 초기화 및 테스트를 수행하며, OS(운영체제) 부팅을 위한 부트 로더를 포함하는 펌웨어와 임베디드 시스템의 OS와 관련한 플랫폼 소프트웨어 및 응용 소프트웨어를 설계, 구현하는 업무를 수행한다.

필기 과목명	출제 문제 수	주요항목	세부항목	세세항목
임베디드 하드웨어	20	1. 논리회로	1. 논리회로 기초	1. 디지털 시스템의 정의 2. 불 대수 3. 논리식 간소화 4. 수의 표현
			2. 조합논리회로	1. 각종 논리게이트 2. 각종 조합논리회로(디코더, 인코더, 멀티플렉서, 가산기 패리티, 에러 수정 코드 등) 3. 조합논리회로 분석, 설계
			3. 순서논리회로	1. 래치와 플립플롭 2. 각종 순서논리회로(레지스터, 카운터, 시프터 등) 3. 순서논리회로 분석, 설계
			4. 메모리	1. 각종 메모리(RAM, ROM, EPROM, EEPROM, NAND/NOR 플래시)
			5. HDL	1. 프로그래머블 로직, FPGA 2. Verilog, VHDL 3. Verilog를 이용한 논리회로설계
		2. 컴퓨터 구조와 마이크로 프로세서	1. CPU(중앙처리장치) 구조	1. CPU/마이크로프로세서의 구조 2. 버스 시스템 3. 명령어(instruction) 집합 구조 4. 어드레싱 모드 5. 마이크로 아키텍쳐(파이프라인, 퍼스칼라, 분기 예측 등) 6. ARM CPU
			2. 메모리 시스템	1. 메모리 계층 구조 2. 캐시 메모리 3. MMU와 가상 메모리 시스템, 페이징
			3. I/O 인터페이스	1. 입ㆍ출력 장치의 매핑 2. 폴링, 인터럽트 3. DMA 4. 입ㆍ출력 버퍼링
			4. 임베디드 시스템	1. 임베디드 시스템의 구조 2. 임베디드 시스템의 개발
		3. 주변장치	1. 입ㆍ출력 포트	1. GPIO의 설정과 이용 2. 입ㆍ출력 레지스터(Command/Status) 3. 입ㆍ출력 포트 멀티플렉싱 4. 데이터 시트의 개념

임베디드 하드웨어	20		2. 주요 주변장치	1. 시리얼 포트 2. 타이머 3. A/D, D/A 변환 4. 각종 센서(초음파, 적외선, 온도) 5. 모션 센서(가속, 자이로, 지자기) 6. 입ㆍ출력 버스(I2C, SPI 등) 7. 통신장치(Ethernet, 와이파이 등) 8. USB 9. 전원 제어 인터페이스 10. 칩 실렉트 로직
임베디드 펌웨어	20	1. 펌웨어	1. 펌웨어	1. JTAG 하드웨어 2. 스타트업 코드 3. 메모리 초기화
			2. 부트 로더	1. 부트 로더의 종류와 기능 2. OS 부트 과정 3. 플래시 메모리 관리 4. 초기 RAM 디스크 이미지 5. 네트워크 파일 시스템 이용 6. 부트 로더 작성 및 타깃 시스템 이식
			3. 전원 관리	1. 전원 관리 하드웨어 2. OS 전원 관리 3. 부트 로더의 전원 관리
		2. OS 포팅	1. 리눅스 내부 구조 개요 및 포팅	1. 커널의 소스 트리 구조 2. 커널 빌드 과정 개요 3. 커널 구성(configuration) 방법
			2. 리눅스 부팅	1. 리눅스 부팅 과정 2. init 스크립트 3. busybox와 셸 4. 커널 모듈 관리 5. 공유 라이브러리 관리
		3. 디바이스 드라이버 개발	1. 디바이스 드라이버 개념	1. 디바이스 드라이버의 개념 2. 디바이스 드라이버의 종류 3. 리눅스 커널 모듈
			2. 디바이스 드라이버	1. 표준 문자드라이버 API 2. 시스템 콜에 의한 드라이버 접근 3. 커널 모듈 원격 디버깅
			3. 디바이스 드라이버와 커널 서비스	1. 커널의 주요 자료 구조 2. 디바이스 드라이버에서의 버퍼 관리 3. 커널 메모리 할당과 해제 4. 상호 배제 지원 함수 5. 동기/비동기 드라이버 개념 6. 스케줄러를 이용한 대기 7. 커널 타이머 8. 세마포어 9. 인터럽트 서비스 10. DMA(Direct Memory Access) 개념
임베디드 플랫폼	20	1. OS	1. OS의 기본 개념	1. 가상 머신 2. 자원관리자 3. OS의 분류(실시간 OS, 분산 OS 등)
			2. 프로세스 관리	1. 스레드와 프로세스 2. 프로세스 상태 3. 스케줄링 기초
			3. CPU 스케줄링	1. 단일프로세서 스케줄링 기법 2. 멀티프로세서 스케줄링 기법 3. 실시간 스케줄링 기법

임베디드 플랫폼	20		4. 병행성 제어	1. 상호배제 2. 세마포어, 모니터 3. 교착 상태 4. 교착 상태 대처 방법
			5. 메모리 관리 방법	1. 캐시 메모리 2. 가상 메모리 3. 페이징과 세그먼테이션
			6. 장치 관리 방법	1. 디스크 관리 2. 파일 시스템
		2. 리눅스 커널 프로그래밍	1. 리눅스 개요	1. 리눅스 설치 및 관리 2. 커널 구조
			2. 커널 서비스	1. 시스템 콜 2. 시그널과 인터럽트 3. /proc, /sys 파일 시스템, kobject
			3. 메모리 관리	1. 주소 공간 및 구조 2. 가상 메모리, 메모리 매핑 3. 페이징, 스위칭, 캐싱 4. 프로세스 관리 및 스케줄링
			4. 디바이스 관리	1. 디바이스 드라이버 구조 2. 디바이스 파일 시스템(devfs) 3. 하드웨어 I/O
			5. 파일 시스템	1. 가상 파일 시스템(VFS) 2. LVM과 RAID 3. JFS
			6. 네트워크	1. 멀티플렉싱과 디멀티플렉싱 2. 리눅스 TCP/IP 스택
		3. 시스템 및 네트워크 프로그래밍	1. 프로세스 및 파일 처리	1. fork, exec 계열 2. 저수준과 고수준 파일 핸들링
			2. 메모리	1. 메모리 할당 및 해제 2. 메모리 정렬 및 검색 3. 메모리 Lock
			3. IPC(InterProcess Communication)	1. 메모리 맵(mmap) 2. 공유 메모리 3. 세마포어 4. 메시지 큐
			4. I/O 인터페이스 및 멀티플렉싱	1. PIPE와 FIFO 2. 소켓 3. select, pselect 4. Non-blocking I/O 5. poll, epoll
			5. 스레드	1. 스레드 개념 2. 스레드 생성 및 제어 3. 스레드 간 동기화 4. 프로세스의 모듈화 5. pthread API: 스레드의 생성, 종료 6. Mutex와 조건 변수 7. Barrier, 여러 가지 locks 8. 스레드의 응용
			6. 시그널 기본	1. 시그널의 정의 2. 시그널 핸들러 3. 시그널 전송 에러 처리

임베디드 플랫폼	20		7. 컴퓨터 네트워크	1. 컴퓨터 네트워크 기본 2. OSI 계층 프로토콜 3. TCP, UDP, IP 4. 클라이언트/서버 프로그램
			8. 소켓 프로그래밍	1. 소켓의 정의 2. TCP 소켓 3. UDP 소켓 4. 소켓 프로그래밍 응용
임베디드 소프트웨어	20	1. 데이터 구조	1. 데이터 구조의 이해	1. 알고리즘의 표현과 분석 2. 배열 3. 연결 리스트 4. 스택과 큐 5. 트리 6. 그래프
		2. 프로 그래밍	1. C 프로그래밍	1. 데이터 타입과 연산자 2. 제어 흐름 3. 함수와 프로그램 구조 4. 포인터와 배열 5. 구조 6. 입력과 출력
			2. 객체지향 프로그래밍	1. 객체지향 원리 2. C++ 개요 3. C++ 객체지향 기능 4. 자바 개요 5. 자바 객체지향 기능
			3. 멀티미디어 프로그래밍	1. 멀티미디어 정보 표현 2. 멀티미디어 압축 3. 영상 및 신호 처리 4. 멀티미디어 통신 5. 편집 도구 및 저작 도구
		3. 개발 방법론	1. 개발 프로세스	1. 기본 원리 2. 프로세스 모델 3. 요구사항 분석 4. 시스템 아키텍처 5. 설계 기법 6. 소프트웨어 테스팅 7. UML 다이어그램
			2. 프로젝트 관리	1. 프로젝트 관리 개요 2. 품질관리 3. C 국제 표준(ISO/IEC9899) 개요

■ 출제 기준(실기)

- **직무 분야**: 전기·전자
- **적용 기간**: 2020.1.1~2023.12.31
- **검정 방식**: 필답형
- **시험 시간**: 2.5(시간)
- **직무 내용**: 임베디드 시스템의 하드웨어를 분석하여 하드웨어에 대한 초기화 및 테스트를 수행하며, OS(운영체제) 부팅을 위한 부트 로더를 포함하는 펌웨어와 임베디드 시스템의 OS 관련한 플랫폼 소프트웨어 및 응용 소프트웨어를 설계, 구현하는 업무를 수행한다.
- **수행 준거**
  1. 임베디드 시스템 하드웨어를 이해하고 회로, 구조 분석 및 주변장치에 대한 분석을 수행할 수 있다.
  2. 임베디드 펌웨어의 설계와 구현 및 테스팅 지식으로 OS를 이해하고 커널의 포팅 과정과 부트 로더의 동작을 설명할 수 있다.
  3. 임베디드 프로그램을 작성하고 분석 테스팅을 통해 실무에 응용할 수 있다.

실기 과목명	주요항목	세부항목	세세항목
임베디드 실무	1. 임베디드 하드웨어	1. 하드웨어 및 회로 분석하기	1. 조합논리회로 및 순서논리회로를 분석, 설계할 수 있다. 2. ROM, EPROM, SRAM, DRAM, 플래시 등 메모리 회로를 분석 및 설계할 수 있다.
		2. 임베디드 시스템 성능 및 구조 분석하기	1. 임베디드 프로세서를 위한 기계어 프로그램을 분석, 개발할 수 있다. 2. 임베디드 시스템의 성능에 영향을 미치는 요소를 분석하고 최적화할 수 있다. 3. 가상 메모리 시스템을 이해할 수 있다. 4. 임베디드 시스템을 구성하는 하드웨어 모듈 사이의 인터페이스를 이해할 수 있다.
		3. 임베디드 시스템 주변장치 분석하기	1. 데이터 시트를 분석하여 주변 장치의 상태를 읽고 입·출력을 제어하는 프로그램을 작성할 수 있다. 2. 인터럽트 방식의 입·출력, DMA를 이용한 데이터 전송 프로그램을 작성할 수 있다. 3. 단순 입·출력, 스캐닝 입·출력, 시리얼 포트, 타이머 등을 이용하기 위한 프로그램을 작성할 수 있다. 4. 각종 센서를 이용하기 위한 프로그램을 작성할 수 있다.
	2. 임베디드 펌웨어	1. 펌웨어 설계, 구현 및 테스팅하기	1. 컴파일 결과 만들어지는 ELF 포맷과 binutil 도구의 사용법을 이해할 수 있다. 2. 스타트업 코드를 이해하고 수정할 수 있다. 3. 칩 실렉트 로직을 이해하여 프로그램하며, 메모리 초기화를 할 수 있다. 4. OS의 부트 과정을 이해할 수 있다. 5. OS의 부팅에 필요한 초기 RAM 디스크를 이해하고 구성할 수 있다. 6. 플래시 메모리 제어 및 관리 프로그램을 작성할 수 있다. 7. OS의 전원 관리 기법, 하드웨어의 전원 관리 방법, 부트 로더의 역할을 이해하고 프로그래밍할 수 있다.
		2. 임베디드의 이해 및 포팅하기	1. 커널의 포팅 과정을 이해할 수 있다. 2. 부트로더의 동작을 이해하고 설명할 수 있다 3. 교차개발환경에 필요한 도구를 이용할 수 있다.
		3. 디바이스 드라이버 작성하기	1. 데이터 시트를 이해하고 레지스터의 표현과 메모리 맵을 제시할 수 있다. 2. 디바이스 드라이버의 표준 API를 정의할 수 있다. 3. OS와의 연동을 위한 저수준의 OS API를 활용할 수 있다. 4. 디바이스 초기화 및 데이터 송·수신 프로그램을 작성할 수 있다. 5. Make 파일을 이해하고 작성할 수 있다. 6. 인터럽트 처리를 할 수 있다. 7. 구현에 필요한 프로그래밍 언어(C, C++, 자바)를 이해할 수 있다.

임베디드 실무	3. 임베디드 플랫폼	1. 임베디드 OS 이해하기	1. 커널의 구조를 이해하고 디렉터리의 역할을 설명할 수 있다. 2. 커널의 주요 기능에 관하여 이해할 수 있다.
		2. 임베디드 커널 프로그래밍하기	1. 프로세스 관리, 메모리 관리, 디바이스 관리, 파일 시스템 관리를 위한 시스템 콜을 이해하고 활용할 수 있다. 2. 스레드 동기화를 위한 세마포어, MUTEX 등을 이해하고 적용할 수 있다. 3. 소켓을 이용한 네트워크 프로그래밍을 할 수 있다. 4. IDE, 교차개발환경에 필요한 도구를 이용할 수 있다.
	4. 임베디드 소프트웨어	1. 임베디드 프로그램 분석 및 설계하기	1. 주어진 요구사항을 분석하여 UML 등 소프트웨어 공학적인 다이어그램을 작성할 수 있다. 2. 설계 관련 산출물을 읽고 이해할 수 있다. 3. 개발환경에 맞는 기술 문서 및 매뉴얼 작성을 할 수 있다.
		2. 임베디드 프로그램 작성하기	1. 구현에 필요한 프로그래밍 언어(C, C++, 자바)를 이해할 수 있다. 2. 주어진 설계 결과를 이용하여 목표 프로그래밍 언어로 표현할 수 있다. 3. 개발환경에 적합한 형태로 코딩을 수행할 수 있다.
		3. 개발 도구 및 테스팅 기법 활용하기	1. 컴파일러, IDE 등 개발에 필요한 도구를 이용할 수 있다. 2. 디버깅 도구를 이용하여 디버깅을 수행할 수 있다. 3. 사용하는 언어 및 개발환경에 따라 단위 테스트를 위한 방법을 선정하고, 각 단위 간의 상호 작용을 고려한 테스트를 수행할 수 있다. 4. 단위 테스트를 위한 테스트 케이스를 작성할 수 있다.
	5. 장애 대응	1. 장애 접수 처리하기	1. 임베디드 SW 장애 대응을 위하여 접수된 장애 내용을 유형에 따라 분류할 수 있다. 2. 임베디드 SW 장애 대응을 위하여 분류된 장애에 대해 장애 등급을 지정할 수 있다. 3. 임베디드 SW 장애 대응을 위하여 처리절차에 따라 관련자에게 이관할 수 있다.
		2. 장애 대응 방안 수립하기	1. 임베디드 SW 장애 대응 방안 수립을 위하여 식별된 장애의 영향력, 발생 가능성, 발생 시점을 분석하여 우선순위를 정할 수 있다. 2. 임베디드 SW 장애 대응 방안 수립을 위하여 장애의 원인을 분석할 수 있다. 3. 임베디드 SW 장애 대응 방안 수립을 위하여 장애 복구에 소요되는 시간 및 자원을 정의할 수 있다. 4. 임베디드 SW 장애 대응 방안 수립을 위하여 장애를 복구하기 위한 세부 계획을 수립할 수 있다.
		3. 장애 복구하기	1. 임베디드 SW 장애 복구를 위하여 장애 복구에 필요한 자원을 확보할 수 있다. 2. 임베디드 SW 장애 복구를 위하여 장애 원인을 제거할 수 있다. 3. 임베디드 SW 장애 복구를 위하여 장애 복구에 대한 작업 내역을 기록할 수 있다. 4. 임베디드 SW 장애 복구 시 예외 사항이 발생되었을 경우 비상조치를 실시할 수 있다. 5. 임베디드 SW 장애 복구 후 장애 처리 결과를 고객에게 전달할 수 있다.
		4. 장애 이력 관리하기	1. 임베디드 SW 장애 이력관리를 위하여 장애 조치 완료 보고서를 작성할 수 있다. 2. 임베디드 SW 개선을 위하여 장애 처리 결과에 대한 이력을 관리할 수 있다. 3. 임베디드 SW 개선을 위하여 장애 이력을 분석하여 개선사항을 도출할 수 있다.
		5. 고객 만족도 조사하기	1. 임베디드 SW 장애 복구 완료 후 장애 처리 결과에 대한 고객 만족도를 조사할 수 있다. 2. 임베디드 SW 장애 복구 완료 후 고객 만족도 조사결과를 분석할 수 있다. 3. 임베디드 SW 장애 복구에 대한 고객 만족도 분석결과를 활용하여 장애 대응 체계를 개선할 수 있다.

1

임베디드
소프트웨어
엔지니어의 업무

이 장의 개요

임베디드 시스템은 현대인의 일상에서 빼놓을 수 없는 컴퓨터 시스템이다. 임베디드 시스템은 자택에서의 생활, 학교나 회사에서의 생활, 음식 및 오락, 이동 수단부터 의료에 이르기까지 모든 상황에서 사용되고 있다. 이런 임베디드 시스템 프로그램을 '임베디드 소프트웨어'라고 부르며, 이것을 개발하는 개발자를 '임베디드 소프트웨어 엔지니어'라고 부른다. 이 장에서는 임베디드 소프트웨어의 정의와 임베디드 소프트웨어 엔지니어의 업무 내용 및 경력 관리에 대해서 설명할 것이다.

SECTION 01 | 임베디드 시스템이란?

🎰 임베디드 시스템의 중요성

임베디드 시스템은 **마이크로컴퓨터(microcomputer)**[1]를 탑재한 기계나 장치를 말한다. 마이크로컴퓨터는 PC나 서버 컴퓨터 등의 마이크로프로세서와 비교하면 작은 마이크로프로세서를 사용한 컴퓨터 시스템이다. 시계와 같은 작은 기계부터 엘리베이터나 비행기와 같은 거대한 기계까지 마이크로컴퓨터를 탑재함으로써 그 기능을 실현할 수 있다. 최근에는 사람의 장기 안을 촬영하는 캡슐형 내시경 등 매우 작은 기계에서도 마이크로컴퓨터를 탑재하고 있다.

이러한 임베디드 시스템은 현대인이 생활하는 데 필수 불가결한 것이 되었다. 집 안을 살펴보면 인터폰이나 조명, 에어컨이나 공기청정기, 텔레비전이나 리모컨, TV 레코더나 스마트폰, 냉장고, 전자레인지, 세탁기나 화장실 등에서 다양한 임베디드 시스템을 발견할 수 있다. 학교나 회사에서는 PC나 프로젝터, 네트워크나 무선 통신, 복사기나 프린터, 에어컨이나 관내 방송 등에 임베디드 시스템이 이용되고 있다. 또한, 자택에서 학교나 회사로의 이동 시에도 엘리베이터나 에스컬레이터, 승차권 발매기나 자동 개찰, 전철이나 자동차, 버스 등에도 임베디드 시스템이 탑재되어 있다. 그리고 편의점과 같은 상점, 병원이나 관공서, 도서관 등의 시설에서도 임베디드 시스템이 많이 활용된다.

---

1 옮긴이 마이크로컴퓨터의 다른 표현으로 마이크로컨트롤러(microcontroller)가 자주 사용된다.

가정		이동 수단	기업, 공장, 병원 등	
인터폰	디지털 카메라	자동차	출입 관리 시스템	ATM
조명	비디오 카메라	전기 자동차	자동문	화폐 교환기
에어컨	냉장고	오토바이	엘리베이터	POS 단말
공기청정기	전자레인지	전철	에스컬레이터	커피 메이커
TV	토스터	승차권 발매기	복사기	프라이어
TV 레코더	식기 세척기	개찰기	프린터	대형 냉장고
라디오	핫 플레이트	전자 안내판	프로젝터	IC 카드 리더
뮤직 플레이어	가스레인지	스크린 도어	디스플레이	바코드 리더
스피커	세탁기	신호기	PC	감시 카메라 시스템
리모컨	청소기	버스	서버	의료 기기
게임기	비데	버스 정류장	스캐너	공작 기기
PC	급탕기	택시 무선기	종이분쇄기	건설 기기
네트워크 장비	만보계	자동차 내비게이션	내선 전화 시스템	측정기
전화기	혈압계	차량 블랙박스	자동 운반 로봇	제조 지원 로봇

▲ 사회에서 빼놓을 수 없는 임베디드 시스템

🎲 임베디드 시스템과 PC, 서버는 어떻게 다른가?

컴퓨터나 서버 등은 사람이 키보드 같은 입력 장치를 사용하여 정보를 입력하거나, 스토리지에 보관된 정보 또는 네트워크를 경유해서 입력된 정보를 처리한다. 임베디드 시스템에는 여러 종류가 있고, 그중에는 PC와 마찬가지로 사람이 입력한 정보를 처리하는 경우도 있다. 그러나 대부분은 센서를 사용하여 기계나 장치의 외부에서 정보를 얻으며, 액추에이터²를 사용해 외부에 대해 해야 할 행동 등의 피드백을 전달하는 식으로 일정 부분 자율적으로 동작한다.

달리 보면 PC에 온도 센서와 선풍기를 접속해서 온도에 따라 선풍기를 동작하도록 하는 것을 전용의 기계나 장치로 실현할 수도 있다. 반대로, PC를 '정보 처리에 특화한 임베디드 시스템'으로 볼 수 있다. 스마트폰은 PC를 소형화해서 무선 통신이나 터치 패널, 카메라나 가속도 센서, GPS 등을 탑재한 임베디드 시스템이다.

그렇기에 임베디드 시스템과 PC나 서버, 스마트폰은 본질적으로는 동일한 것이라고 볼 수 있다.

---

2 [옮긴이] 액추에이터(actuator)는 일반적으로 제어 기기에서 출력된 신호를 바탕으로 대상을 물리적으로 동작시키거나 제어하는 데 쓰이는 기계 장치를 일컫는 말이다.

임베디드 시스템의 특징

대부분의 임베디드 시스템은 PC나 스마트폰과 같은 범용 컴퓨터가 아닌, 전용 기기로 사회의 다양한 장소에서 활용되고 있다. 그중에는 **'안전'한 사회**를 만들기 위해 공헌하는 것도 있다.

사회 인프라를 지탱하는 기기, 의료나 건강 분야에서 이용되는 기기, 방범 등의 보안 분야에서 이용되는 기기 등 여러 임베디드 시스템은 사회의 안전을 실현하는 데에 필수 불가결하다. 또한, 최신 자동차의 경우는 운전자 보조 시스템(ADAS)을 임베디드 시스템으로 도입함으로써 교통사고를 줄여 안전한 사회를 만드는 데 공헌하고 있다.

임베디드 시스템은 **'편리함과 쾌적함'**을 실현해 풍요로운 사회를 만드는 일에도 공헌한다. 1인 1대 수준으로 보급된 스마트폰을 사용함으로써 자동차나 자전거의 공유, 현금이 필요 없는 캐시리스 결제 등 편리하고 쾌적한 신개념의 서비스를 활용할 수 있다.

자택에서는 인터넷 접속을 위한 환경이 임베디드 시스템에 의존하고 있다. 백색 가전이라고 불리는 거실이나 주방, 욕실, 화장실 등의 기기에도 임베디드 시스템을 탑재하는 것들이 늘어나고 있다. 게다가, 갈색 또는 흑색 가전이라고 불리는 TV나 오디오, 게임기 등도 생활을 윤택하게 해주는 임베디드 시스템이다.

이러한 임베디드 시스템에는 네 가지의 공통된 특징이 있다. 이 네 가지 특징적 요소(Nature, Time, Constraint, Reliability)는 영단어의 앞글자를 따서 **NTCR**이라고 부른다.

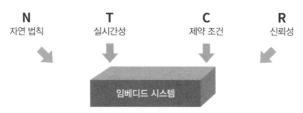

▲ 임베디드 시스템에 요구되는 NTCR 요구사항

🔧 Nature: 자연 법칙의 취급

임베디드 시스템은 외부 세계(시스템의 외부)의 변화를 감지하여 마이크로컴퓨터로 처리해 결과를 외부 세계로 피드백한다. 이런 동작은 **IPO(Input, Processing, Output)**라고도 불린다. 예를 들어, 가장 단순하게 생각해 볼 수 있는 시스템으로 자동문이 있다. 자동문은 인체 감지 센서나 거리 센서 등을 사용해 마이크로컴퓨터가 사람이 접근한 것을 감지하고, 액추에이터를 가동해서 문을 자동으로 열고 닫는다. 오피스 빌딩의 화장실에 있는 자동 라이트도 사람을 센서로 감지하여 라이트의 점등과 소등을 제어하는 시스템이다.

인체 감지 센서나 거리 센서 등으로 사람을 감지하려면 마이크로컴퓨터에서 사람이 온 것을 판단하게 하는 기준값(임계값)을 정해 마이크로컴퓨터에서 처리할 수 있도록 해야 한다. 각종 설정 조건에 의한 값의 범위(임계값)의 설정 및 오류 검출 방지의 처리 등도 고려해 두어야 한다.

또한, 문을 여닫는 데는 액추에이터를, 모터 제어에는 모터 드라이버를 사용한다. 이것들은 문의 무게나 이동시킬 거리의 데이터, 동작의 시작과 종료의 제어, 게다가 긴급 정지 등 각종 조건을 필수적으로 고려해야 한다. 커다란 유리문을 부드럽게 움직이는 것은 상상 이상으로 고난도의 제어가 필요한 일이다.

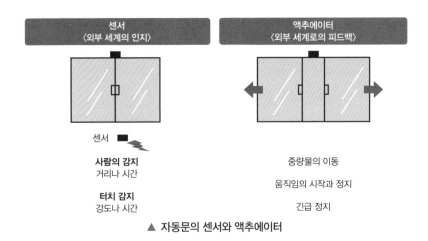

센서
〈외부 세계의 인지〉

액추에이터
〈외부 세계로의 피드백〉

센서 ▬

사람의 감지
거리나 시간

터치 감지
강도나 시간

중량물의 이동

움직임의 시작과 정지

긴급 정지

▲ 자동문의 센서와 액추에이터

자동차나 로봇 등의 모션을 동반하는 시스템에서는 외부 세계를 어떻게 감지하고 결과를 외부 세계에 어떻게 피드백할지를 제어하는 **제어 모델**을 만드는 것이 중요하다. 제어 모델은 시스템의 핵심 기술이다.

제어 모델에 의한 제어는 임베디드 시스템과 범용 컴퓨터만을 사용한 정보 시스템과의 커다란 차이점이다. 예를 들어, 책 대출을 처리하는 도서관 시스템에 대해서 생각해 보자. 디지털로 업무 처리를 해내는 정보 시스템의 경우는 기본적으로 이미 디지털화된 데이터를 컴퓨터로 처리할 뿐이다.

한편, 임베디드 시스템을 포함하는 도서관 시스템에서는 서적의 바코드라는 외부 세계의 흑백 데이터를 읽어 들여 디지털 데이터화를 해야 한다. 제어 모델이 없는 상태에서 아무렇게나 리더기에 비추는 것만으로는 바코드의 정보를 정확히 읽어 들일 수가 없다. 즉, 적절한 제어 모델을 추가함으로써 현장의 밝기나 바코드 자체의 오염 상태, 읽어 들일 때의 각도 등을 일일이 의식하지 않아도 정확하게 바코드를 읽을 수 있게 된다.

🔁 Time: 실시간성의 요구

스마트폰이나 PC 등의 범용 컴퓨터에서는 이용하는 애플리케이션에 따라 성능이 나오지 않아 반응 속도가 나빠지는 경우가 있다. 단, 그것은 사용자들도 대부분 어쩔 수 없다고 판단한다. 그에 반해 임베디드 시스템은 전용 기기로서의 목적을 실현하기 위해 제작된 것이기 때문에 실시간성이 요구된다.

임베디드 시스템의 실시간성은 기기에 따라 요구되는 속도나 속도를 보장하는 수준이 다르다. 크게 분류하자면 자동차 엔진의 연소 제어와 같이 수 밀리초의 데드라인을 확실하게 준수해서 동작할 것을 요구하는 **하드 리얼타임**(Hard Realtime), 뮤직 플레이어와 같이 재생이나 조작에 대한 반응이 다소 늦어도 허용되는 **소프트 리얼타임**(Soft Realtime)으로 분류된다.

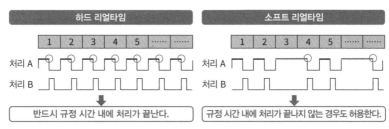

▲ 하드 리얼타임과 소프트 리얼타임

하드 리얼타임은 시스템의 성능이 사용자나 장치의 안전성에 영향이 있는 경우에 요구된다. 의료 기기, 자동차 등의 운송 장비, 비행기나 위성 등 미션 크리티컬한 업무에 사용되는 기기에서는 하드 리얼타임이 크게 요구된다. 이러한 기기는 운영체제를 탑재하지 않은 시스템이나 실시간 OS를 사용해서 시간적 제약을 지키도록 설계한다. 어떠한 처리가 어떤 타이밍에서 어느 정도 움직이는지를 전부 다 명확히 할 필요도 있다.

소프트 리얼타임은 사용자 조작 또는 네트워크 경유 기능을 제공하는 기기에서 요청된다. 사람에 의한 조작이나 네트워크를 경유한 서비스에서는 높은 반응을 요구하지만, 그것을 지키지 못했다고 해도 중대한 문제는 발생하지 않는다. 단, 너무 반응이 늦으면 품질이 좋지 않은 제품으로 인식되기 때문에 주의가 필요하다.

🎯 Constraint: 엄격한 제약 사항

임베디드 시스템은 전용 기기로 제공되기 때문에 각각의 기기가 크기나 무게, 가격, 이용 조건 등이 정의되어 있다. 소비자용 웨어러블 기기로 정의되어 있는 것은 소형, 경량, 저가격, 생활 방수 등이 이용 조건이다. 이런 정의에 의해 임베디드 시스템에는 **엄격한 제약 조건이 부여된다.**

임베디드 시스템은 범용 컴퓨터와는 다르게 무엇을 제어하는지 명확하므로 쓸데없는 처리 능력이나 메모리 용량은 불필요하다. 처리 능력이나 리소스는 비용 및 전자 제품을 탑재하는 장소의 크기, 나아가 제품 전체의 크기에도 크게 영향을 끼치므로 가성비를 고려해 최적해를 찾는다. 하지만, 향후 제품 라인업의 확충 등을 고려해 현시점에서는 다소 과도한 스펙인 고성능의 처리 능력이나 리소스를 설정하는 일도 있다.

게다가, 전용 기기이기 때문에 소비 전력이나 발열 문제에 대한 검토도 중요하다. 장시간 작동하는 임베디드 시스템은 운영 비용의 관점에서 저소비 전력인 것이 이상적이다. 그중에는 버튼 전지로 작동하는 기기나 작은 태양열 패널로 동작하는 기기도 있다. 전자 기기인 경우 발열은 과다 발열 또는 고장의 원인이 되기도 한다. 하지만 실제로 많은 임베디드 시스템을 고온의 장소에 설치하는 경우도 있으므로 발열을 억제하는 방법에 대한 아이디어가 필요하다.

이 외에도 진동이나 먼지 등 가혹한 이용 환경이라는 제약 사항이 추가되는 경우도 있다.

🎛 Reliability: 높은 신뢰성

신뢰성이란, '어떤 아이템이 주어진 조건에서 규정된 시간 내에 요구된 기능을 완료해 낼 수 있는 성질'이다. 임베디드 시스템이 탑재된 기기는 비행기나 자동차 등 장기간에 걸쳐서 가혹한 환경에서 계속 이용되는 것부터 스마트폰이나 스마트 워치 등 빠른 신제품 교체 사이클로 새로 구매되는 것까지 다양하다. 하지만, 버그나 고장 없이 이용할 수 있어야 한다는 점은 공통적으로 요구된다. 신뢰성을 확보하려면 설계 단계에서 고품질을 구현해 두는 것이 중요하다.

🎛 제품별 NTCR 요구사항의 특징

NTCR 요구사항은 모든 임베디드 시스템에 요구된다. 단, 중요시되는 관점은 각 기기에 따라 다르다. 다음의 표에 우리 생활과 밀접한 관계에 있는 임베디드 시스템의 예를 들었다.

▼ 제품별 NTCR 요구사항

기기	N	T	C	R
자동차 내비게이션	각 가속도 센서 터치 패널	소프트 리얼타임	진동 열	소프트웨어 갱신 가능
에어백	충돌 센서 스크럽	하드 리얼타임	진동 열	고신뢰성
뮤직 플레이어	음원 코덱 디코딩 조작 스위치	소프트 리얼타임	소비 전력 크기 열	소프트웨어 갱신 가능
혈압계	맥박 센서 압력 센서 펌프 솔레노이드 밸브	하드 리얼타임	소비 전력 비용	고신뢰성 (특정 관리 의료 기기)
키오스크(KIOSK) 단말	터치 패널 인체 감지 센서	소프트 리얼타임	소비 전력 열	소프트웨어 갱신 가능 보안
자동심장 충격기(AED)	가속도 센서 전기 쇼크 심전도 측정	하드 리얼타임	비용 소비 전력	높은 신뢰성 (특정 관리 의료 기기)

임베디드 소프트웨어란?

소프트웨어의 종류

임베디드 소프트웨어는 임베디드 시스템에 탑재하여 마이크로컴퓨터에서 동작하는 프로그램이다. 영어로는 'Embedded Software'라고 표현한다. PC나 서버에서 동작하는 소프트웨어와 다른 특징이 있으므로 일반적으로 구별해서 임베디드 소프트웨어라고 불린다.

또한, 하드웨어와 애플리케이션 소프트웨어의 사이에 있다는 의미로 **펌웨어(Firmware)**라고도 불린다. 이 책에서는 **임베디드 시스템에 내장된 운영체제와 펌웨어를 함께 임베디드 소프트웨어**라고 표현한다.

PC나 서버, 스마트폰에서 동작하는 소프트웨어는 애플리케이션 소프트웨어나 기업용 소프트웨어라고 불린다. 이것들은 임베디드 소프트웨어와는 다른 플랫폼(컴퓨터 및 운영체제)에서 동작하며, 구현하는 기능도 다르다. 또한, 개발에서 많이 알려진 소프트웨어로는 게임 소프트웨어(게임 애플리케이션, 게임 프로그램)가 있다. 이것은 게임 전용기나 PC, 스마트폰, 태블릿에서 동작하는 소프트웨어다

▼ 소프트웨어의 특징 비교

소프트웨어	프로그램이 동작하는 장소	특징	트렌드
임베디드 소프트웨어	마이크로컴퓨터 탑재 머신 자동차, 가전, 로보트 등 운영체제 미탑재, 실시간 운영체제, 리눅스 등	마이크로컴퓨터가 외부 세계의 상황을 인식해 처리함으로써 사람을 지원한다.	사물인터넷, 에지 컴퓨팅
기업용 소프트웨어	PC나 서버 기업의 정보 시스템 등 리눅스 등	기업 등 사람이 만든 규칙을 자동적으로 처리함으로써 사람을 지원한다.	클라우드 인공지능
(PC, 스마트폰) 애플리케이션	PC, 스마트폰, 태블릿 등 일반 사용자, 기업 사용자 등 윈도우, iOS, 안드로이드, 웹 등	엔터테인먼트나 유틸리티, 더불어 기업용 UI로 이용한다.	SNS 스트리밍, 동영상 AR/VR

게임 소프트웨어	게임기, 스마트폰, PC등 게임 엔진, 웹, 윈도우, iOS, 안드로이드 등	단순한 게임부터 인터넷 경유를 통 한 여러 사람과의 플레이 등 고급 게임에 이르기까지 다양한 분야에 걸쳐 있다.	MMO, 대전 게임 AR/VR

■ 임베디드 소프트웨어는 하드웨어를 직접 제어한다

단, 임베디드라고 불리지 않는 소프트웨어도 임베디드 소프트웨어와 밀접한 관계가 있다. 기업용 소프트웨어, 애플리케이션 소프트웨어, 그리고 게임 소프트웨어 등 이 모두가 임베디드 소프트웨어에서 동작하기 때문이다. 기업용 소프트웨어나 애플리케이션 소프트웨어가 동작하는 PC나 서버, 그리고 스마트폰이나 태블릿 또한 일종의 임베디드 시스템이며, 임베디드 소프트웨어가 동작하고 있다. **임베디드 소프트웨어가 윈도우나 리눅스 등의 운영체제를 동작시켜 기업용 소프트웨어나 애플리케이션 소프트웨어가 동작하는 환경을 지원하기도 한다.** 게임 소프트웨어도 마찬가지이며, 게임 전용기나 스마트폰 및 태블릿의 게임 소프트웨어는 임베디드 소프트웨어에 의해 동작한다.

이렇듯, 컴퓨터 시스템으로서 하드웨어를 직접 제어하는 것은 임베디드 소프트웨어다.

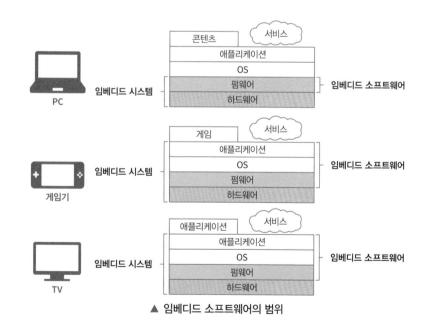

▲ 임베디드 소프트웨어의 범위

임베디드 소프트웨어는 기계나 장치에 내장된 채 제공된다. 그리고 제품의 특징을 실제로 구현하는 것은 임베디드 소프트웨어라고 말할 수 있다.

예를 들어, 자동차라면 엔진이나 레이더 등의 하드웨어는 필수적이다. 하지만, 엔진의 점화 제어에 의해 저연비를 실현하고, 레이더를 통해 외부 상황을 파악하여 앞차와의 추돌 예방을 실현하는 것은 임베디드 소프트웨어. 최신 스마트폰이라면 큰 액정 화면이나 고화질 카메라 등의 하드웨어는 필수적이다. 하지만, 화면의 렌더링 제어나 고급 사용자 인터페이스를 실현하고 고화질의 이미지 소자로부터 이미지 데이터를 읽어 들여 이미지 처리를 하는 것도 임베디드 소프트웨어.

게임기라면 높은 그래픽 성능이나 조작성 높은 게임 패드 등의 하드웨어가 필수적이다. 하지만, 그래픽 칩셋을 제어하여 높은 성능을 실현하고 게임 패드의 조작 신호를 처리하는 것은 임베디드 소프트웨어. 빌딩의 엘리베이터라면 튼튼한 모터나 기어를 포함한 하드웨어가 필수적이다. 그러나 모터를 빠르고 확실히 제어하고 이중 삼중의 안전 대책을 제어하는 것은 임베디드 소프트웨어. 이제 임베디드 소프트웨어가 얼마나 중요한지 이해하겠는가?

임베디드 소프트웨어 엔지니어의 업무

임베디드 소프트웨어 엔지니어가 속하는 조직

임베디드 소프트웨어를 개발하는 기술자를 '임베디드 소프트웨어 엔지니어'라고 부른다. 또는 임베디드 소프트웨어의 별명인 펌웨어를 어원으로 펌웨어 엔지니어라고 부르기도 한다.

단순히 프로그래머라고 불리기도 하지만, 임베디드 소프트웨어의 개발은 프로그래밍만 하는 것이 아니다. 그런 이유에서인지 기기 제조사 등에서는 프로그래머라는 호칭을 그다지 사용하지 않는다. **사양을 고려해서 설계한 후 프로그래밍을 하고, 소프트웨어의 테스트와 하드웨어를 포함한 시스템 테스트를 한다. 게다가, 개발 및 검증 환경을 구축하는 일도 있다.** 이러한 엔지니어링 작업을 하는 기술자가 임베디드 소프트웨어 엔지니어다.

'엔지니어'는 공학에 관한 전문 지식과 실천 능력을 갖춘 전문가다. 임베디드 소프트웨어 엔지니어에게도 임베디드 시스템이나 임베디드 소프트웨어의 개발에 관한 전문 지식을 갖고 이를 실천해 사회에 유용한 것을 제공하는 것이 요구된다.

임베디드 소프트웨어의 규모에 따라 조직은 변한다

임베디드 소프트웨어 엔지니어는 기계나 장치를 개발하는 제조사뿐만 아니라, 제조사와 함께 개발 작업을 하는 시스템 통합(System Integration, SI) 업체, 소프트웨어 개발을 전업으로 하는 소프트웨어 하우스 기업 등에 속해 있다. 또한, 기업에 속해 있지 않은 프리랜서가 일을 위탁받는 경우나 기술자를 파견하는 IT 파견 회사에 속해 있는 경우도 있다.

소프트웨어의 규모에 따라 참가하는 임베디드 소프트웨어 엔지니어의 수도 달라진다. 소규모의 임베디드 소프트웨어는 하드웨어 담당자가 직접 개발하는 경우도 있다. 간단한 리모컨은 버튼과 적외선 통신의 패턴을 입력함으로써 임베디드 소프트웨어가 생성되는 구조가 준비되어 있어서 임베디드 소프트웨어 엔지니어가 없어도 개발할 수 있는 환경이 구축되어 있다.

그러나 중규모 및 대규모의 경우에는 많은 임베디드 소프트웨어 엔지니어가 참여하여 개발이 진행된다. 자동차나 스마트폰, 복사기 등은 많은 인원의 임베디드 소프트웨어 엔지니어가 참가하는 프로젝트를 통해 개발이 이루어진다.

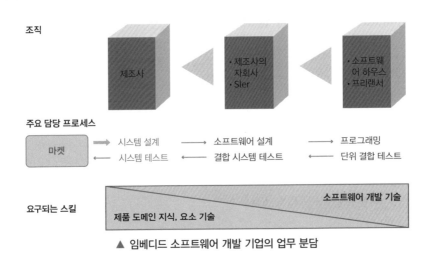

▲ 임베디드 소프트웨어 개발 기업의 업무 분담

🎲 하청이 아닌 프로 서비스

대규모 임베디드 시스템은 하드웨어를 포함해 **모듈별로 개발이 이루어진다. 그리고 그것들을 후반에 결합함으로써 실제 기계나 장치가 완성된다.** 신입 사원이나 초급 임베디드 소프트웨어 엔지니어라면 담당할 모듈 중에서 작은 일부만의 기능을 배정받는 경우도 많다. 그렇기 때문에 전체를 볼 수 없을 뿐만 아니라 때로는 너무나 어려운 업무를 배우는 데 고생을 한 나머지 의욕을 상실하는 경우도 많다.

건축으로 비유하자면, '벽돌을 쌓는 단순 작업'으로 생각하는 것이 아니라 '교회를 만들기 위한 벽돌 쌓기 작업이다'라고 생각하면 업무 의욕이 올라간다. 임베디드 시스템도 마찬가지다. 예를 들어, 스마트폰이라면 안전하고 쾌적한 사회를 실현한다는 모바일 통신망의 단말이며, 그 단말의 기능을 실현하기 위한 일부라고 생각해 해당 기기의 품질에 공헌한다는 생각을 갖는 것이 중요하다.

임베디드 소프트웨어는 기계나 장치의 특성으로부터 **신뢰성이나 안전성을 확보하기 위한 예외 및 오류 처리나 드문 사례의 처리** 등이 다수 존재한다. 물론, 이것들은 실제로 필요한 상황이 아니면 사용되지 않는다. 그러나 필요할 때 정상으로 동작하지 않으면 커다란 문제를 일으킨다. 그렇기에 소스 코드를 만들고 테스트하는 것에 확실하게 주의를 기울여 개발해 나가야 한다.

임베디드 소프트웨어 엔지니어는 하드웨어와 밀접하게 관련된 드라이버 부분이나 공통 라이브러리로부터 자동 테스트 환경 구축, 안드로이드 등 특정 운영체제에 이르기까지 수많은 전문 분야에서 광범위하게 활동한다. 그중에서 자신만의 특기 분야를 찾아 경력을 쌓는 것도 하나의 길이다. 어떤 분야에서든 프로페셔널한 보유 기술을 사용해 그 기술을 요구하는 기업에 고품질의 서비스를 제공한다는 생각을 갖는 것이 중요하다.

임베디드 소프트웨어 엔지니어는 임베디드 시스템 개발에서 사람이 가장 많이 모인 직종
이다. 임베디드 시스템 개발에서는 하드웨어 설계를 담당하는 **하드웨어 엔지니어**나 기계
나 장치의 전문가인 **도메인 스페셜리스트** 등도 참여하며, 서로 간의 협조하에 개발 작업
을 진행한다. 최근에는 임베디드 소프트웨어의 대규모화나 하드웨어의 플랫폼화 등이 이
직종의 종사자 수 증가와 관련이 있다. 또한, 임베디드 시스템의 고기능화나 높은 안전성
및 신뢰성의 요구에 따라 **테스트 엔지니어**들도 증가하고 있다.

이러한 직종에 관한 정의는 일본경제산업성의 외부 단체인 독립행정법인 정보기술 추진
기구(Information-technology Promotion Agency, IPA)가 **임베디드 기술 스킬 표준**(Embedded
Technology Skills Standard, ETSS)에 공개하였다. 현재는 엔터프라이즈나 애플리케이션의
스킬 표준도 포함해서 **iCompetency Dictionary**(iCD)에 병합되어 운용 중이다.

대형 개발 기업에서는 공통의 척도로 직종의 정의나 레벨을 공유한다. 또한, iCD에서는
사물인터넷 인재에 관한 직종도 정의한다.

▼ **임베디드 스킬 표준(ETSS)에서 정의하는 직종**

직종 이름	책임	
	책임의 범위	책임의 예
프로덕트 매니저	상품 개발 사업	수익, 공헌
프로젝트 매니저	프로젝트	품질, 비용, 납기
시스템 아키텍트	시스템 구조, 구현 방법	개발의 효율성 및 품질
소프트웨어 엔지니어	소프트웨어 개발의 성과물	품질, 생산성, 납기
테스트 엔지니어	시스템 검증 작업	품질, 테스트 효율성, 테스트 납기
브리지 SE	외부 조직과의 공동 작업	품질, 비용, 납기

도메인 스페셜리스트	기술의 전개	제품, 상품 개발의 효율성
개발 프로세스 개선 스페셜리스트	조직의 개발 프로세스 개선 실시	프로세스 개선 효과
개발환경 엔지니어	개발환경의 품질	사용성, 작업 효율
QA 스페셜리스트	프로세스 품질, 프로덕트 품질(기업에 따라 다름) ※ 사업부장이 책임을 갖는 경우도 　있다.	출하 후의 품질 문제

임베디드 스킬 표준(ETSS)에서는 '초급 레벨(레벨1, 2)', '중급 레벨(레벨3, 4)', '고급 레벨(레벨 5, 6, 7)'의 3단계(세분화하면 7단계)로 구분하며, 초급과 중급 등의 레벨을 구체적으로 표현 및 정의한다.

임베디드 소프트웨어 개발에 관한 지식이나 경험이 없이 개발 현장에 배치될 때는 초급 레벨부터 시작한다. 초급 레벨은 엔지니어로서 해야 할 일의 절반밖에 못 하는 수준 이므로 누군가의 도움이 없으면 개발 업무 자체를 수행할 수 없는 레벨이다. 이 단계에 서 개발 경험을 쌓고 지식을 습득해 담당 작업을 혼자서 작업할 수 있는 스킬을 몸에 익 히면 중급 레벨로 올라간다. 비로소 혼자서 작업이 가능한 수준으로 성장했다고 말할 수 있다.

중급 레벨, 즉 중급 클래스가 된 후의 직무 경로(career path)에는 여러 선택지가 있다.

▼ 임베디드 소프트웨어 엔지니어의 직무 경로

직종 이름	역할
임베디드 소프트웨어 엔지니어(하이 레벨)	보다 높은 레벨의 엔지니어
프로젝트 매니저	개발 프로젝트의 매니저
임베디드 시스템 아키텍트	하드웨어도 포함한 시스템 전체의 엔지니어
임베디드 테스트 엔지니어	테스트에 관한 보다 높은 레벨의 엔지니어
도메인 스페셜리스트	기계나 장치의 도메인에 관한 기술 전문가

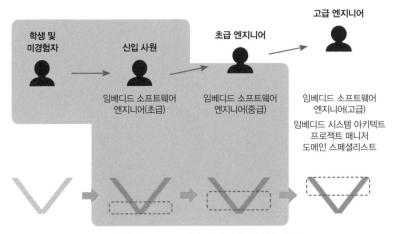

▲ 임베디드 소프트웨어 엔지니어의 성장 과정

2

마이크로컴퓨터 하드웨어

이 장의 개요

이 장에서는 임베디드 시스템에 있어서 하드웨어의 개요를 설명한다. 임베디드 시스템의 하드웨어는 다양한 종류가 있으며, 임베디드 시스템을 동작시키기 위한 기초 지식으로 이해해 두어야 한다.

임베디드 시스템은 하드웨어와 소프트웨어가 기기에 내장되어 있는 시스템을 말한다. 시스템에 따라 하드웨어와 소프트웨어의 구성이 다르다. PC는 애플리케이션에 따라 다양한 일을 하지만, **일반적인 임베디드 시스템은 기능이 정해진 목적에 따라 구성되어 전용의 동작을 하기 때문에 동작 중에 기능이 변화하는 일은 없다.**

임베디드 시스템은 우리 주변의 여러 곳에서 이용된다. 우리들의 생활 중에서 찾아보자면 부엌에 있는 냉장고, 전자레인지, 전기포트, 전기밥솥 등이 임베디드 시스템으로 동작한다.

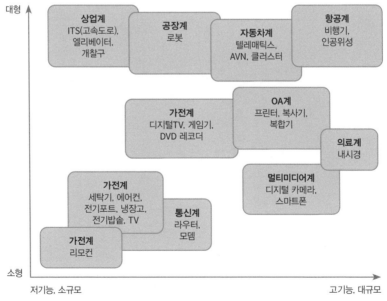

▲ 임베디드 시스템의 이용 분야

PC에서는 처리의 복잡도에 따라 결과가 나올 때까지의 시간(응답 시간)이 변하는 때가 있다. 처리에 시간이 필요한 때는 프로그레스 바(progress bar)로 처리의 진행 상황을 표시하는 등 현재의 상태를 알 수 있도록 한다.

임베디드 시스템은 어떤 입력을 받은 후 결과를 출력할 때까지의 시간 제약이 있다. 예를 들어, 스마트폰으로 전화할 때, 화면에 표시되는 전화번호의 버튼을 조작한 후 통화를 눌렀을 때 1초 안에 통화 상태가 되어야 한다. 이 시간 제약을 실시간성이라고 부른다. 실시간성은 단순히 빨리 동작하면 되는 것이 아니고, 동작 환경이나 제어 대상에 맞추어 동작하도록 설계해야 한다. 만에 하나 동작하지 않더라도 큰 피해가 발생하지 않도록 하는 배려도 요구된다.

앞장에서 설명했듯이 실시간성에는 하드(엄격함)와 소프트(느슨함)의 리얼타임이 있다. 어느 쪽을 선택할지는 시간 단위로 결정되는 것이 아니라, 임베디드 시스템의 시간 제약을 어겼을 때의 허용 가능 여부에 달려 있다.

하드 리얼타임은 문자 그대로 시간 제약을 만족시키지 않을 때에 중대한 사고로 이어지는 등의 시간 제약이 있으므로 임베디드 시스템의 출하에 큰 영향을 끼치는 실시간성이다. 소프트 리얼타임은 어느 정도의 허용 범위가 있어서 소프트웨어 업데이트로 처리 속도가 향상되는 때도 있는 실시간성이다. 임베디드 시스템은 시간과 엄밀한 관계가 있으므로 개발을 진행하기 위해서는 시간 제약에 유의해서 개발해야 한다.

SECTION 07 | 임베디드 마이크로컴퓨터의 구성

임베디드 시스템의 구성은 하드웨어와 소프트웨어로 크게 나뉜다. 소프트웨어 규모가 매년 커지고, 하드웨어의 종류도 증가하고 있다. 임베디드 시스템이 이용되는 용도에 따라 4비트부터 64비트까지의 데이터를 취급할 수 있는 구성이 있으며, 각각 다른 지식이 필요하다.

여기서는 임베디드 시스템의 하드웨어에서 공통된 부분을 소개하고, 임베디드 시스템에서 소프트웨어를 동작시키기 위해 필요한 지식에 대해 설명한다.

하드웨어의 종류

임베디드 시스템을 구성하는 기본 부품은 인간의 두뇌에 해당하는 **CPU**, 기억하기 위한 **메모리**, 입출력을 담당하는 **주변장치(Peripheral)**다. 이런 하드웨어들을 하나로 만든 것이 바로 마이크로컴퓨터다. 메모리에는 **ROM(Read Only Memory)**이라고 부르는 마이크로컴퓨터에 부여하는 절차를 저장한 메모리와 **RAM(Random Access Memory)**이라고 부르는 마이크로컴퓨터가 절차를 실행하기 위해 일시적으로 메모장처럼 사용하는 메모리로 나뉜다.

여기서 절차라는 것은 소프트웨어의 '프로그램'을 가리킨다.

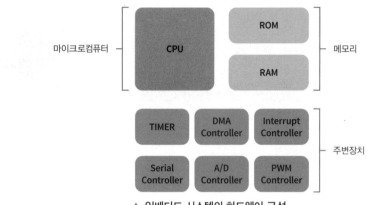

▲ 임베디드 시스템의 하드웨어 구성

🔧 CPU와 마이크로컴퓨터

CPU(Central Processing Unit)가 개발된 경위는 전자계산기가 그 시초였다. 1960년대 후반은 전자계산기가 최첨단 디바이스였고, 향후에 '전자계산기 전쟁'이라 부르는 치열한 개발 전쟁이 계속 벌어지고 있었다. 당초의 전자계산기는 현재의 PC와 같이 수많은 부품을 조합해서 만들었으며, 1971년에 인텔 사의 'Intel4004', TI(Texas Instruments) 사의 'TMS1050' 등의 CPU가 발표되었다. CPU는 **계산에 필요한 부품을 하나의 칩으로 합쳐 놓은 것**이다. CPU를 탑재함으로써 그전과는 비교도 되지 않게 작고 싼 전자계산기를 개발할 수 있게 되었다.

세계 최초의 마이크로컴퓨터라고 알려진 Intel 4004는 4비트였지만, 다음 해인 1972년에는 보다 성능 좋은 8비트 마이크로컴퓨터가 등장하여 처리 성능은 매년 향상되었다.

CPU의 진화는 처리 속도만이 아니다. 전자계산기 이외의 기기에도 이용할 수 있도록 계산 기능뿐만 아니라 다양한 기능이 탑재되었다. 이것들이 마이크로컴퓨터로 진화된 것이다. 마이크로컴퓨터가 됨으로써 다양한 기능을 이용할 수 있게 되었고, 가전 등의 많은 기기에 마이크로컴퓨터가 이용되었다.

다음은 마이크로컴퓨터 덕택에 실현된 기능이다.

- 전기 밥솥이나 TV 등의 예약 기능(타이머)
- TV 등을 조작하는 리모컨(적외선)
- 전지로 동작시키는 휴대전화의 구동 시간(절전, 저전력 감시)
- 화면의 버튼 기능 실현(터치 패널)

그후 마이크로컴퓨터로 실현할 수 있는 기능을 늘리기 위해 **주변장치**가 추가되었다. 주변장치는 주변에서 접속되는 하드웨어를 뜻하며, 마이크로컴퓨터의 코어(두뇌)라고 불리는 CPU로부터 제어된다. CPU가 두뇌의 역할이라면 주변장치는 눈, 귀, 입, 손 등의 역할을 해냄으로써 기능을 실현한다.

CPU와 주변장치는 **버스(bus)**라고 불리는 신호선에 접속되어 있다. CPU로부터의 지시는 버스를 경유하여 전달되고, 주변장치로부터 출력되며, 주변장치로부터의 입력은 버스를 경유하여 CPU에 전달된다.

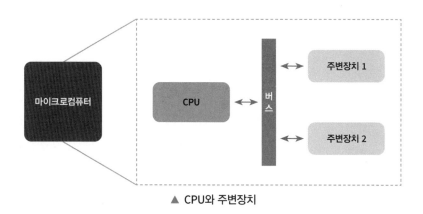

▲ CPU와 주변장치

🎞 메모리

CPU가 없이 주변장치만으로 이루어진 하드웨어 구성으로도 용도에 맞춘 기능을 실현할 수 있다. 예를 들어, 버튼을 눌러서 LED를 켜거나 끄는 단순한 일이라면 주변장치의 하드웨어만으로 구현이 가능할 것이다. 그러나 복잡한 기능을 실현하기 위해서는 CPU를 이용한다. 예를 들어, ○○ms(밀리초) 후에 LED를 켜라든지, ○○ms 동안은 LED를 점멸시키는 식의 기능을 구현하려면 CPU의 힘이 필요하다.

단, CPU만 추가해서는 제대로 동작하지 않는다. 이를 위해서는 사람이 구현하고 싶은 것을 절차로 기술한 '프로그램'을 CPU에 전달해야 한다(프로그램에 대한 자세한 설명은 별도의 장에서 하겠다). 이 **프로그램을 보관해 두기 위해 메모리라는 하드웨어가 필요하다.** 앞에서도 다루었지만, 메모리는 크게 두 종류가 있다. 프로그램 자체를 보관하여 CPU에 절차를 전달하기 위해 사용하는 ROM과 CPU가 ROM으로부터 읽어 들인 절차를 실행할 때에 이용하는 RAM이다.

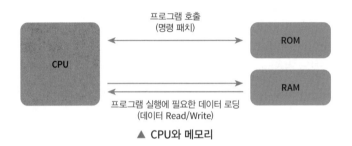

▲ CPU와 메모리

■ ROM

ROM은 '읽기 전용 메모리'를 뜻하며, 프로그램을 보관해 두고 CPU로부터 읽기 요구가 있을 때 프로그램을 읽어 들여 CPU에 프로그램을 전달하는 역할을 담당한다. 즉, 사람이 기록한 절차를 기억해서 그 절차에 따른 기능을 CPU에 실행시키는 역할을 한다.

예를 들면, ○○밀리초 후에 LED를 켜고, ○○밀리초 동안은 LED를 점멸시킨다는 절차를 실현한다고 하자. 먼저, 'CPU로부터 LED에 어떤 지시를 하면 좋은지'를 사람이 이해할 수 있는 프로그래밍 언어로 작성한다. 하지만 CPU는 사람이 이해할 수 있는 프로그래밍 언어 그대로는 해석할 수 없다. CPU가 이해할 수 있는 **기계어**라는 언어로 변환하여 ROM에 보관해야 한다. 기계어는 숫자 값만으로 구성된 언어로서 사람이 직접 읽고 쓰는 것도 불가능하진 않지만, 그다지 일반적이지 않다.

ROM의 내부는 **어드레스(주소)**라는 나뉜 구획이 있으며, 각각의 구획에 기계어의 명령이 보관된다. 프로그램을 실행할 때는 CPU로부터 읽어 내고 싶은 주소가 ROM에 건네지고, ROM은 그 주소에 적혀 있는 명령을 읽어 내서 CPU에 전달한다.

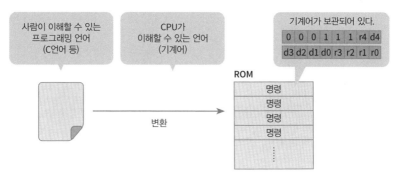

사람이 이해할 수 있는
프로그래밍 언어
(C언어 등)

CPU가
이해할 수 있는 언어
(기계어)

기계어가 보관되어 있다.

| 0 | 0 | 0 | 1 | 1 | 1 | r4 | d4 |
| d3 | d2 | d1 | d0 | r3 | r2 | r1 | r0 |

ROM

| 명령 |
| 명령 |
| 명령 |
| 명령 |

변환

▲ ROM에 기계어 프로그램을 보관한다

■ RAM

RAM은 프로그램을 실행할 때 일시적으로 데이터의 보관이 필요할 경우에 사용된다. ROM은 읽기만이 가능한 메모리이므로 일시적인 보관 장소로는 이용할 수 없기 때문이다.

일시적으로 데이터의 보관이 필요한 것은 특정 기능과 별개의 기능을 전환할 때 등이다. 예를 들면, LED를 제어한 결과를 시리얼 콘솔에 출력한다고 하자. 시리얼 콘솔은 주변 장치인 시리얼 버스를 사용하여 임베디드 시스템과 호스트 콘솔을 연결하고, 호스트 PC의 화면에 문자를 출력하기 위해 사용하는 콘솔이다. 시리얼 콘솔에 문자를 출력할 때 문자나 숫자는 CPU에서 생성되고, 이것들의 값을 시리얼로 전달하기 위해 RAM에 일시적으로 보관해 둔다. 그런 다음, 시리얼 콘솔에 출력하는 기능이 동작해 RAM에 일시적으로 보관한 값을 읽어서 콘솔에 출력하는 것이다.

시리얼 콘솔을 이용하는 구체적인 절차는 7장에서 설명한다(p.186 참고).

🔅 메모리의 종류

ROM, RAM과 함께 용도에 맞춘 몇 종류가 있다. 기본적인 성질로서 ROM은 **비휘발성 메모리**(non-volatile memory)라고 불리며, 전원이 꺼져도 내용이 지워지지 않는다. RAM은 **휘발성 메모리**(volatile memory)라고 불리며, 전원이 꺼지면 내용도 지워진다.

ROM에는 제조 공정에서 메모리에 데이터를 써넣으면 바꿔쓸 수 없는 **마스크**(mask) **ROM**과 데이터를 기록한 후에도 바꿔쓸 수 있는 **프로그래머블**(programmable) **ROM**의 두 종류가 있다. RAM에도 **DRAM(Dynamic RAM)**과 **SRAM(Static RAM)**의 두 종류가 있다. 대표적인 것을 다음 표로 정리하였다.

▼ 메모리의 종류

분류	종류	기억할 내용	쓰기 방법	삭제 방법	장점	단점
비휘발성 메모리	마스크 ROM	명령 코드, 고정 데이터 (상수 등)	제조 공정때에 기록	삭제 불가	저렴	제조에 시간이 걸린다. 재기록 불가
	플래시 메모리	명령 코드, 고정 데이터(상수 등) 전원이 꺼져도 지워지면 안 되는 데이터	전기적	전기적	재기록 가능 대용량	삭제단위가 크다.
	EEPROM				바이트 단위로 삭제 가능	용량이 작다.
	EPROM	명령 코드, 고정 데이터(상수 등)		자외선	재기록 가능	고가
	PROM (OTP)			삭제 불가로 1회의 재기록 가능	EPROM보다도 저렴	삭제 불가이므로 실패하면 다시 만들어야 한다.
휘발성 메모리	SRAM	전원이 꺼지면 사라져도 좋은 명령 코드나 데이터	전기적	전기적	소비 전류가 작다.	모듈 면적이 크다.
	DRAM		프로그램 처리에서 보관 영역으로 이용	프로그램 처리에서 0 클리어 등	고밀도	리플래시 처리가 필요하다.

column | eMMC는?

eMMC는 요즘은 PC에서도 사용하게 된 낸드(NAND)형의 플래시 장치다. eMMC가 아닌 단순 낸드형 플래시는 데이터를 기록할 때에 덮어쓰기를 할 수 없다. 기록이 끝난 장소에 별개의 데이터를 기록할 때는 일단 삭제를 해야 하기 때문에 프로그램으로 낸드형 플래시를 관리해야 한다. 이에 반해 eMMC는 읽기와 쓰기를 관리하는 하드웨어와 낸드형 장치가 일체형으로 이루어진 메모리다. 낸드형 플래시와는 달리 덮어쓸 때도 eMMC 자체에서 관리해 준다. 또한, eMMC는 SD카드처럼 사용할 수 있기 때문에 최근에 자주 사용되는 메모리다.

🎲 버스의 구성

버스는 메인 버스와 로컬 버스로 나뉠 수 있다. 메모리 등의 고속 주변장치는 CPU로부터 고속으로 제어하기 원하므로 고속으로 동작하는 **메인 버스**에 접속한다. 한편 저속으로 동작하는 주변장치는 브리지(bridge)를 경유하여 **로컬 버스**에 접속한다.

메인 버스와 로컬 버스를 나눔으로써 주변장치와 CPU와의 처리 속도의 차를 잘 통제해 CPU가 고속으로 처리를 계속할 수 있다.

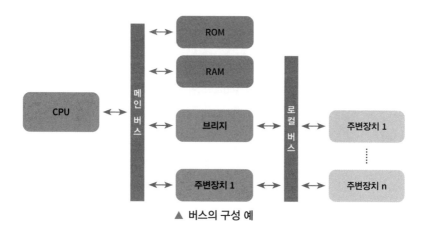

▲ 버스의 구성 예

🎲 메인 버스의 용도

메인 버스는 CPU와 메모리(ROM/RAM) 또는 주변장치에 접속하기 위한 신호선이다. 고속 액세스가 필요한 하드웨어에 이용되며, **주소 버스, 데이터 버스, 컨트롤 버스**의 세 가지로 나뉜다.

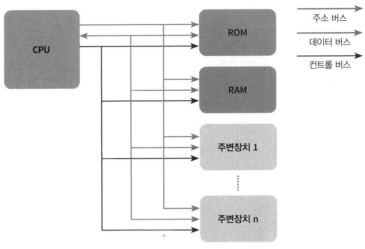

▲ 주소 버스, 데이터 버스, 컨트롤 버스

■ 주소 버스

메모리나 주변장치에 접근할 특정 위치를 나타내기 위해 이용되는 신호선이다. 메모리나 주변장치의 장소를 지정하기 위해서 주소 신호가 CPU로부터 지정된다.

■ 데이터 버스

메모리나 주변장치로부터 데이터를 읽어 들이기 위한 신호선이다. 데이터 버스는 쌍방향으로 되어 있으며, CPU로부터의 출력, CPU로의 입력이 가능하도록 되어 있다.

■ 컨트롤 버스

메모리나 주변장치를 제어하기 위한 신호선이다. 데이터를 읽고 쓰는 타이밍이나, 주변장치와 CPU 간의 제어에 필요한 신호를 전달하기 위해 사용된다.

각종의 버스 신호는 **클럭(clock)**이라고 부르는 하드웨어를 동작시키기 위한 타이밍 신호에 동기화되어 CPU로부터의 지시 대상이 되는 메모리나 주변장치에 지시를 전달하는 데 사용된다.

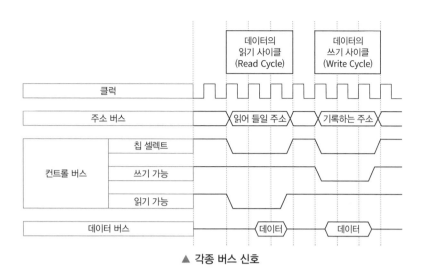

▲ 각종 버스 신호

각종 버스는 CPU에서 지정함으로써 동작한다. 다음은 데이터의 읽기와 쓰기의 예다.

RAM에서 데이터를 읽어 낼 때에는 RAM을 선택하는 컨트롤 버스의 칩 셀렉트 신호, 읽기 가능 신호, 그리고 주소 버스에 읽어 낼 주소를 클럭이 시작할 타이밍에 지정함으로써 RAM 해당 번지의 데이터가 데이터 버스에 출력된다. 이 출력된 데이터를 CPU가 읽어 들여 레지스터에 보관한다.

RAM에 데이터를 기록할 때 컨트롤 버스의 칩 셀렉트 신호와 쓰기 가능 신호, 그리고 주소 버스에 기록하고자 하는 번지와 데이터 버스에 기록할 데이터를 클럭이 시작할 타이밍에 지정함으로써 쓰기 가능한 동안에 데이터가 RAM의 해당 번지에 기록된다.

단, 위의 예는 어디까지나 개념이기 때문에 각각의 하드웨어 사양에 따라 다른 부분이 있다.

실제 사용 방법은 이용하는 하드웨어에 따라 다르므로 확인해 본다.

🔧 로컬 버스

로컬 버스는 메인 버스와는 달리 메인 버스의 클럭 속도보다도 저속으로 동작하는 주변 장치를 제어하는 신호선으로 되어 있다. 로컬 버스를 사용함으로써 많은 주변장치에 접속할 수 있다.

■ 브리지

메인 버스와 로컬 버스를 연결하는 컨트롤러를 말하며, 하드웨어 구성에 따라 다른 이름으로 부른다. 단, 이 책에서는 브리지(bridge)라고 부르기로 한다. 브리지는 고속으로 동작하는 메인 버스와 저속으로 동작하는 로컬 버스와의 속도차를 통제해 주는 하드웨어다. **FIFO(First In First Out)**를 구현한 하드웨어 등에서, 저속의 로컬 버스로부터의 데이터를 관리하고, 고속의 메인 버스 타이밍에 맞추어 데이터를 송수신해 주는 하드웨어다. 각 하드웨어에 따라 제어 방법은 다르므로 이용할 하드웨어를 확인해 보자.

■ UART(Universal Asynchronous Receiver/Transmitter)

동기식 직렬 신호를 병렬 신호로, 또는 역으로 병렬 신호를 직렬 신호로 변환하는 하드웨어로서 로컬 버스에 접속된다. CPU로부터 데이터를 송신할 때에는 UART에 대해 8~16비트의 폭으로 데이터가 병렬 전송된다. 이 복수의 데이터 신호를 직렬의 데이터 신호로 변환하여 직렬 신호로 송신(Tx)한다. 직렬 신호를 수신(Rx)할 때는 복수의 데이터 신호가 될 때까지 데이터를 담아 놓고, CPU로 데이터를 보내기 위해 병렬로 데이터를 변환한 후에 송신한다.

UART끼리 통신할 때는 **비동기 직렬 통신**을 처리한다. 비동기 방식은 **보조 동기 방식**이라고도 불리며, '지금부터 데이터를 보낸다', '이것으로 데이터가 끝났다'라는 신호를 실제 데이터 사이에 보내서 데이터를 송수신하는 장치끼리 상호 인식을 하며 통신하는 방식이다. 임베디드 시스템에서는 호스트 PC와 임베디드 시스템에 접속하여 시리얼 콘솔로 테스트나 디버깅할 때에 많이 이용한다.

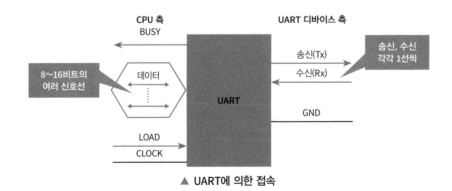

▲ UART에 의한 접속

■ I2C

시리얼 제어 버스로서 **시리얼 클럭**(Serial CLock, SCL)과 양방향 **시리얼 데이터**(Serial DAta, SDA)의 2개의 신호선을 사용하여 통신하는 동기식 직렬 통신이다.

마스터(주) 장치와 **슬레이브(종) 장치**라는 관계가 있어서 복수의 슬레이브 장치에 접속할 수 있다. 마스터 장치는 개별로 정해진 슬레이브의 주소를 지정하여 슬레이브 장치를 선택해 통신한다.

비트율(bit rate)은 1초 동안 전송되는 비트 수를 의미하는데, 비트율에는 표준 모드(100Kbit /s), 저속 모드(10Kbit/s), 버스트 모드(400Kbit/s), 고속 모드(3.4Mbit/s)가 있다. 또한, 2012년의 Version 4.0에서는 버스트 모드 플러스(1,000Kbit/s)와 울트라 버스트 모드(5,000Kbit/s)가 추가되었다.

▲ I2C에 의한 접속

I2C는 터치 센서나 가속도 센서 등 센서 디바이스의 접속에 자주 이용된다.

■ SPI

SPI는 시리얼로 제어하는 버스로서 **SCK**(시리얼 클럭)와 단방향의 **시리얼 데이터 인**(Serial Data In, SDI), **시리얼 데이터 아웃**(Serial Data Out, SDO)의 세 가지 신호선으로 통신하는 동기식 직렬 통신이다. 버스에서 복수의 슬레이브에 접속할 수 있는 것은 I2C와 마찬가지 지만, 슬레이브 디바이스를 선택하려면 **제어 버스인 슬레이브 셀렉트**(Slave Select, SS)를 이용해 마스터에서 슬레이브 디바이스를 선택해 통신한다.

I2C보다 많은 신호선이 필요하지만, 데이터 포맷이나 원리가 단순하므로 I2C 버스보다도 고속으로 통신할 수 있다.

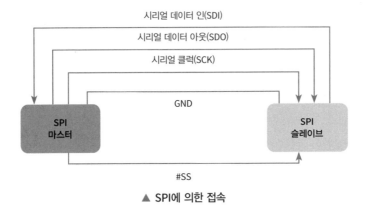

시리얼 데이터 인(SDI)

시리얼 데이터 아웃(SDO)

시리얼 클럭(SCK)

GND

SPI
마스터

SPI
슬레이브

#SS

▲ SPI에 의한 접속

SPI는 플래시 메모리 같은 스토리지 디바이스나 CPU 간의 통신 등에 많이 사용된다.

---

column | GND

UART, I2C, SPI의 부분에 그라운드(Ground, GND)가 나온다. GND는 +-의 전위를 만들기 위해 사용되는 신호다. 각 장치 사이에서 GND가 다르면 실제 신호의 +(High)/-(Low)에 전위차가 생겨서 올바로 +(High)/-(Low)의 신호를 인식할 수 없는 때가 있다.

전위차의 발생을 막기 위해 같은 GND를 이용하여 통신하는 것이 일반적이다.

주변장치

주변장치는 CPU의 주변에 놓여 있는 하드웨어다. 주변장치에는 여러 종류가 있으며, 임베디드 시스템의 용도에 따라 사용되는 주변장치가 달라진다. 여기서는 대표적인 주변장치를 소개한다.

■ DMA(Direct Memory Access) 컨트롤러

임베디드 시스템에서 많이 사용하는 주변장치다. DMA 컨트롤러는 이름 그대로 직접 메모리에 액세스하는 주변장치다. 일반적으로는 CPU가 메모리의 데이터 읽기·쓰기를 실행한다. 그리고 이러한 방식을 **PIO(Programmed I/O)**라고 부른다.

PIO 방식으로 대량의 데이터를 읽고 쓰면 CPU는 다른 처리를 할 수 없게 된다. 이것에 비해 DMA는 CPU를 사용하지 않고 메모리의 데이터를 읽고 쓰는 주변장치다. 메모리와 메모리 사이, 메모리와 주변장치 사이에서 데이터의 읽고 쓰기가 이루어지므로 CPU는 메모리를 읽고 쓰는 도중에도 다른 처리를 할 수 있는 장점이 있다.

버스의 어원은 '누구라도 자유롭게 승하차할 수 있는 승합마차'라고 알려져 있다. 자유롭게 이용할 수 있으므로 각 주변장치 사이에서나 CPU로부터의 데이터가 부딪치지 않도록 조정할 관리자가 필요하다. 버스 아비터(bus arbiter)는 버스를 사용하기 위한 버스 중재(bus arbitration)를 실시한다. DMA 실행 시에는 버스 아비터가 버스의 중재를 실시하여 데이터가 충돌하지 않도록 제어한다.

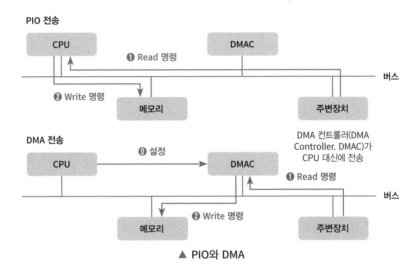

▲ PIO와 DMA

단, 단점도 있다. 데이터를 메모리에 전송하는 동안에는 버스를 점유하므로 메모리 액세스가 느려지는 일도 있다. DMA 컨트롤러의 전송 모드에는 메모리 액세스에 영향이 발생하지 않도록 하는 제어 방법도 있으므로 설정을 파악해 두어야 한다. DMA는 편리하지만, 전송 시의 설정 내용이 잘못되면 큰 사고(시스템이 폭주, 정지)가 발생할 때도 많으므로 전송할 곳의 주소, 전송 사이즈의 설정에 주의해서 이용한다.

■ 타이머

임베디드 시스템에서 반드시 이용하는 주변장치다. 타이머는 프로그램에서 주변장치를 주기적으로 감시하거나 주기적으로 데이터를 출력하는 등 시간 관련 처리를 위해서 필수적인 주변장치다. 타이머는 카운터라고 부르는 레지스터에 주기 시간을 설정한다. 주기 시간이 경과되면 처리 중간에 끼어들어(인터럽트(interrupt)) 그 사실을 CPU에 통지한다. CPU는 인터럽트를 받아들여 해당 프로그램을 동작시킴으로써 주기적인 처리를 실현하도록 되어 있다.

■ RTC(Real Time Clock)

시간을 관리하기 위한 주변장치다. 시간을 한번 설정해 두면 전원이 켜 있는 동안은 매초 시간이 갱신된다. 임베디드 시스템은 전지 구동 기기가 전지를 절약할 목적으로 전기를 많이 사용하는 CPU를 일단 정지하는 때가 있다. CPU가 재개한 때에 정확한 시간을 알 수 있도록 RTC로 시간을 관리한다.

■ GPIO(General Purpose Input/Output)

CPU가 외부로부터의 입력 및 출력을 범용으로 입출력할 수 있는 포트다. 실제로 CPU에 연결되어 있는 포트로, CPU의 설정을 통해 활성화 또는 비활성화할 수 있다. GPIO는 외부의 주변장치로부터의 인터럽트 신호에 사용하는 등 범용적으로 입력/출력(I/O)에 이용할 수 있다.

🔢 주변장치의 제어 방식

대다수의 주변장치는 **레지스터(register)**라는 제어용 메모리를 사용하여 CPU로부터 제어한다. 각 주변장치에 따라 비트 위치나 비트 폭 등의 구성이 다르지만, CPU로부터 제어할 때 **레지스터로의 쓰기/읽기를 통해 제어한다**는 공통점이 있다.

CPU 관점에서 본 레지스터 제어는 **메모리 맵드 I/O**와 **I/O 맵드 I/O**의 두 종류로 나눈다. 메모리 맵드 I/O는 ROM, RAM과 공통의 주소를 이용하여 특정 주소에 대해 읽고 씀으로써 주변장치를 제어한다. I/O 맵드 I/O의 경우, ROM, RAM의 제어와 주변장치의 제어는 주소도, 사용하는 명령도 다르다.

CPU 아키텍처에 따라 다르므로 이용하는 CPU의 데이터 시트(data sheet)를 통해 어떤 방식으로 되어 있는지 확인하자.

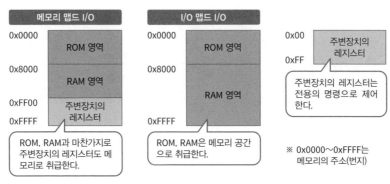

▲ 두 가지 제어 방식

CPU란?

CPU는 Central Processing Unit의 약자다. 한국어로 번역하면 '중앙 처리 장치'라고 부르는 하드웨어로서 ROM으로부터 실행해야 할 절차를 읽어 들여, 읽어 들인 절차를 해석해서 실행한다. 실행한 결과는 RAM 등에 보관한다.

CPU의 내부는 다음과 같은 하드웨어로 구성되어 있다.

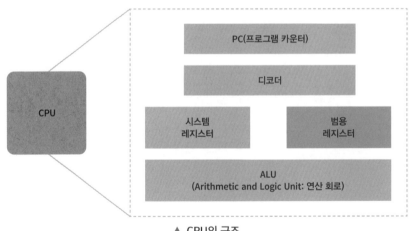

▲ CPU의 구조

■ 프로그램 카운터(PC: Program Counter)

프로그램 카운터는 ROM 내의 프로그램의 어디를 참고할지를 관리하는 하드웨어다. 앞서 설명했듯이 프로그램은 기계어로 변환되어 각각의 명령이 ROM 내의 구획에 기록된다. 프로그램 카운터는 CPU가 실행하는 명령의 보관 장소를 관리하여 **다음에 실행해야 할 명령을 읽을 위치(주소=번지)를 CPU에 전달하는 역할**을 한다.

예를 들어, CPU가 0000번지에서 실행을 시작했다고 하자. 이때 프로그램 카운터는 다음에 실행할 장소로 0001번지를 CPU에 전달한다. 프로그램 카운터가 기억하는 번지는 자동적으로 증가해 나간다. 이후 프로그램이 종료할 때까지 자동적으로 값이 증가하면서 CPU에 실행할 명령의 위치를 알려준다.

■ 디코더

읽어 들인 명령의 의미를 해독하는 하드웨어다. 디코더는 수없이 존재하는 명령 각각의 내용에 맞춰 CPU를 동작시키기 위해 명령 내용을 파악한다. 파악한 명령 내용에 따라, ALU에서의 연산이나 데이터의 이동 등 구체적인 지시를 CPU 내에서 실행한다.

■ ALU

정수의 덧셈, 뺄셈 등의 사칙 연산이나, AND, OR, NOT 등의 논리 연산을 실행하는 하드웨어 회로다. 디코더에서 명령을 해독한 결과 연산 처리가 필요해진 때 ALU에서 연산을 실행한다. ALU에서 실행된 결과는 범용 레지스터나 시스템 레지스터에 반영된다.

■ 범용 레지스터

CPU에 내장된 범용 메모리다. 고속이지만, 숫자 값을 하나 기억할 수 있는 정도의 용량이 작은 메모리다. CPU가 프로그램을 실행할 때에 일시적으로 이용하는 메모리다. ALU에서의 연산 결과를 보관하는 어큐뮬레이터나 데이터를 이동할 때의 보관 장소로 이용된다.

■ 시스템 레지스터

CPU가 명령을 실행할 때에 이용하는 레지스터다. 명령을 보관하는 **명령 레지스터**, 번지를 관리하는 **주소 레지스터**, CPU의 상태를 관리하는 **상태 레지스터(플래그 레지스터)** 등이 있다.

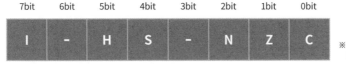

7bit	6bit	5bit	4bit	3bit	2bit	1bit	0bit
I	-	H	S	-	N	Z	C

※6비트와 3비트는 사용하지 않는다.

비트	이름	용도
0	C: Carry Flag	ALU에서의 연산 결과로 오버플로(overflow)가 발생한 상태를 관리
1	Z: Zero Flag	ALU에서의 연산 결과가 0이 된 상태를 관리
2	N: Negative Flag	ALU에서의 연산이 덧셈인지 뺄셈인지의 상태를 관리
4	S: Sign Flag	ALU에서의 연산 결과가 음수가 되었는지의 상태를 관리
5	H: Half Carry Flag	ALU에서의 연산 결과로 오버플로가 발생한 상태를 관리. 캐리 플래그(Carry Flag)가 최상위 비트를 보고 있는 데에 반해, 중간 3비트째의 오버플로를 관리한다. BCD(Binary Coded Decimal)의 연산에서 이용한다.
7	I: Interrupt Eable	인터럽트를 허가하는 상태인지를 관리

▲ 상태 레지스터의 예

상태 레지스터는 ALU에서의 연산 결과 상태나 인터럽트 상태 등 CPU가 어떠한 상태인지를 알 수 있는 레지스터다. 프로그램을 실행할 때에는 연산 결과에 따라 판정 처리를 하므로 상태 레지스터의 연산 결과를 보고 판정을 실시한다.

🔢 CPU의 명령 실행

명령 실행의 흐름은 CPU 아키텍처나 제품 사양에 따라 다른데, 기본적으로는 비슷하다.

명령은 기본적으로 네 가지 절차로 실행된다. ROM으로부터 하나의 명령을 추출하기(**명령 패치 사이클**), 추출한 명령을 해독해서 실행 준비하기(**명령 디코드 사이클**), 명령 실행(**실행 사이클**), 명령 실행 결과의 반영(**라이트 백 사이클**)의 네 가지 절차를 실시함으로써 실행이 완료된다.

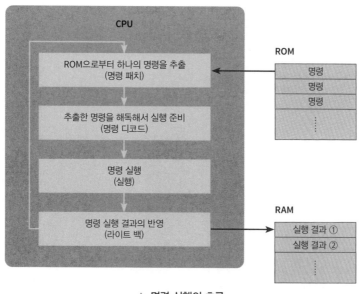

▲ 명령 실행의 흐름

명령 실행 후 데이터의 보관에는 범용 레지스터가 이용되고, 명령 연산 결과의 보관에는 시스템 레지스터가 이용된다. 명령의 연산 결과는 프로그램의 분기 조건이 된다.

프로그램 카운터는 다음 명령 패치 사이클에서 명령을 읽어 들이도록 자동적으로 증가한다.

■ CPU의 명령 종류

CPU의 명령은 크게 세 가지 종류로 나뉠 수 있다.

- CPU와 메모리 사이에서 데이터를 교환하는 명령
- CPU와 주변장치 사이에서 데이터를 교환하는 명령
- CPU 안에서만 실행되는 명령

데이터를 취급하는 명령의 대부분은 범용 레지스터를 이용한다. 범용 레지스터에 쓰인 데이터를 메모리에 기록하거나, 메모리에 있는 데이터를 범용 레지스터로 읽어 들인다.

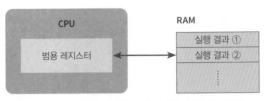

▲ CPU와 메모리 사이에서 데이터를 교환하는 명령

CPU와 접속하는 주변장치의 경우는 범용 레지스터에 쓰인 데이터를 주변장치의 제어 레지스터에 쓰거나, 주변장치의 레지스터로부터 읽어 들인다.

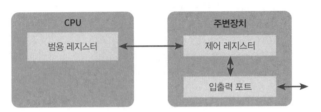

▲ CPU와 주변장치 사이에서 데이터를 교환하는 명령

CPU 안에서만 범용 레지스터로부터 별도의 범용 레지스터에 데이터를 이동시키는 명령도 있다. 데이터를 기억할 수 있는 장소는 범용 레지스터와 메모리밖에 없기 때문에 데이터를 취급하는 명령은 반드시 메모리나 범용 레지스터를 이용한다.

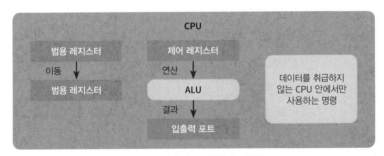

▲ CPU 안에서만 실행되는 명령

또한, 데이터의 연산을 실시하는 명령도 있다. 범용 레지스터에 쓰인 데이터를 연산할 때는 ALU라고 부르는 연산 회로를 사용해 사칙연산 등의 연산을 실행하고, 연산 후의 데이터를 범용 레지스터에 기록한다.

데이터를 취급하지 않고, 명령 실행에 대한 타이밍을 얻는 등 CPU만으로 명령을 실행하는 때도 있다.

🎴 인터럽트

인터럽트(끼어들기)는 주변장치로부터의 처리 요구를 CPU에 통지하기 위한 신호다. CPU가 인터럽트 신호를 받으면 **인터럽트 벡터 테이블(interrupt vector table)**이라는 전용의 위치에 실행이 옮겨진다. 인터럽트 벡터 테이블에는 미리 정해진 프로그램이 등록되어 있어서 인터럽트 번호에 의해 정해진 처리로 점프한다. 인터럽트 처리가 끝나면 원래 처리하고 있던 위치로 돌아와 일상적인 동작을 계속해서 실시한다.

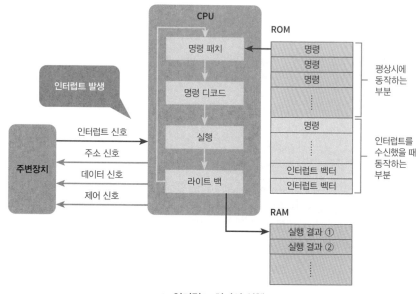

▲ 인터럽트 처리의 실행

인터럽트에는 CPU 내부의 타이머로부터 발생하는 **타이머 인터럽트**와 주변장치 등의 외부 하드웨어로부터 발생하는 **외부 인터럽트**가 있다. 타이머 인터럽트는 소정의 시간이 되면 인터럽트를 발생시키는 등 미리 의도를 갖고 사용하는 인터럽트다. 외부 인터럽트는 외부와의 데이터 송수신 완료 등을 알리거나, 스위치가 눌린 것을 알리는 등 주변장치의 상태에 따라 발생하는 인터럽트다.

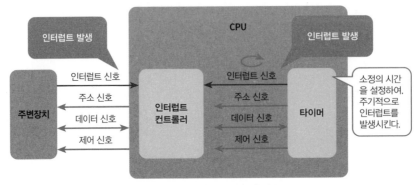

▲ 타이머 인터럽트와 외부 인터럽트

■ 인터럽트 종류와 인터럽트 벡터

임베디드 시스템에서는 다수의 인터럽트를 취급해야 한다. 인터럽트 신호가 발생할 때 인터럽트 종류에 대응한 처리를 동작시키게 된다. 각각의 인터럽트 종류에 대응한 처리를 인터럽트 벡터에 등록해 두고, 요구한 종류에 따라 올바른 처리를 동작시키게 된다. 인터럽트 벡터는 여러 종류에 대응한 처리를 등록할 수 있도록 다음 표와 같은 구조로 되어 있다.

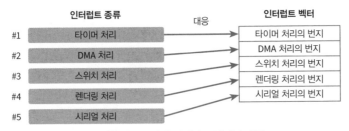

▲ 인터럽트 요인과 인터럽트 벡터의 대응

인터럽트 벡터는 정해진 메모리 주소의 테이블에 인터럽트 요인의 수만큼 배치된다. 인터럽트 벡터에는 처리 그 자체를 등록하는 것이 아니라 처리가 존재하는 **메모리 상의 주소(번지)**를 등록해 둔다.

■ 인터럽트의 우선순위

인터럽트를 실행하려면 **우선순위**를 결정해야 한다. 여러 인터럽트가 동시에 발생할 때, 우선순위가 정해져 있지 않으면 어느 인터럽트 요인을 먼저 처리해야 할지 CPU는 알지 못하기 때문이다. 인터럽트의 우선순위를 결정해 두고, 우선순위에 따라서 인터럽트 벡터에 프로그램의 번지를 등록한다. CPU에 따라서는 우선순위를 결정하기 위한 레지스터가 준비되어 있어, 시스템의 용도에 맞춘 우선순위를 설정하는 것이 가능하다.

---

column | 인터럽트와 우선순위 그리고 하드웨어 회로

인터럽트 우선순위를 설정할 수 없는 CPU에서는 하드웨어의 회로를 설계할 때에 CPU의 인터럽트 신호에 접속되는 주변장치가 결정되면 우선순위도 결정된다. 한번 주변장치의 접속이 결정되면 하드웨어를 다시 만들지 않는 한 우선순위도 바꿀 수 없게 되어 버린다. 올바른 우선순위로 되어 있는지 시스템 설계 단계에서 하드웨어 기술자와의 협의를 통해 충분히 의견교환을 하도록 한다.

하드웨어를 변경하는 것이 어려울 때에 CPU는 인터럽트를 접수하지만, 인터럽트 신호에 어떤 주변장치가 연결되어 있는지 알 수 없기 때문에 소프트웨어 처리로 회피하게 된다. 인터럽트 벡터에 등록한 처리를 바꾸거나 처리 순서를 변경하는 식의 궁리를 해야 한다. 이런 부분이 임베디드 시스템 개발에서의 고생 중 하나다.

3

임베디드
소프트웨어

이 장의 개요

이 장에서는 임베디드 시스템의 소프트웨어에 대해서 설명할 것이다. 임베디드 시스템의 소프트웨어는 기기에 내장되어 하드웨어를 제어하는 전용의 소프트웨어다. 임베디드 소프트웨어의 하드웨어 제어에 관해서는 다양한 기초 지식을 이해해 두어야 한다. 참고로 이 장은 C언어의 기초 지식을 갖고 있다는 것을 가정한다.

임베디드 시스템의 소프트웨어

🎲 임베디드 소프트웨어의 종류

임베디드 소프트웨어는 **운영체제** 위에서 동작하는 타입과 운영체제 없이 동작하는 타입이 있다. 학습용 임베디드 보드 중 대표적으로 운영체제 없이 동작하는 보드는 **아두이노 우노**이며, 범용 운영체제인 리눅스 기반으로 동작하는 **라즈베리 파이 3**가 있다.

임베디드 시스템은 입력, 출력, 제어(연산)의 세 가지 측면에서 생각하면 이해하기 쉽다.

예를 들어, 전기 밥솥을 생각하면 입력은 버튼이 된다. '취사' 버튼을 누름으로써 밥을 짓기 시작한다. 입력에 대한 출력은 히터에 전류를 흐르게 한다. 전류를 흐르게 함으로써 밥을 짓는 것이다. 밥을 짓기 시작하면 밥이 다 될 때까지의 시간이 출력된다. 단순하게 밥을 짓는 것이 아니라 '맛있는 밥'을 짓기 위해서는 시간에 맞춰서 히터를 가열하고, 온도 조정을 해야 한다. 입력된 정보인 밥을 익히는 정도나 밥의 양에 맞춰서 히터에 전달할 전류를 조정하고 제어함으로써 '맛있는 밥'을 실현할 수 있다. 이렇듯 기능이 단순해 복잡한 동작이 필요 없는 기기는 운영체제 없이 실현하는 경우가 많다. CPU의 클래스도 아두이노 우노와 동등한 클래스나 그보다도 낮은 스펙의 CPU가 선택되는 경우도 있다.

한편, 휴대전화나 스마트폰과 같이 복수의 기능을 갖고 복잡한 동작을 해야 하는 때는 운영체제를 이용해야 한다. 스마트폰에서 사용되는 안드로이드 운영체제는 이용하는 사람에게 다양한 애플리케이션 기능을 제공할 수 있도록 되어 있다. 다양한 애플리케이션의 관리는 운영체제가 시분할(time sharing) 또는 이벤트 드리븐(event driven)으로 복수의 애플리케이션 기능을 전환하면서 복잡 다양한 하드웨어 제어를 실시함으로써 실현하고 있다. 이 경우 고스펙의 하드웨어가 필요하므로 라즈베리 파이 3 클래스의 CPU가 이용된다.

▲ 운영체제가 있는 시스템

운영체제가 있는 소프트웨어에서는 운영체제 외에 여러 기능을 제공하는 소프트웨어로 **미들웨어(middleware)**가 존재한다. 애플리케이션에 탑재하고 싶은 기능이 운영체제나 미들웨어에 미리 준비되어 있는 때에는 목적에 맞는 필요한 절차를 작성하는 것만으로 실현할 수 있다.

▲ 운영체제가 없는 시스템

운영체제가 없는 때에는 미들웨어도 없으므로 목적을 실현할 절차를 모두 만들어야 한다. 요구사항을 실현하려면 어떠한 기능이 필요한지 분석해야 한다. 임베디드 시스템은 **하드웨어를 어떻게 사용하면 기능 요구사항을 만족할 수 있는지 검토하는 작업**이 필요하다.

단, 운영체제가 없다고 해도 전부 처음부터 만들지는 않는다. 필요 최소한의 기능은 라이브러리(library)라는 형태로 개발환경에서 제공된다. 라이브러리를 사용함으로써 화면에 문자를 표시하거나 시리얼 포트 경유로 통신하는 동작을 실현할 수 있다.

운영체제가 있는 경우의 소프트웨어 구성은 5장 이후에서 자세히 설명할 것이다. 여기서부터 4장까지는 운영체제가 없는 소프트웨어를 전제로 설명할 것이다.

SECTION 10 | 임베디드 소프트웨어를 개발하는 흐름

일반적으로 프로그램은 고급 언어를 사용하여 PC에서 개발한다. 고급 언어는 C언어 같이 사람이 읽고 이해할 수 있는 언어를 말한다. PC에서 개발된 프로그램은 임베디드 시스템의 CPU가 이해할 수 있는 형태로 변환한 후 기기에 내장된다.

여기서는 기기에 프로그램을 내장하기까지 일련의 흐름을 설명한다.

■ 크로스 개발환경

임베디드 시스템은 개발환경의 PC와는 달리 CPU에서 동작시키도록 되어 있다. 단, 에디터를 사용하여 PC에서 고급 언어를 프로그래밍해 소스 코드를 작성하는 것까지는 PC용 프로그램 개발과 같다. 다른 점이라면 소스 코드가 만들어진 후에 도구를 사용하여 임베디드 시스템용의 실행 형식으로 변환한다는 점이다.

예를 들어, PC에서 리눅스를 이용하고 있을 때라면 커맨드라인(command line) 베이스로 **GCC(GNU Compile Collection) 도구**를 사용해 간단히 빌드(build)하고 실행할 수 있다. 그러나 PC에 들어 있는 GCC 환경으로는 그대로 임베디드 시스템에서 실행할 수 없다. 왜냐하면 **PC에 들어 있는 CPU와 임베디드 시스템의 CPU가 서로 다르기 때문**이다.

이 때문에 임베디드 시스템에 맞춘 전용 환경을 구축해야 한다. 이 임베디드 시스템 전용의 개발환경을 **크로스 개발환경(cross development environment)**이라고 부른다.

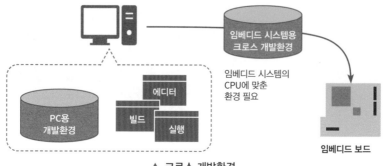

▲ 크로스 개발환경

만약 임베디드 시스템의 CPU와 PC의 CPU가 같다면 PC의 환경을 사용하여 동작시키는 것이 가능하다. PC에서 사용되는 인텔 CPU나 AMD CPU 등도 임베디드 시스템으로 많이 사용된다. 소비 전력이 많아도 전력 공급에 문제가 없는 지하철 차량, 지하철 역의 디지털 광고나 감시 카메라 등에서 이용된다. PC와 같은 CPU를 사용함으로써 개발 부분을 애플리케이션만으로 특화할 수 있는 효과도 있다.

■ 빌드 작업

빌드 작업은 프로그램을 임베디드 시스템의 CPU가 이해할 수 있는 형태로 만들 때까지의 작업이다. 컴파일(compile)이라고 불리기도 하는데, 컴파일만으로는 임베디드 시스템의 CPU가 이해할 수 있는 형태까지는 완성되지 않는다. 빌드는 컴파일 → 어셈블(assemble) → 링크 → HEX 파일(ROM 파일) 작성까지의 일련의 작업을 실시하는 것을 가리킨다.

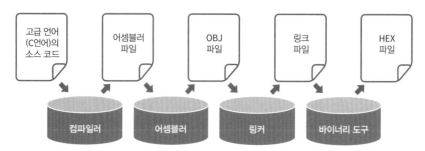

▲ 빌드에 포함되는 작업

컴파일은 '사람이 프로그래밍 언어를 사용하여 작성한 소스 코드(소프트웨어의 설계도)를 컴퓨터에서 실행 가능한 형식의 오브젝트 코드로 변환하는 것'을 가리킨다. 반면에 빌드는 '사람이 프로그래밍 언어를 사용해서 작성한 소스코드를 컴파일한 후, 해당 실행 환경에서 실제로 실행 가능한 형식으로 변환하는 것'을 가리킨다. 최근에는 IDE 환경이 발달한 덕에, 세부적인 공정을 의식하지 않아도 괜찮지만, 올바른 용어와 동작은 이해해 두자.

실제 빌드의 흐름 확인하기

임베디드 보드인 아두이노를 위한 빌드 환경의 구축 방법은 4장부터 설명하겠지만, 여기서는 일반적인 'Hello World 프로그램'을 소재로 빌드의 흐름을 설명한다.

아두이노용의 임베디드 소프트웨어를 개발하기 위해서는 **avr-gcc**라는 도구를 사용한다 (avr이라는 이름은 아두이노에 탑재되어 있는 CPU의 이름에서 유래한다). 빌드 환경을 구축하면 실제로 빌드를 시험해 보는 것도 가능하다.

먼저 PC에서 텍스트 에디터를 사용해 main 함수를 사용한 프로그램을 작성해 둔다. 거의 대부분의 C언어 입문서에서 처음에 등장하는 'Hello World'라고 표시하는 아주 간단한 프로그램이다.

▼ main.c

```
#include <stdio.h>

int main() {
  printf("Hello World\n");
  return 0;
}
```

작성이 끝났다면 이제 빌드 작업을 실시한다. 빌드 환경에 따라 다르지만, 커맨드라인에서 다음의 명령을 입력하면 전처리(preprocess) → 컴파일 처리 → 링크 처리가 실행되고, **ELF 파일**이 만들어진다.

```
avr-gcc -Os -Wall -mmcu=atmega328p main.c -o test.elf
```

만들어진 ELF 파일을 **avr-objcopy**라는 도구를 사용하여 **HEX 파일**로 변환한다. 이것이
아두이노에서 실행 가능한 임베디드 소프트웨어의 파일이다.

```
avr-objcopy -I elf32-avr -O ihex test.elf test.hex
```

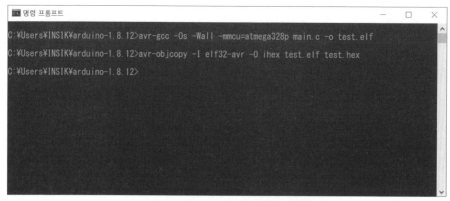

▲ 윈도우 명령어 프롬프트에서의 실행 예

다음의 그림은 2개의 명령어에 의해 실행된 일련의 처리를 나타낸 것이다.

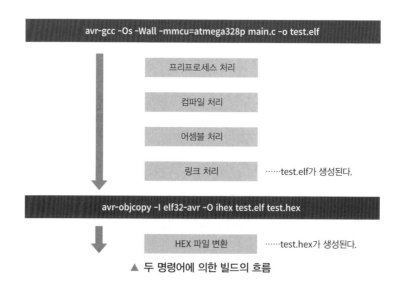

▲ 두 명령어에 의한 빌드의 흐름

실제로 각 처리에서 무엇을 하고 있는지를 하나씩 살펴보자.

■ 프리프로세스 처리

프리프로세스 처리는 컴파일의 전단계 처리다. C언어의 매크로를 전개해 #include나 #ifdef 등의 디렉티브(directive)를 처리한다. 매크로나 디렉티브를 모르는 분은 C언어의 입문서 등을 학습해 두길 바란다.

다음의 명령어는 프리프로세스 처리만을 실시한다. main.c에 대해 프리프로세스 처리를 실시하고, 결과를 preprocess.c라는 파일로 출력한다.

```
avr-gcc -Os -Wall -mmcu=atmega328p -E main.c > preprocess.c
```

실제로 만들어진 preprocess.c의 내용을 살펴보면 main.c에 대해서 데이터 타입이나 외부에서 선언된 함수 등의 정의가 추가되어 있다. 즉, '#include 〈stdio.h〉'의 내용이 전개되어 있다.

▼ preprocess.c

```
# 1 "main.c"
# 1 "<built-in>"
# 1 "<command-line>"
# 1 "main.c"
~생략~

# 125 "c:\\users\\ohtsu\\arduino-1.8.8\\hardware\\tools\\avr\\avr\\include\\
stdint.h" 3 4
typedef signed int int8_t __attribute__((__mode__(__QI__)));
typedef unsigned int uint8_t __attribute__((__mode__(__QI__)));
typedef signed int int16_t __attribute__ ((__mode__ (__HI__)));
typedef unsigned int uint16_t __attribute__ ((__mode__ (__HI__)));
typedef signed int int32_t __attribute__ ((__mode__ (__SI__)));
typedef unsigned int uint32_t __attribute__ ((__mode__ (__SI__)));

typedef signed int int64_t __attribute__((__mode__(__DI__)));
typedef unsigned int uint64_t __attribute__((__mode__(__DI__)));
~생략~

extern int rename(const char *oldpath, const char *newpath);
extern void rewind(FILE *stream);
extern void setbuf(FILE *stream, char *buf);
extern int setvbuf(FILE *stream, char *buf, int mode, size_t size);
extern FILE *tmpfile(void);
extern char *tmpnam (char *s);
```

```
# 2 "main.c" 2

# 3 "main.c"
int main(){
  printf("Hello World\n");
  return 0;
}
```

■ 컴파일 처리

컴파일 처리는 프리프로세스 처리에 의해 전개된 소스 코드를 **어셈블러 코드**(assembler code, 어셈블리어라고도 부른다)로 변환하는 작업이다. 어셈블리어는 CPU용의 기계어를 사람이 이해하기 쉬운 형태로 나타낸 것이다.

다음의 명령은 컴파일 처리만을 실시하며, preprocess.c를 기초로 preprocess.s라는 파일을 출력한다.

```
avr-gcc -Os -Wall -mmcu=atmega328p -S preprocess.c
```

컴파일이 끝나면 고급 언어가 어셈블리어로 변환된다. 관련된 CPU 레지스터나 메모리 맵(memory map) 등이 전개된다.

▼ preprocess.s

```
  .file "preprocess.c"
__SP_H__ = 0x3e
__SP_L__ = 0x3d
__SREG__ = 0x3f
__tmp_reg__ = 0
__zero_reg__ = 1
  .section .rodata.str1.1,"aMS",@progbits,1
.LC0:
  .string "Hello World"
  .section .text.startup,"ax",@progbits
.global main
  .type main, @function
main:
/* prologue: function */
/* frame size = 0 */
/* stack size = 0 */
.L__stack_usage = 0
```

```
  ldi r24,lo8(.LC0)
  ldi r25,hi8(.LC0)
  call puts
  ldi r24,0
  ldi r25,0
  ret
  .size main, .-main
  .ident "GCC: (GNU) 5.4.0"
.global __do_copy_data
```

■ 어셈블 처리

컴파일을 통해 어셈블리어로 변환한 결과를 OBJ 형식으로 변환한다. 라이브러리를 사용하고 있을 때 이 단계에서 만들어진 OBJ 형식의 파일에는 라이브러리에서 제공하는 부품이 결여되어 있으므로 이것만으로는 동작할 수 없다.

다음 명령은 어셈블 처리만을 실시한다. preprocess.s를 읽어 들여 main.o라는 파일을 출력한다.

```
avr-as -mmcu=atmega328p -o main.o preprocess.s
```

main.o의 내용은 바이너리 파일이므로 텍스트 에디터로 살펴볼 수 없다.

■ 링크 처리

링크 처리는 **의존하고 있는 라이브러리 등을 합체**하여 실제로 실행할 수 있는 파일로 변환하는 작업이다.

다음의 명령은 링크 처리만을 실시한다. main.o를 읽어 들여 test.elf라는 파일을 출력한다.

```
avr-ld -o test.elf main.o ~/work/arduino-1.8.xx/hardware/tools/avr/avr/lib/
avr5/crtatmega328p.o ~/work/arduino-1.8.7/hardware/tools/avr/avr/lib/avr5/
libc.a ~/work/arduino-1.8.7/hardware/tools/avr/avr/lib/avr5/libatmega328p.a
~/work/arduino-1.8.7/hardware/tools/avr/lib/gcc/avr/5.4.0/avr5/libgcc.a
```

※ 사용하는 버전에 따라 arduino-1.8.xx의 xx 부분을 변경한다.

'avr-ld -o test.elf main.o'의 뒷부분은 이번 프로그램에 필요한 네 가지 파일(crtatmega328p. o, libc.a, libatmega328p.a, libgcc.a)의 장소를 지정하고 있다. 환경에 따라 다르므로 **파일의 장소를 확인하고 필요에 따라 변경한다.** 다음은 윈도우 환경의 예다.

```
avr-ld -o test.elf main.o %userprofile%arduino-1.8.xx\hardware\tools\avr\
avr\lib\avr5\crtatmega328p.o %userprofile%arduino-1.8.xx\hardware\tools\
avr\avr\lib\avr5\libc.a %userprofile%arduino-1.8.xx\hardware\tools\avr\
avr\lib\avr5\libatmega328p.a %userprofile%arduino-1.8.xx\hardware\tools\
avr\lib\gcc\avr\5.4.0\avr5\libgcc.a
```

※ 사용하는 버전에 따라 xx 부분을 변경한다.

PC용의 프로그램이라면 이 단계에서 동작할 것이다. 그러나 임베디드 시스템에서는 ROM에 실행 형식의 파일을 기록해 넣어 두어야 한다.

■ HEX 파일 변환

실제로 ROM에 기록하기 위해서는 **HEX 파일**로의 변환을 실시한다. HEX 파일에는 인텔 과 모토롤라 두 가지 형식이 있으며, 임베디드 시스템의 CPU에 맞춰서 선택한다.

다음의 명령은 test.elf라는 파일을 읽어 들여 test.hex를 출력한다.

```
avr-objcopy -I elf32-avr -O ihex test.elf test.hex
```

지금까지의 작업을 통해서 비로소 임베디드 시스템에서 동작시킬 수 있게 되었다.

이 HEX 파일을 임베디드 시스템의 ROM에 기록해 실행한다. 실제로 동작시킬 때까지의 작업에 대해서는 다음 장에서 설명할 것이다.

지금까지 설명한 빌드의 흐름은 임베디드 시스템에서 사용하는 CPU의 아키텍처에 따라 절차가 다르다. 참고로 최근의 고성능 빌드 도구를 사용하고 있다면 그다지 의식할 일이 없을 것이다. 다만 빌드 작업의 흐름에 대해 그 구조를 알지 못하면 실제 개발 시에 실행 형식을 제대로 만들지 못하는 일이 발생할 수도 있다. 그러니 기초적인 사항으로 기억해 두자.

어셈블리 언어로부터 알 수 있는 것

빌드 흐름이 이해되었다면 이제 중간 과정에서 생성된 어셈블리 언어 부분을 살펴보자. '지금 세상에 누가 어셈블리어를 쓰나?', '본 적도 없다!'라는 분도 많을 것이라 생각한다. 하지만, 어셈블리 언어에는 임베디드 소프트웨어를 이해하기 위한 중요한 정보가 포함되어 있다. 앞서 이용한 'Hello World' 프로그램을 약간 변경한 것을 사용한다.

▼ main2.c

```c
#include <stdio.h>

char str[]="Hello World";
int data;

int func(int x, int y){
  return x + y;
}

int main(){
  data = func(2018, 2019);
  printf("%s:%x\n", str, data);
  return 0;
}
```

다음의 명령으로 한번에 빌드까지 실시하여 ELF 파일을 작성한다. 설명을 위해 앞에서 설명한 명령에는 '-Os'를 사용했지만, 여기서는 '-O0'으로 변경하여 최적화(p.71 참고)라는 처리를 무효로 하고 있다.

```
avr-gcc -O0 -Wall -mmcu=atmega328p main2.c -o main2.elf
```

이 ELF 파일의 내용을 확인해 보자. ELF 파일은 바이너리 파일이므로 **avr-objdump**라는 명령어를 사용하여 텍스트 파일로 변환한다.

```
avr-objdump -S main2.elf > main2.s
```

출력한 main2.s를 텍스트 에디터 등으로 열어 보자. 원래의 소스 코드는 몇 행밖에 되지
않았지만, 수백 행이나 되는 매우 긴 파일이 되었다.

▼ main2.s

```
main2.elf: file format elf32-avr

Disassembly of section .text:

00000000 <__vectors>:
  0: 0c 94 34 00 jmp 0x68 ; 0x68 <__ctors_end>
  4: 0c 94 51 00 jmp 0xa2 ; 0xa2 <__bad_interrupt>
  8: 0c 94 51 00 jmp 0xa2 ; 0xa2 <__bad_interrupt>
~생략~

000000a6 <func>:
  a6: cf 93 push r28
  a8: df 93 push r29
  aa: 00 d0 rcall .+0 ; 0xac <func+0x6>
  ac: 00 d0 rcall .+0 ; 0xae <func+0x8>
~생략~

000000d4 <main>:
  d4: cf 93 push r28
  d6: df 93 push r29
  d8: cd b7 in r28, 0x3d ; 61
  da: de b7 in r29, 0x3e ; 62
  dc: 63 ee ldi r22, 0xE3 ; 227
  de: 77 e0 ldi r23, 0x07 ; 7
  e0: 82 ee ldi r24, 0xE2 ; 226
  e2: 97 e0 ldi r25, 0x07 ; 7
  e4: 0e 94 53 00 call 0xa6 ; 0xa6 <func>
~생략~

00000134 <printf>:
 134: a0 e0 ldi r26, 0x00 ; 0
~생략~
```

🔀 스타트업 루틴

파일을 따라가다 보면 '000000d4 〈main〉:'이라는 부분이 나타난다. 이것은 main 함수가 어셈블리어로 변환된 부분으로, 000000d4는 16진수로 표현된 메모리의 주소다. 그러나 그 앞에도 수십 행의 처리가 쓰여 있다. 이것들은 **스타트업 루틴**(start-up routine)이라고 부르는 것이다.

임베디드 시스템은 main 함수를 호출하기 전에 하드웨어의 초기 설정과, 소프트웨어가 동작하기 위해 필요한 초기 설정을 해야 한다. 이러한 초기 설정을 하지 않으면 프로그램이 동작하지 않는다. 프로그램이 동작하려면 CPU가 이용하는 메모리의 ROM 영역, RAM 영역의 설정이나, 함수를 호출했을 때에 이용되는 스택(stack)이라는 영역의 초기 설정, 전역 변수의 초기화 등 **프로그램이 이용하는 메모리의 초기 설정**을 실시해야 하기 때문이다.

스타트업 루틴은 PC에서 동작하는 프로그램의 개발에서는 그다지 중요하지 않지만, 임베디드 시스템은 하드웨어와 관련이 깊어 소프트웨어가 동작하기 위한 초기 설정이 필요하기 때문에 무시할 수 없다.

🔀 main 함수가 호출될 때까지의 흐름 추적

임베디드 시스템의 전원이 켜지면 리셋 신호가 CPU에 보내진다. 리셋 신호를 CPU가 받게 됨으로써 CPU의 동작이 시작한다. 그리고 메모리 주소의 0번지부터 프로그램이 실행되기 시작한다.

먼저 인터럽트 벡터의 설정이 이뤄지고, 계속해서 스택 영역, 데이터 영역 등이 초기화되기 시작한다. 그 후에 main 함수가 호출된다.

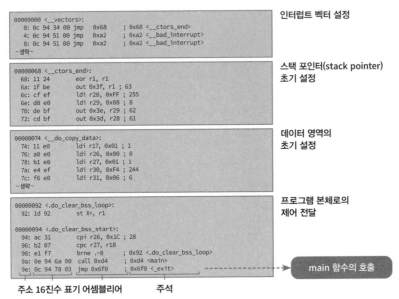

```
00000000 <__vectors>:
   0: 0c 94 34 00  jmp   0x68     ; 0x68 <__ctors_end>
   4: 0c 94 51 00  jmp   0xa2     ; 0xa2 <__bad_interrupt>
   8: 0c 94 51 00  jmp   0xa2     ; 0xa2 <__bad_interrupt>
~생략~
```
인터럽트 벡터 설정

```
00000068 <__ctors_end>:
  68: 11 24  eor r1, r1
  6a: 1f be  out 0x3f, r1 ; 63
  6c: cf ef  ldi r28, 0xFF ; 255
  6e: d8 e0  ldi r29, 0x08 ; 8
  70: de bf  out 0x3e, r29 ; 62
  72: cd bf  out 0x3d, r28 ; 61
```
스택 포인터(stack pointer)
초기 설정

```
00000074 <__do_copy_data>:
  74: 11 e0  ldi r17, 0x01 ; 1
  76: a0 e0  ldi r26, 0x00 ; 0
  78: b1 e0  ldi r27, 0x01 ; 1
  7a: e4 ef  ldi r30, 0xF4 ; 244
  7c: f6 e0  ldi r31, 0x06 ; 6
~생략~
```
데이터 영역의
초기 설정

```
00000092 <.do_clear_bss_loop>:
  92: 1d 92  st X+, r1

00000094 <.do_clear_bss_start>:
  94: ac 31  cpi r26, 0x1C ; 28
  96: b2 07  cpc r27, r18
  98: e1 f7  brne .-8      ; 0x92 <.do_clear_bss_loop>
  9a: 0e 94 6a 00  call 0xd4   ; 0xd4 <main>
  9e: 0c 94 78 03  jmp 0x6f0   ; 0x6f0 <_exit>
```
프로그램 본체로의
제어 전달

main 함수의 호출

주소 16진수 표기 어셈블리어   주석

▲ 스타트업 루틴 부분

스타트업 루틴으로부터 main 함수가 호출되고, main 함수로부터 func 함수, printf 함수
가 호출되고 있음을 알 수 있다.

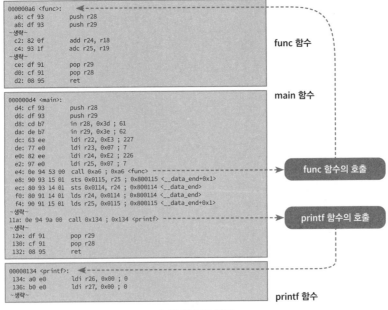

```
000000a6 <func>:
  a6: cf 93  push r28
  a8: df 93  push r29
~생략~
  c2: 82 0f  add r24, r18
  c4: 93 1f  adc r25, r19
~생략~
  ce: df 91  pop r29
  d0: cf 91  pop r28
  d2: 08 95  ret
```
func 함수

```
000000d4 <main>:
  d4: cf 93  push r28
  d6: df 93  push r29
  d8: cd b7  in r28, 0x3d ; 61
  da: de b7  in r29, 0x3e ; 62
  dc: 63 ee  ldi r22, 0xE3 ; 227
  de: 77 e0  ldi r23, 0x07 ; 7
  e0: 82 ee  ldi r24, 0xE2 ; 226
  e2: 97 e0  ldi r25, 0x07 ; 7
  e4: 0e 94 53 00  call 0xa6 ; 0xa6 <func>
  e8: 90 93 15 01  sts 0x0115, r25 ; 0x800115 <__data_end+0x1>
  ec: 80 93 14 01  sts 0x0114, r24 ; 0x800114 <__data_end>
  f0: 80 91 14 01  lds r24, 0x0114 ; 0x800114 <__data_end>
  f4: 90 91 15 01  lds r25, 0x0115 ; 0x800115 <__data_end+0x1>
~생략~
  11a: 0e 94 9a 00  call 0x134 ; 0x134 <printf>
~생략~
  12e: df 91  pop r29
  130: cf 91  pop r28
  132: 08 95  ret
```
main 함수

func 함수의 호출

printf 함수의 호출

```
00000134 <printf>:
  134: a0 e0  ldi r26, 0x00 ; 0
  136: b0 e0  ldi r27, 0x00 ; 0
~생략~
```
printf 함수

▲ 각 함수의 부분

🔊 메모리 맵

메모리 각 영역의 역할을 나타낸 것을 **메모리 맵**이라고 부른다. 메모리 맵은 CPU에 의존하므로 소프트웨어 쪽에서 변경할 수 없다. 그러므로 소프트웨어가 CPU의 메모리 맵에 맞추어야 한다. 실제로는 링크 작업 중에 프로그램이 어떤 영역을 사용할지 설정한다.

메모리 맵은 크게 **코드 영역**과 **데이터 영역**의 두 영역으로 나뉜다. 코드 영역은 읽기 전용의 영역으로 ROM 공간을 가리킨다. 데이터 영역은 읽고 쓰기가 가능한 영역으로서 RAM 공간을 가리킨다. 즉, 소프트웨어 측면에서 봤을 때 ROM/RAM 등의 하드웨어의 사용 영역에 대한 배치를 나타낸다.

영역은 **섹션(section)**이라고 불린다. 대표적인 섹션은 다음의 표와 같다.

섹션명	영역명	프로그램과의 관계
text	코드	기계어(프로그램의 명령)를 보관한다.
data	초기화 완료 데이터	초기값을 갖는 변수를 보관한다.
bss	초기화 미완료 데이터	초기값을 갖지 않는 변수를 보관한다.

ELF 파일을 **avr-objdump**라는 명령을 사용해 살펴보면 다음과 같은 헤더 정보를 볼 수 있다.

```
avr-objdump -x -h main2.elf
```

▼ 명령 프롬프트의 출력

```
main2.elf: file format elf32-avr
main2.elf
architecture: avr:5, flags 0x00000112:
EXEC_P, HAS_SYMS, D_PAGED
start address 0x00000000

Program Header:
  LOAD off 0x00000094 vaddr 0x00000000 paddr 0x00000000 align 2**1
    filesz 0x000006f4 memsz 0x000006f4 flags r-x
  LOAD off 0x00000788 vaddr 0x00800100 paddr 0x000006f4 align 2**0
    filesz 0x00000014 memsz 0x00000014 flags rw-
  LOAD off 0x0000079c vaddr 0x00800114 paddr 0x00800114 align 2**0
```

```
    filesz 0x00000000 memsz 0x00000008 flags rw-

Sections:
Idx Name Size VMA LMA File off Algn
 0 .data 00000014 00800100 000006f4 00000788 2**0
     CONTENTS, ALLOC, LOAD, DATA
 1 .text 000006f4 00000000 00000000 00000094 2**1
     CONTENTS, ALLOC, LOAD, READONLY, CODE
 2 .bss 00000008 00800114 00800114 0000079c 2**0
     ALLOC
 3 .comment 00000011 00000000 00000000 0000079c 2**0
     CONTENTS, READONLY
~생략~
```

sections 부분에 각 섹션의 위치가 적혀 있다.

방금 소재로 사용한 main2.c에서 이용하는 변수인 str, data가 어떤 섹션에 배치되었는
지도 살펴볼 수 있다.

```
~생략~
SYMBOL TABLE:
~생략~
00800114 g O .bss 00000002 data
~생략~
00800100 g O .data 0000000c str
```

🎴 스택

스택은 함수를 호출할 때에 이용되는 메모리 영역이다. 소재로 사용한 main2.c에서는
func 함수, printf 함수를 호출하고 있다. 자신의 함수에서 다른 함수를 호출할 때 파라
미터를 건네는 번지나 되돌아올 번지를 기억해야 한다. 이때 이용하는 것이 스택 영역이
다. push, pop이라는 명령을 사용하여 **LIFO(Last In First Out)**로 이용한다.

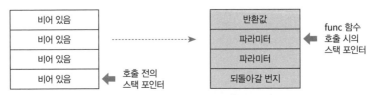

▲ main 함수로부터 func 함수를 호출했을 때의 스택 변화

그림은 main 함수로부터 func 함수를 호출할 때의 스택 변화를 나타낸 것이다. 처음에는 아무것도 들어 있지 않은 빈 영역이다. func 함수를 호출하기 전에, main 함수에서는 스택 포인터를 조작해 **되돌아갈 번지, 파라미터 X, Y를 스택에 넣는다**. 호출된 func 함수에서는 인수 X, Y를 꺼내 연산을 실시하고 반환값을 보관한다. 처리가 종료되면 되돌아갈 번지를 꺼내어 main 함수로 되돌아간다.

스택 영역은 빈번히 사용되는 메모리 영역이다. 함수의 되돌아갈 번지, 파라미터 이외에서도 함수 안에서의 로컬 변수 영역으로도 사용된다. 특히, 운영체제를 이용할 때는 사용 영역에 제한이 있으므로 주의해야 한다.

🎴 스택과 인터럽트

인터럽트가 발생한 때에도 스택이 이용된다. 인터럽트가 발생하면 인터럽트 벡터에 등록되어 있는 처리가 실행된다. 그 처리를 실행하기 전에 **인터럽트가 발생하기 전에 처리하고 있던 번지를 되돌아갈 번지로 스택에 등록한다**. 인터럽트 처리가 끝나면 인터럽트 발생 전의 처리로 되돌아가기 위해 스택으로부터 되돌아갈 번지를 꺼내어 인터럽트 처리 전으로 되돌아간다.

인터럽트는 함수 호출과는 다르게 언제 발생할지 모른다. 인터럽트가 발생한 때에는 인터럽트 발생 전의 반환 번지 외에 **CPU가 갖고 있던 내부 상태도 스택에 넣어 두어야 한다**. 인터럽트 전의 상태를 스택에 넣어 두지 않으면 인터럽트가 발생하기 전의 처리를 다시 시작할 수 없기 때문이다.

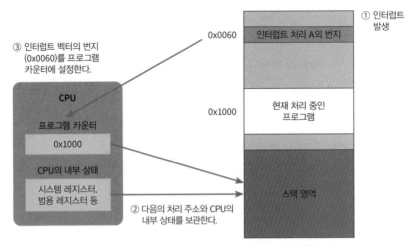

③ 인터럽트 벡터의 번지
(0x0060)를 프로그램
카운터에 설정한다.

① 인터럽트
발생

0x0060

인터럽트 처리 A의 번지

CPU

프로그램 카운터

0x1000

0x1000

현재 처리 중인
프로그램

CPU의 내부 상태

시스템 레지스터,
범용 레지스터 등

스택 영역

② 다음의 처리 주소와 CPU의
내부 상태를 보관한다.

▲ 인터럽트 발생 시의 동작

■ 스택과 CPU의 상태

인터럽트 발생 시의 스택 조작은 CPU의 명령으로 실시하기 때문에 특별히 의식할 필요
는 없지만, 디버그 때의 스킬로서 인터럽트 발생 시의 스택 용도, CPU의 동작 원리를 파
악해 둘 것을 추천한다. 인터럽트가 발생한 경우에 CPU 상태를 스택에 넣어 두는 것은
왜일까? 그것은 상태 레지스터 등 시스템 레지스터의 상태와 관련되어 있다.

예를 들어, 다음과 같은 프로그램을 실행하고 있다고 하자.

▼ main3.c

```c
#include <stdio.h>

char str[]="Hello World";

int main(int argc, char *argv[]){
  if(argc == 1){
    printf("%s\n", "argument not found!");
  }
  else {
    printf("%s argc=%x,argv=%s\n", str, argc, argv[1]);
  }
  return 0;
}
```

이것만 봐서는 이해하기 어려우니 다음 명령을 입력하여 어셈블리어로 전개한 것을 살펴보자.

```
avr-gcc -g -mmcu=atmega328p main3.c -o main3.elf
avr-objdump -S main3.elf > main3.s
```

```
int main(int argc, char *argv[]){
  a6: cf 93       push r28
  a8: df 93       push r29
  aa: 00 d0       rcall .+0    ; 0xac <main+0x6>
  ac: 00 d0       rcall .+0    ; 0xae <main+0x8>
  ae: cd b7       in r28, 0x3d ; 61
  b0: de b7       in r29, 0x3e ; 62
  b2: 9a 83       std Y+2, r25 ; 0x02
  b4: 89 83       std Y+1, r24 ; 0x01
  b6: 7c 83       std Y+4, r23 ; 0x04
  b8: 6b 83       std Y+3, r22 ; 0x03
    if(argc == 1){
  ba: 89 81       ldd r24, Y+1 ; 0x01
  bc: 9a 81       ldd r25, Y+2 ; 0x02
  be: 01 97       sbiw r24, 0x01 ; 1
  c0: 29 f4       brne .+10    ; 0xcc <main+0x26>

      printf("%s\n", "argument not found!");
  c2: 8c e0       ldi r24, 0x0C ; 12
  c4: 91 e0       ldi r25, 0x01 ; 1
  c6: 0e 94 aa 00 call 0x154 ; 0x154 <puts>
  ca: 25 c0       rjmp .+74    ; 0x116 <main+0x70>
    }
    else {
      printf("%s argc=%x,argv=%s\n", str, argc, argv[1]);
  cc: 8b 81       ldd r24, Y+3 ; 0x03
  ce: 9c 81       ldd r25, Y+4 ; 0x04
  d0: 02 96       adiw r24, 0x02 ; 2
  d2: fc 01       movw r30, r24
  d4: 80 81       ld r24, Z
```

① 연산 결과 반영

상태 레지스터

I - H S - N Z C

② 연산 결과 = 0 판정

③ 어느 쪽으로 갈지 결정

④ Zero Flag = 0이면 이쪽으로 점프

▲ if 문 실행 시의 상태 레지스터

if 문 등의 조건문에서는 반드시 연산이 실행된다. 이 예에서는 파라미터로 건넨 argc가 1 인지 판정하고 있다. 어셈블리 코드를 보면 sbiw라는 뺄셈 명령을 연산하고 있고, 연산한 결과가 상태 레지스터에 반영된다. 뺄셈 명령의 결과가 0인 경우는 Zero Flag가 1, **결과가 0이 아닌 경우는 Zero Flag가 0**이 된다. 그다음은 분기 명령인 brne가 실행된다. brne는 **상태 레지스터의 Zero Flag를 보고, 어느 쪽으로 분기할지를 결정**한다. Zero Flag가 0이면 0xcc번지로 점프한다.

인터럽트가 발생한 위치에 따라 다르겠지만, 이번 예를 생각하면 뺄셈 처리가 실행된 직 후에 인터럽트가 발생하면 **Zero Flag가 변경**될 가능성이 있다. 그대로 복귀하면 분기가 이상하게 될 것이다. 그렇기 때문에 연산 결과를 보관해야 한다.

연산 결과를 스택에 보관해 두면 인터럽트가 종료한 후에 연산 결과를 CPU에 복원해, 중단하기 전의 상태로부터 올바로 처리할 수 있게 된다.

임베디드 소프트웨어의 테스트 환경

빌드 작업이 완료되면 실제 임베디드 시스템에서 프로그램 동작을 확인한다. 임베디드 개발은 먼저 하드웨어가 올바로 동작하는 것을 확인한 후에 소프트웨어의 동작을 확인하는 순서로 진행한다. 하드웨어가 정상적으로 동작하는 것을 확인하려면 특수한 기기를 사용해야 한다.

ICE

ICE(In-Circuit Emulator)는 임베디드 시스템에 탑재되어 있는 CPU를 대신해서 동작하는 기기를 말한다. ICE에는 몇 가지 종류가 있다.

ICE의 종류	개요	장점	단점	가격
JTAG ICE	JTAG 인터페이스로 임베디드 시스템의 CPU가 갖고 있는 디버깅 기능을 이용한다.	임베디드 시스템의 CPU가 갖고 있는 기능만 사용할 수 있다.	임베디드 시스템의 CPU에 기능이 없으면 이용할 수 없다.	저가
풀(full) ICE	임베디드 시스템의 CPU를 에뮬레이션한다.	임베디드 시스템의 CPU를 대신해서 무엇이든 가능하다.	가격이 고가. 최근에는 그다지 이용하지 않는다.	고가

JTAG ICE를 이용하려면 임베디드 시스템의 CPU에 디버그 기능이 필요하다. 최근의 경향이라면 임베디드 시스템의 CPU가 고성능화되어서 **OCD(On-Chip-Debugger)**가 점차 표준 탑재되고 있다. 이 때문에 **JTAG 인터페이스를 이용한 테스트**가 주류를 이루고 있다.

ICE와 호스트가 되는 PC와의 접속에는 USB 케이블을 이용하는 경우와 JTAG 케이블이라는 전용 케이블을 사용하는 경우가 있다.

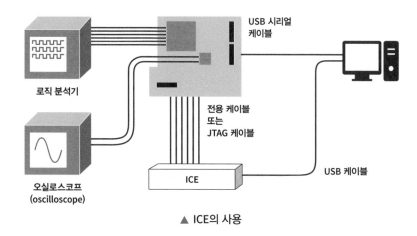

USB 시리얼 케이블

로직 분석기

전용 케이블 또는 JTAG 케이블

오실로스코프 (oscilloscope)

ICE

USB 케이블

▲ ICE의 사용

ICE를 이용함으로써 임베디드 시스템의 CPU로부터 메모리를 참고하거나 주변장치의 액세스를 확인할 수 있다. 먼저 하드웨어로의 액세스가 정상적인 것을 확인한 후에 소프트웨어의 동작을 확인하자.

■ 시리얼의 이용

JTAG 인터페이스 이외에 시리얼(serial, 직렬) 포트를 사용한 테스트도 있다. ICE와는 달리 테스트나 디버깅에 이용하는 기능은 제공되지 않기 때문에 시리얼 포트에 출력하는 기능을 구현하여 모니터링을 실시한다. 시리얼 포트에 출력할 수 있게 되면 printf()문을 사용하여 소프트웨어의 동작을 모니터링하면서 동작 확인을 실시한다.

■ 파형의 관측

하드웨어 계측 기기로서 '**로직 분석기**', '**오실로스코프**'라는 계측기를 사용하는 일이 많을 것이다. 둘 다 하드웨어의 파형 측정에 사용되는 기기로서 하드웨어 기술자는 이 두 가지를 이용하여 테스트 및 디버그를 실시하는 것이 보통이다.

로직 분석기는 '시간'을 계측하는 경우나 '하드웨어 사양서'의 시퀀스 다이어그램대로 동작하고 있는지를 기능적으로 확인할 경우에 편리하다.

오실로스코프는 전기적인 특성을 측정할 수 있는 기기다. 하드웨어의 파형으로 'H/L 레벨'을 측정할 때에 사용된다.

임베디드 소프트웨어에서는 로직 분석기와 오실로스코프를 하드웨어와 소프트웨어의 동작 분리 시에 사용한다. 예를 들어, 인터럽트 신호 등의 하드웨어로부터 통지되는 이벤트가 소프트웨어에서는 통지되지 않는 상황을 생각해 볼 수 있다. 만약 계측 기기를 사용하여 신호를 관측할 수 있다면 문제는 소프트웨어에 있다고 판단해 문제점을 분리해 낼수 있다.

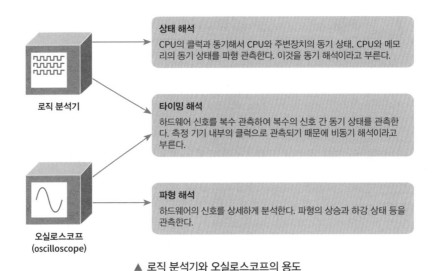

상태 해석
CPU의 클럭과 동기해서 CPU와 주변장치의 동기 상태, CPU와 메모리의 동기 상태를 파형 관측한다. 이것을 동기 해석이라고 부른다.

로직 분석기

타이밍 해석
하드웨어 신호를 복수 관측하여 복수의 신호 간 동기 상태를 관측한다. 측정 기기 내부의 클럭으로 관측되기 때문에 비동기 해석이라고 부른다.

파형 해석
하드웨어의 신호를 상세하게 분석한다. 파형의 상승과 하강 상태 등을 관측한다.

오실로스코프
(oscilloscope)

▲ 로직 분석기와 오실로스코프의 용도

SECTION 13 | 임베디드 시스템 프로그래밍에서의 C언어

최적화 옵션의 장점과 단점

C언어는 일반적으로 사용되는 고급 언어이지만, 임베디드 시스템의 프로그래밍에서는 주의해야 할 점이 몇 가지 있다. 대부분의 임베디드 시스템은 제약 사항으로 메모리(ROM/RAM) 용량에 제한이 있거나 처리 시간에 제약이 있기 때문에 프로그램을 최적화해야 한다. 이때에 컴파일러의 **최적화 옵션**을 사용하여 프로그램 구조를 최적화함으로써 제약 사항을 지키도록 한다. 단, 컴파일 시의 최적화에 따라 프로그램이 의도하지 않는 동작을 하는 경우도 있다.

volatile 선언

임베디드 시스템에서는 주기적으로 하드웨어를 감시해 상태가 변한 것을 감시하는 처리가 빈번히 실행된다. 이 처리를 **폴링(polling)**이라고 한다. 인터럽트 기능을 갖고 있지 않는 주변장치 등을 감시하기 위해 사용된다.

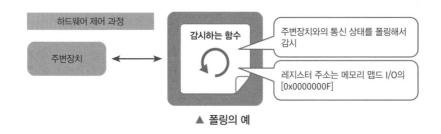

▲ 폴링의 예

이때 주변장치의 감시를 위해 레지스터 주소를 지정한 처리를 작성했다고 하자. 그러나 컴파일러는 주변장치의 레지스터 주소를 알지 못하기 때문에 최적화 옵션을 지정하여 컴파일하면 의도하지 않은 상황으로 전개될 가능성이 있다. 이때는 **volatile 선언**으로 최적화를 하지 않도록 지정한다.

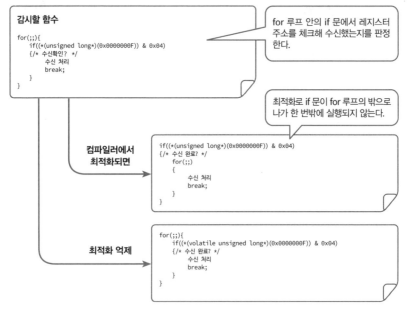

▲ 의도하지 않은 전개를 막기 위한 volatile 선언

🔲 unsigned와 signed

산술 연산을 할 때 +인지 -인지는 상당히 중요하다. 임베디드 시스템은 특히 unsigned 타입과 signed 타입의 차이에 보다 주의해야 한다. 앞서 언급한 하드웨어의 감시 처리에서 주변장치의 레지스터로부터 읽어낸 값은 unsigned 타입과 signed 타입을 잘못 사용하면 최상위 비트가 나타내는 의미가 달라진다.

임베디드 시스템의 경우 주변장치의 레지스터 등은 비트로 상태를 나타내기 때문에 읽어낸 값에 따라 의도하지 않은 값이 될 가능성이 있다. 따라서 하드웨어를 제어할 때는 비트 조작이나 레지스터의 값이 마이너스로 판단되지 않도록 unsigned 타입을 이용하자.

```
typedef struct {
  signed int control_bit: 1; //0이나 -1 중 하나가 된다. 1은 되지 않는다.
```

```
}
typedef struct {
  unsigned int control_bit: 1; //0이나 1 중 하나가 된다.
}
```

pragma

하드웨어나 메모리 주소를 지정하여 데이터나 코드를 배치하고 싶은 경우는 pragma를 이용한다. pragma를 사용하면 메모리 맵에 독자적인 섹션을 늘려서 데이터나 코드를 배치할 수 있다. 예를 들어, 데이터나 코드를 RAM에 배치해서 실행하거나, 또는 데이터는 플래시 메모리에 두는 식으로 실제 어느 하드웨어를 사용할 것인지 지정할 수 있다.

단, pragma는 컴파일러에게 지시를 하기 위한 옵션이므로 사용 가능 여부는 컴파일러에 의존한다. 컴파일러의 사양을 확인한 후 이용하자.

포인터와 배열

임베디드 시스템의 CPU는 PC만큼 빠르지 않다. ROM이나 RAM 등의 메모리도 용량이 한정되어 있다. 이러한 제약 사항과의 가성비를 고려해, 처리 속도나 메모리 용량의 삭감 등을 주의해야 한다. 물론 컴파일러의 최적화 옵션을 사용함으로써 처리 속도 향상이나 메모리 용량의 삭감도 가능하지만, 코드를 작성할 때도 **하드웨어의 성능을 고려한 코딩을 하는 것**이 중요하다.

포인터를 참고해 처리를 살펴보자. 다음 그림의 두 소스 코드는 배열을 그대로 사용했을 때와 배열과 포인터를 사용했을 때의 프로그램으로서 둘 다 동일한 출력을 하는 프로그램이다. 그러나 어셈블리어로 보면 포인터를 사용한 쪽이 **명령 수가 하나 줄어들었고, 루프 내에서 처리하는 명령 수도 줄어들었음**을 알 수 있다.

단순히 배열을 사용하는 것이 아니라 처리 속도, 메모리 용량을 고려해서 기술함으로써 컴파일러의 최적화 옵션만으로는 얻을 수 없는 최적화를 실현할 수 있다.

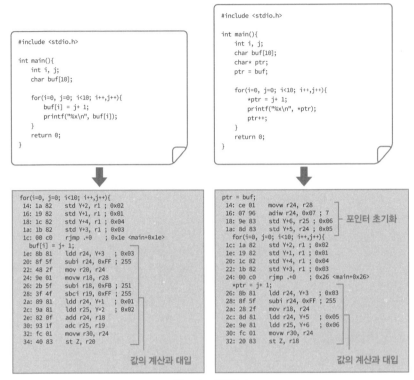

```
#include <stdio.h>

int main(){
    int i, j;
    char buf[10];

    for(i=0, j=0; i<10; i++,j++){
        buf[i] = j+ 1;
        printf("%x\n", buf[i]);
    }
    return 0;
}
```

```
#include <stdio.h>

int main(){
    int i, j;
    char buf[10];
    char* ptr;
    ptr = buf;

    for(i=0, j=0; i<10; i++,j++){
        *ptr = j+ 1;
        printf("%x\n", *ptr);
        ptr++;
    }
    return 0;
}
```

```
for(i=0, j=0; i<10; i++,j++){
14: 1a 82    std Y+2, r1 ; 0x02
16: 19 82    std Y+1, r1 ; 0x01
18: 1c 82    std Y+4, r1 ; 0x04
1a: 1b 82    std Y+3, r1 ; 0x03
1c: 00 c0    rjmp .+0    ; 0x1e <main+0x1e>
  buf[i] = j+ 1;
1e: 8b 81    ldd r24, Y+3  ; 0x03
20: 8f 5f    subi r24, 0xFF ; 255
22: 48 2f    mov r20, r24
24: 9e 01    movw r18, r28
26: 2b 5f    subi r18, 0xFB ; 251
28: 3f 4f    sbci r19, 0xFF ; 255
2a: 89 81    ldd r24, Y+1  ; 0x01
2c: 9a 81    ldd r25, Y+2  ; 0x02
2e: 82 0f    add r24, r18
30: 93 1f    adc r25, r19
32: fc 01    movw r30, r24
34: 40 83    st Z, r20
```
값의 계산과 대입

```
ptr = buf;
14: ce 01    movw r24, r28
16: 07 96    adiw r24, 0x07 ; 7
18: 9e 83    std Y+6, r25 ; 0x06
1a: 8d 83    std Y+5, r24 ; 0x05
  for(i=0, j=0; i<10; i++,j++){
1c: 1a 82    std Y+2, r1 ; 0x02
1e: 19 82    std Y+1, r1 ; 0x01
20: 1c 82    std Y+4, r1 ; 0x04
22: 1b 82    std Y+3, r1 ; 0x03
24: 00 c0    rjmp .+0    ; 0x26 <main+0x26>
  *ptr = j+ 1;
26: 8b 81    ldd r24, Y+3  ; 0x03
28: 8f 5f    subi r24, 0xFF ; 255
2a: 28 2f    mov r18, r24
2c: 8d 81    ldd r24, Y+5  ; 0x05
2e: 9e 81    ldd r25, Y+6  ; 0x06
30: fc 01    movw r30, r24
32: 20 83    st Z, r18
```
포인터 초기화

값의 계산과 대입

▲ 두 프로그램의 비교

🔀 인터럽트 핸들러

인터럽트 핸들러(interrupt handler)는 인터럽트 처리에 등록하기 위해 작성된 프로그램이다. 인터럽트 처리는 일반적인 처리보다도 CPU가 먼저 동작시킨다. 그러한 이유로 **인터럽트 처리가 길면 일반 처리에 영향을 끼치므로** 되도록 간단하고 최소한의 처리만을 작성하도록 주의한다.

인터럽트 핸들러 자체는 인터럽트 벡터에 대상 프로그램의 시작 번지를 등록함으로써 인터럽트가 발생했을 때 CPU가 자동으로 전환해 준다.

AVR의 환경에서는 다음과 같이 기술함으로써 인터럽트 벡터로 등록할 수 있다. **ISR() 이라는 매크로 함수**를 이용해서 등록하고 싶은 인터럽트 벡터 위치를 지정한다. 이 예는 Timer0를 이용할 때다.

```
#include <avr/io.h>
#include <avr/interrupt.h> /*인터럽트를 사용하기 위한 include 정의*/

ISR(TIMER0_COMPA_vct) /*timer0의 인터럽트 함수 등록*/
{
  /*여기에 인터럽트 시의 처리를 작성한다.*/
}

int main(void){
  /*인터럽트 관련 초기화 처리*/
  TCCR0A = 0b10000010; /*10:비교 매치A로 LOW, 10:CTC 모드*/
  TCCR0B = 0b00000001; /*주파수 분할 없음*/
  TIMSK0 = 0b00000010; /*비교 매치 A의 인터럽트를 설정*/

  /*비교 매치할 시간 설정*/
  OCR0A = 32499; /*32.5ms로 비교 매치 @1MHz*/
    … …

  sei(); /*인터럽트 허가*/
  for(;;){ /*무한 루프*/
      … …

    /*main 처리를 기술한다.*/
      … …
  }
  return 0;
}
```

인터럽트 벡터의 등록 처리는 CPU별로 지정 방법, 프로그램의 작성법 등이 다르므로 개발환경의 매뉴얼을 확인한다.

4

임베디드 시스템을
사용한
C언어 프로그래밍

이 장의 개요

이 장에서는 2장과 3장에서의 지식을 사용하여 실제 임베디드 시스템에서의 프로그래밍에 도전해 본다. 임베디드 보드로 아두이노 우노를 사용한다. 실제 작업을 통해서 임베디드 개발의 중요 포인트와 C언어의 프로그래밍을 이해해 보자.

아두이노의
하드웨어 확인하기

이 장에서는 폭넓게 사용되고 있는 임베디드 보드인 **아두이노(Arduino)**를 소재로 임베디드 개발에서 필요한 기술과 중요 포인트를 이해해 보자.

아두이노란?

아두이노(Arduino)는 이탈리아에서 개발된 임베디드 시스템이다. 작은 마이크로컴퓨터를 탑재한 보드와 프로그래밍 언어나 프로그램을 개발하기 위한 소프트웨어 환경을 포함해 '아두이노'라고 부른다. 아두이노의 CPU는 Atmel 사(미국)의 **AVR ATmega328P**라는 8비트 마이크로컴퓨터다(Atmel사는 2016년 4월에 Microchip Technology 사에 합병되었다).

아두이노 사양에 따른 마이크로컴퓨터가 탑재된 보드는 프로그램을 개발하는 PC와 USB 케이블을 사용해 접속할 수 있는 사양으로 되어 있다. 최근에는 다양한 제조사가 아두이노 호환 보드를 제조 및 판매하고 있는데, 대표적인 것이 아두이노 우노(Arduino UNO)다. UNO는 이탈리아어로 1을 의미하는 단어이며, 처음 릴리스한 1.0을 나타내기 위해 붙인 이름이다. 아두이노 우노는 손쉽게 프로토타입(시험용으로 만들어진 원형을 뜻한다)을 만들 수 있는 환경을 제공한다. 이 책에서는 표준 사양인 아두이노 우노를 중심으로 임베디드 프로그래밍에 관해 설명한다.

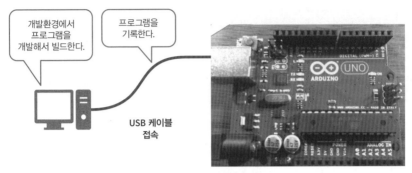

개발환경에서
프로그램을
개발해서 빌드한다.

프로그램을
기록한다.

USB 케이블
접속

▲ 아두이노를 이용한 개발

프로그램 개발은 PC상의 통합 개발환경(Integrated Development Environment, IDE)에서 실시한다. IDE는 에디터 작업, 빌드 작업, 디버그 작업을 동일 환경에서 할 수 있는 GUI(Graphic User Interface) 도구다. 단, 이 장에서는 임베디드 개발의 중요 포인트를 파악하는 것이 목적이므로 GUI에서의 프로그래밍은 실시하지 않는다.

이 책에서 취급하는 아두이노 우노 보드는 R3(Release3), Arduino IDE 환경은 1.8.12 버전을 이용한다. **윈도우용의 Arduino IDE 설치 방법**에 대해서는 이 책 뒷부분의 부록을 참고하기 바란다(p.259 참고).

🔀 아두이노 우노의 하드웨어 구성

프로그램 개발을 실시하기 전에 아두이노 우노의 하드웨어 구성을 외관부터 확인한다. 임베디드 시스템의 소프트웨어는 하드웨어 구성을 알지 못하면 개발할 수 없다. 처음에 어떤 구성으로 되어 있는지를 아두이노 우노의 마이크로컴퓨터 보드에서 확인하자.

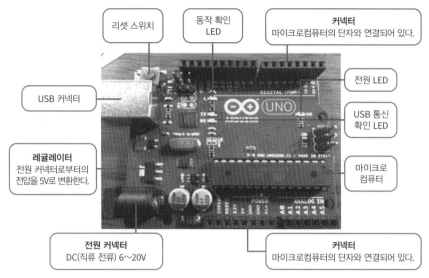

리셋 스위치

동작 확인 LED

커넥터
마이크로컴퓨터의 단자와 연결되어 있다.

전원 LED

USB 커넥터

USB 통신 확인 LED

레귤레이터
전원 커넥터로부터의 전압을 5V로 변환한다.

마이크로 컴퓨터

전원 커넥터
DC(직류 전류) 6~20V

커넥터
마이크로컴퓨터의 단자와 연결되어 있다.

▲ 아두이노 우노의 각 부분 이름

마이크로컴퓨터 보드상에서 확인한 것만 해도 그다지 익숙하지 않은 단어들이 많다. 하나씩 확인해 보자.

1 커넥터

커넥터는 마이크로컴퓨터로부터의 제어 신호를 외부로 출력하거나 외부로부터의 입력을 받기 위해 사용되는 부품이다. 마이크로컴퓨터로부터의 출력이나 마이크로컴퓨터로의 입력을 하기 위한 단자를 외부로부터 제어할 수 있도록 GPIO나 PWM(Pluse Width Modulation) 등의 제어 신호를 내고 있다. 전원을 외부에 출력할 수 있도록 전원 단자도 나와 있다.

2 각종 LED

LED(Light Emitting Diode)는 각종 동작을 확인할 수 있는 발광 다이오드다. 프로그램 동작을 확인할 수 있는 LED나 USB 통신의 동작을 확인할 수 있는 LED, 전원이 ON 상태인 것을 확인할 수 있는 LED 등 여러 종류가 배치되어 있다.

3 리셋 스위치

마이크로컴퓨터를 리셋할 수 있는 버튼 스위치다. 누르면 마이크로컴퓨터를 처음부터 동작시킬 수 있다.

4 전원 커넥터

직류 전원을 연결하기 위한 커넥터다. 전용 부품을 사용함으로써 전지 등으로 동작시킬 수 있도록 되어 있다.

5 레귤레이터

전원 커넥터로부터 입력되는 전압을 5V로 변환하는 하드웨어 부품이다.

6 마이크로컴퓨터

마이크로컴퓨터는 CPU와 메모리(ROM, RAM), 주변장치가 함께 들어 있는 하드웨어다. 마이크로컴퓨터에 맞춘 크로스 개발환경을 구축함으로써 마이크로컴퓨터에서 소프트웨어를 동작시킬 수 있다.

🔀 마이크로컴퓨터의 데이터 시트 조사하기

임베디드 소프트웨어를 개발하기 전에 마이크로컴퓨터의 내부가 어떻게 되어 있는지 확인해 보자. 마이크로컴퓨터 내부의 구성을 알지 못하면 소프트웨어로부터 하드웨어를 제어할 수 없다. 예를 들어, 소프트웨어로부터 LED를 제어하려고 할 때 LED를 ON/OFF 시키기 위해서 어떻게 하드웨어를 제어하면 되는지 알아 두어야 한다.

그렇다고 해도 기판을 보는 것만으로는 마이크로컴퓨터의 내부를 알 수 없다. 마이크로컴퓨터의 부품에는 제품의 종류를 나타내는 **모델 번호**가 부여되어 있다. 먼저 모델 번호를 이용해 **데이터 시트**라고 불리는 하드웨어 매뉴얼을 입수한다.

아두이노 우노의 마이크로컴퓨터 모델 번호를 검색해 보자. Arduino UNO라는 키워드를 검색 엔진에서 검색하면 **ATmega328P**라는 것을 알 수 있다. 기판의 마이크로컴퓨터에 쓰인 모델 번호를 나타내는 실크 인쇄로도 확인할 수 있다.

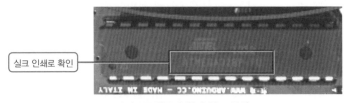

실크 인쇄로 확인

▲ 마이크로컴퓨터 칩의 실크 인쇄

마이크로컴퓨터의 모델 번호를 알았다면 마이크로칩 테크놀로지(Microchip Technology) 사의 웹사이트(http://www.microchip.com/)에 접속하여 ATmega328P의 모델 번호를 검색한다. 검색 결과가 표시되면 검색 결과를 클릭하여 데이터를 입수할 수 있다.

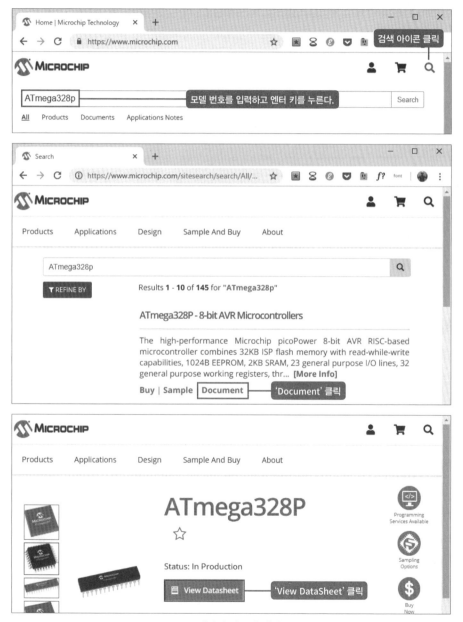

▲ 데이터 시트의 검색

입수한 데이터 시트를 열고, 마이크로컴퓨터의 구성을 확인한다. 데이터 시트는 해외에서 제조하므로 영문으로 쓰여 있지만 열심히 해석해 보자.

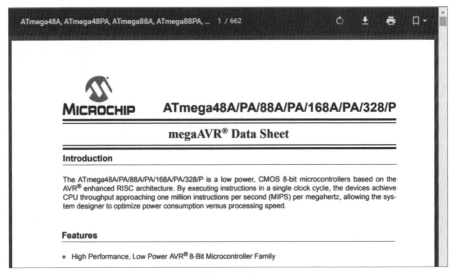

▲ 데이터 시트의 PDF

🔀 데이터 시트와 보드 맞춰 보기

데이터 시트를 살펴보는 한 가지 방법이 있다. 어떤 순서로 살펴보는 것이 좋은지 알면 영문으로 적혀 있어도 어렵지 않게 해석할 수 있다. 실제로 ATmega328P의 마이크로컴퓨터 데이터 시트를 소재로 해석해 보자. ATmega328P를 사용해 LED를 ON/OFF하려면 어느 쪽을 확인해야 할지 데이터 시트를 해석해 보자.

■ 기판의 구성과 비교한다

아두이노 우노 기판의 마이크로컴퓨터는 커넥터를 경유하여 주변장치를 제어하는 구성이다. 먼저 커넥터와 마이크로컴퓨터가 어떻게 접속되어 있는지 파악한다. 커넥터의 안쪽에 쓰여 있는 단자별 실크 인쇄에 의존해서 데이터 시트를 살펴본다.

▲ 커넥터의 실크 인쇄 확인하기

2 마이크로컴퓨터의 핀 구성을 살펴본다

커넥터의 실크 인쇄명을 알았다면 데이터 시트의 핀 구성('1. Pin Configuration'의 장)을 살펴본다. 분명 단자명이 적혀 있을 것이다. 이 이름으로부터 기판의 커넥터 실크 인쇄명을 데이터 시트에서 검색하면서 대조해 나간다.

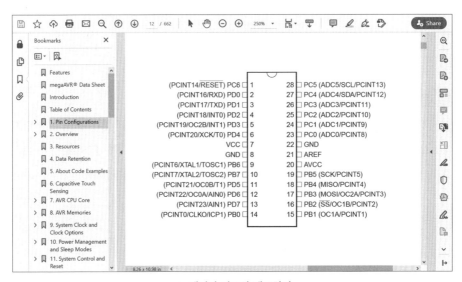

▲ 데이터 시트와 대조하기

❸ 회로도의 확인

커넥터의 실크 인쇄명과 데이터 시트의 단자명만으로는 정확하게 커넥터와 마이크로컴퓨터의 접속을 알 수 없을 것이다. 아두이노의 웹사이트에 공개된 기판의 회로도도 확인해 보자(https://www.arduino.cc/en/uploads/Main/Arduino_Uno_Rev3-schematic.pdf).

회로도의 이름과 실크 인쇄의 이름, Pin Configuration의 단자명을 검색하고 대조함으로써 정확한 접속 구성을 확인할 수 있다.

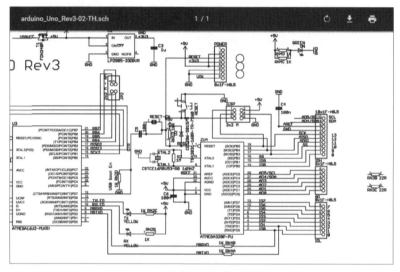

▲ 기판 회로도와 대조하기

❹ 접속의 구성 확인

조사한 결과로부터 마이크로컴퓨터와 커넥터 사이의 접속 이미지를 정리해 보자. 이렇게 함으로써 하드웨어의 구성을 보다 자세하게 파악할 수 있다. 또한, ❶~❸의 절차를 처음부터 일일이 조사할 필요없이 조사한 내용을 문서화하는 습관을 들이자.

기판의 실크 인쇄명	ATmega328P의 단자 정보		기판의 실크 인쇄명

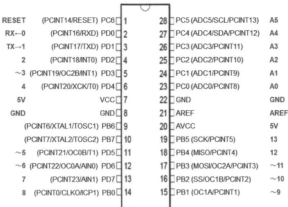

▲ 정리한 커넥터 정보

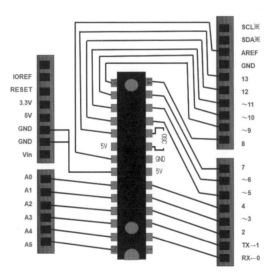

▲ 커넥터와 마이크로컴퓨터의 배선

ATmega328P의 내부 구성과 커넥터와의 관계

커넥터와 마이크로컴퓨터의 접속을 이해하였으므로 마이크로컴퓨터의 내부 구성을 확인
한다. 내부 구성은 데이터 시트의 '2. Overview' 장에 기재되어 있다.

'2. Overview'의 '2.1 Block Diagram'을 확인하면 마이크로컴퓨터 내부의 구성을 알 수
있다. 내부 구성을 보면 CPU나 SRAM, Flash, EEPROM 등의 메모리, 그 외의 주변장
치를 확인할 수 있다. 마이크로컴퓨터의 내부는 CPU와 메모리, CPU와 주변장치가 버
스로 접속되어 있으며, CPU에서 프로그램이 실행되었을 때에 버스를 이용해 해당 하드
웨어에 지시가 전달된다. 또한, 외부 커넥터에 접속된 주변장치로부터의 입력도 이루어
진다. 내부의 버스에서 외부의 단자에 이르기까지 각종 신호가 어떻게 접속되어 있는지
알 수 있다.

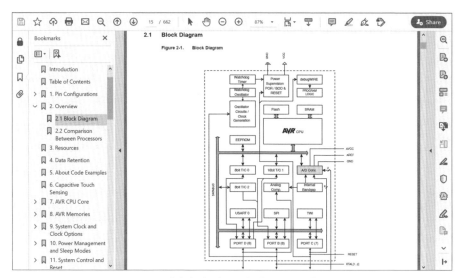

▲ 데이터 시트 '2.1 Block Diagram'

■ ATmega328P의 내부 구성

'2. Overview'의 '2.1 Block Diagram'을 보면 마이크로컴퓨터 내부 구성의 개요에 대해 대략 감을 잡을 수 있을 것이다. 단, 하나하나 무엇을 하기 위한 것인지 파악하는 것은 어려우므로 데이터 시트를 보다 깊게 파고들어야 한다. 각 블록의 세부 사항은 데이터 시트의 7장 이후에 기재되어 있으니 데이터 시트를 잘 읽어 보기 바란다. 여기에서는 기능의 개요만을 설명할 것이다. 참고해야 할 데이터 시트의 장 번호를 적어 두었으니 자세한 것을 참고해서 기능을 파악하면 된다.

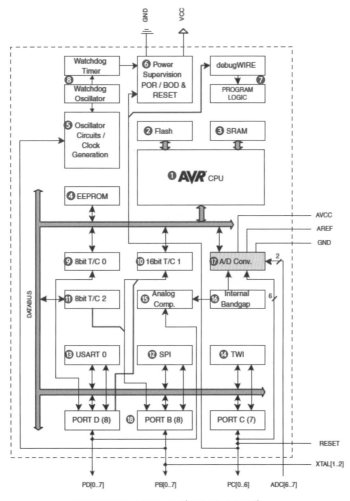

▲ 마이크로컴퓨터 내부 구성(블록 다이어그램)

블록 다이어그램 명	개요	데이터 시트 참고 장 번호
❶ AVR CPU	CPU. 플래시 메모리로부터 명령을 읽어, 데이터의 연산이나 가공을 하고, 각 주변장치 회로에 보낸다.	7. AVR CPU Core 장 참고
❷ Flash	프로그램의 명령을 보관한다. 전원을 꺼도 지워지지 않는 메모리. 32K바이트만큼의 용량을 가지고 있다.	8. AVR Memories 장 참고

❸ SRAM	프로그램에서 사용하는 데이터를 보관한다. 전원이 켜 있는 동안만 보존된다. 1K바이트만큼의 용량을 가지고 있다.	8. AVR Memories 장 참고
❹ EEPROM	프로그램에서 사용하는 데이터를 보관한다. 전원을 꺼도 지워지지 않는 메모리. 2K바이트만큼의 용량을 가지고 있다.	8. AVR Memories 장 참고
❺ Oscillator Circuits/ Clock Generation	클럭의 근간이 되는 신호를 발생시켜 클록을 생성해 각 회로에 보낸다.	9. System Clock and Clock Options 장 참고
❻ Power Supervision POR/BOD & RESET	전원 모드와 리셋 신호의 제어를 실시한다.	10. Power Management and Sleep Mode, 11. System Control and Reset 장 참고
❼ debugWIRE PROGRAM	마이크로컴퓨터 내부의 상태를 외부로부터 볼 수 있도록 한다.	25. debug WIRE On-chip Debug System 장 참고

여기까지가 마이크로컴퓨터의 주요 기능과 메모리에 대한 설명이다. 이후는 마이크로컴퓨터 내부의 주변장치 기능이다. 작은 칩이지만, 많은 주변장치 기능이 구현되어 있어서 외부 커넥터와 확장 보드를 사용함으로써 여러 종류의 회로를 제어할 수 있다.

블록 다이어그램 명	개요	데이터 시트 참고 장 번호
❽ Watchdog Timer/ Watchdog Oscillator	프로그램의 이상 동작, 하드웨어의 이상 동작을 감지하여 CPU를 리셋한다.	11.6 Watchdog System Reset, 11.8 Watchdog Timer 장 참고
❾ 8bit T/C 0	8비트(1~255까지)의 카운팅 타이머 PWM(Pluse Width Modulator)의 기능을 갖고 있다.	15. 8bit Timer/Counter0 with PWM, 17. Timer/Counter0 and Timer/Counter1 Prescalers 장 참고
❿ 16bit T/C 1	16비트(1~65535까지)의 카운팅 타이머 PWM 기능을 갖고 있다.	16. 16bit Timer/Counter1 with PWM, 17. Timer/Counter0 and Timer/Counter1 Prescalers 장 참고
⓫ 8bit T/C 2	8비트(1~255까지)의 카운팅 타이머 PWM 기능을 갖고 있다.	18. 8bit Timer/Counter2 with PWM 장 참고
⓬ SPI	시리얼 주변장치 인터페이스(Serial Peripheral Interface). 외부 주변장치와의 통신을 실시한다.	19. SPI-Serial Peripheral Interface 장 참고
⓭ USART 0	외부 주변장치와 직렬 통신을 실시한다.	20. USART 0, 21. USART in SPI Mode 장 참고

⓮ TWI	2선식의 동기식 직렬 통신을 실시한다.	22. 2-wire Serial Interface 장 참고
⓯ Analog Comp.	아날로그 데이터를 취득할 때에 기준이 되는 전압과 비교한다.	23. Analog Comparator 장 참고
⓰ Internal Bandgap	아날로그 데이터를 취득하기 위한 표준 전압 1.1V를 만든다.	24.5.2 ADC Voltage Reference 장 참고
⓱ A/D Conv.	아날로그 신호를 디지털 신호로 교환한다.	24. Analog-to-Digital Converter 장 참고
⓲ PORT D(8), PORT B(8), PORT C(7)	외부 커넥터와 마이크로컴퓨터 내부 하드웨어 신호의 입출력을 제어한다.	14. I/O-Ports 장 참고

SECTION 15 | LED를 ON/OFF하는 실험

🔧 LED 실험의 개요

실제 소재를 만들면서 내부에서 어떠한 제어를 하면 외부의 하드웨어를 조작할 수 있는 지 체감해 보자. 여기에서는 외부의 커넥터에 확장 보드를 접속한 후에, LED를 ON/OFF 시키기 위한 회로를 실제로 구성하고, 마이크로컴퓨터 내부에서 어떻게 제어하면 LED가 ON/OFF 가능한지 고려한다.

아두이노 우노 이외에 확장 보드(브레드 보드)나 LED, 저항 등의 부품이 필요하다. 아두이 노 우노와 각종 실험용 부품이 세트로 되어 있는 상품도 있으니, 구하기 쉬운 것을 찾아 보기 바란다.

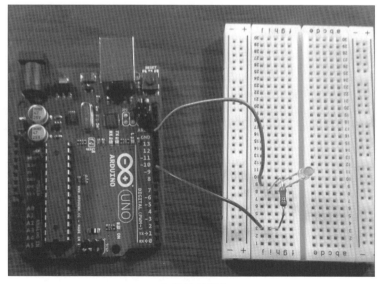

▲ 완성 이미지

🔌 LED 접속

LED 부품을 보면 다리가 긴 단자와 짧은 단자가 있음을 알 수 있다. 긴 쪽이 애노드(anode)로 양극(+)이고, 짧은 쪽이 캐소드(cathode)로 음극(-)이다. 일반적으로 LED를 제어하는 때에는 LED에 과전류가 걸리지 않도록 **전압을 거는 쪽에 전류 제한 저항을 넣는** 식의 회로가 된다. 이 회로를 확장 보드에 구현해 보자.

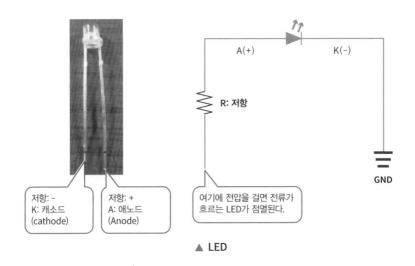

▲ LED

필자는 아두이노 우노에 부속되어 있는 LED를 사용하였으므로 저항은 220Ω의 저항을 사용하였다. 실제로는 사용할 LED 데이터 시트를 확인하여 적절한 저항값을 산출할 것을 권한다.

---

column | **LED의 저항값 산출 방법**

LED의 데이터 시트를 입수하였다면 견딜 수 있는 최고의 전류값과 순방향 전압(VF)을 찾아보자. 이 두 가지 값을 알면 옴의 법칙을 사용해서 'R=(V-VF)/I'의 계산식으로 필요한 저항값을 산출할 수 있다. V는 실제 사용할 전압값이다. 아두이노 우노는 V=5V, VF=2V, I=20mA 전후이므로 저항값은 대체로 150Ω이라면 문제없을 것이다. 주위에 있는 저항 중에서 근처 값의 저항을 사용하면 문제없다.

회로의 저항 구성은 다음과 같이 되어 있다. 이 접속 구성으로 LED가 ON/OFF하는지 순서대로 데이터 시트를 사용해 제어 내용을 확인해 나간다.

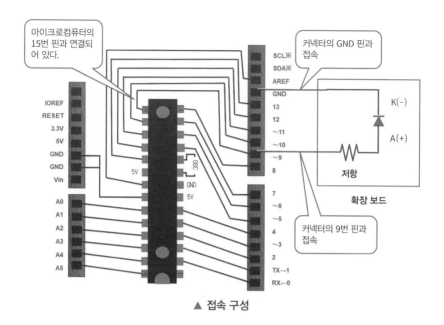

▲ 접속 구성

ATmega328P의 15번 핀은 커넥터의 ~9핀에 접속되어 있다. 커넥터의 ~9핀을 확장 보드 측의 저항과 접속한 다음, LED의 애노드(A(+))와 접속한다. LED의 캐소드(K(-)) 측은 커넥터의 GND 핀과 접속한다. 이것으로 ATmega328P의 15번 핀으로부터 High(1)/Low(0)의 신호를 출력할 수 있으면 LED를 ON/OFF할 수 있다.

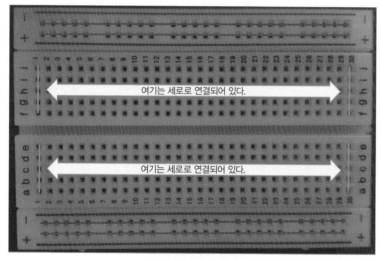

▲ 브레드보드의 배선

확장 보드는 아두이노용의 브레드보드(breadboard)를 사용한다. +(빨간선), -(파란선)는 가로로 접속되어 있다. abcde와 fghij로 되어 있는 부분은 a ⇔ e, f ⇔ j와 세로로만 연결되어 있다. abcde로부터 fghij를 접속하려면 점퍼선이 필요하다.

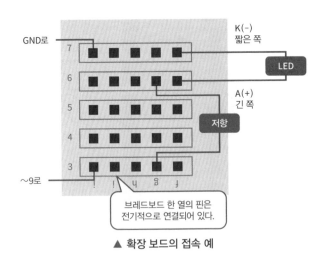

▲ 확장 보드의 접속 예

🔮 점멸 프로그램 작성하기

실제로 프로그램을 작성해 확장 보드의 LED를 ON/OFF해 보자. 텍스트 에디터(text editor)에서 다음의 예제 프로그램을 입력한다. ATmega328P의 초기 설정을 실시하고, High(1)/Low(0) 신호를 출력함으로써 LED를 ON/OFF시키고, for문을 사용해 시간 간격을 두고 점멸시키는 프로그램이다.

```
#include <avr/io.h>

int main()
{
  int i,j;
  DDRB |= (1 << PB1); //ATmega328P의 핀을 초기 설정한다.

  while(1)
  {
    PORTB ^= (1 << PB1); //ATmega328P의 핀으로부터 신호를 출력
    for(i=0; i<10; i++){ //for문을 사용하여 시간 간격을 둔다.
```

```
    for(j=0; j<10000; j++);
  }
 }
}
```

프로그램 안의 DDRB, PORTB, PB1이라는 키워드에 주목한다. DDRB 부분은 핀의 초기 설정이며, PORTB의 부분이 실제로 High(1)/Low(0)를 포트에 출력하는 부분이다. 대상이 되는 포트가 어느 포트인지는 핀 구성을 확인함으로써 판단할 수 있다. 커넥터의 그림을 확인하면 **15번 핀의 부분에 PB1**이라고 기재되어 있음을 알 수 있다.

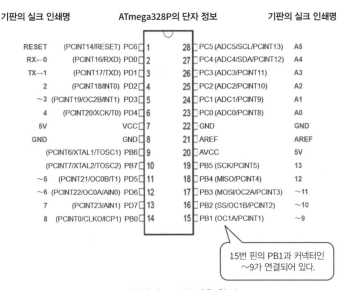

▲ **15번 핀이 PB1인 것을 확인**

DDRB, PORTB, PB1가 어떤 것이고, 실제로 무엇을 하면 LED를 제어할 수 있는지 데이터 시트를 통해 확인한다. I/O Port의 제어는 데이터 시트의 '14. I/O-Ports'의 장에 제어 방법이 기재되어 있다. '14.2 Ports as General I/O'의 장을 보면 ATmega328P의 특정 핀에 대한 구성 회로가 기재되어 있다. 바로 **GPIO**라고 불리는 I/O핀의 제어다.

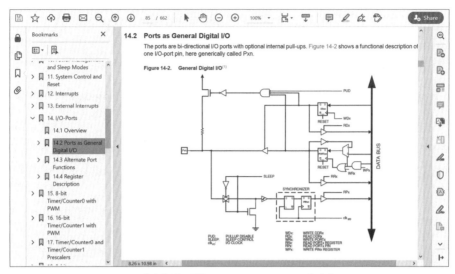

▲ 데이터 시트의 '14.2 Ports as General I/O'

'14.2 Ports as General I/O'의 장을 보면 CPU와의 접속은 데이터 버스(DATA BUS)에 접속되어 있는 것을 알 수 있다. 결과적으로 **Pxn에 신호 출력을 하기 위해서는 DDxn, PORTxn으로 되어 있는 곳에 설정해야 된다는 것**을 알 수 있다. ATmega328P의 15번 핀으로부터 신호를 출력하고 싶으므로 ATmega328P → 확장 보드에 대해서 기록(Write)한다. 그러므로 Port의 설정으로 기록(Write)할 수 있도록 한다.

설정 방법에 관해서는 '14.2.1 Configuring the Pin'의 장에 기재되어 있으며, 결과적으로는 100페이지의 'Register Description'을 보면 된다. 먼저 14.2.1의 문장을 살펴보자.

'The DDxn bit in the DDRx Register selects of this pin. if DDxn is written logic one, Pxn is configured as an output pin. If DDxn is written logic zero, Pxn is configured as an input pin.'의 부분을 읽어 보면 **DDxn에 '1'을 쓰면 출력이 되고, DDxn에 '0'을 쓰면 입력이 된다**는 것을 알 수 있다.

'If PORTxn is written logic one when the pin is configured as an output pin, the port pin is driven high (one). If PORTxn is written logic zero when the pin is configured as an output pin, the port pin is driven low (zero).'의 부분을 읽어 보면 PORTxn에 '1'을 쓰면 High(1)이 출력되고, PORTxn에 '0'을 쓰면 Low(0)가 출력되는 것을 알 수 있다.

문장만으로는 이해하기 어려울 수도 있으므로 좀 더 데이터 시트를 읽어 나가자. '14.2.3 Switch Between Input and Output' 장을 살펴보자. 이 장의 'Table 14-1 Port Pin Configurations'에 DDxn과 PORTxn의 설정을 조합하면 어떤 일이 일어나는지 정리하고 있다.

여기서의 목적은 ATmega328P의 15번 핀(PB1)에서 High(1)/Low(0)를 출력하고 싶은 것이므로 Table 14-1의 I/O 란이 Output으로 되어 있는 설정을 이용하면 된다.

Table 14-1. **Port Pin Configurations**

DDxn	PORTxn	PUD (in MCUCR)	I/O	Pull-up	Comment
0	0	X	Input	No	Tri-state (Hi-Z)
0	1	0	Input	Yes	Pxn will source current if ext. pulled low.
0	1	1	Input	No	Tri-state (Hi-Z)
1	0	X	Output	No	Output Low (Sink)
1	1	X	Output	No	Output High (Source)

▲ 데이터 시트의 'Table 14-1 Port Pin Configurations'

ATmega328P의 핀 구성에서 15번 핀은 PB1인 것을 알고 있을 것이다. 여기서 블록 다이어그램을 대조해 보면 PORT에는 D, B, C의 3종류가 있고, PB[0…7]은 PORT B인 것을 확인할 수 있다.

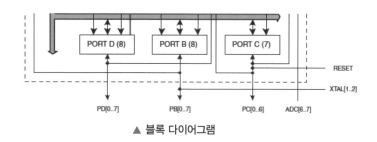

▲ 블록 다이어그램

이번 LED 제어에서는 PORT B를 대상으로 제어가 필요하다. 프로그램으로 돌아와 실제 제어 방법을 확인해 보자.

```
#include <avr/io.h>
```

```
int main()
{
  int i,j;
  DDRB |= (1 << PB1); //ATmega328P의 핀을 초기 설정한다.

  while(1)
  {
    PORTB ^= (1 << PB1); //ATmega328P의 핀에서 신호를 출력
    for(i=0; i<10; i++){ //for문을 사용해서 시간 간격을 둔다.
      for(j=0; j<10000; j++);
    }
  }
}
```

LED 제어 프로그램을 보면 DDRB와 PORTB에 쓰기를 실시하고 있다. **DDRB와 PORTB**
는 레지스터다. 레지스터의 사양은 '14.4 Register Description' 장에 기재되어 있다.

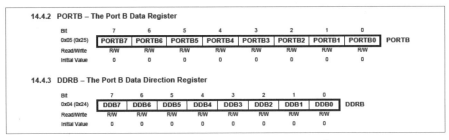

▲ 데이터 시트의 '14.4 Register Description'

LED 제어 프로그램에서는 PB1의 장소에 쓰기를 실시하고 있다. 대상 비트 위치는 1비트
다. 프로그램에서는 DDRB 레지스터의 1비트째에 1을 기록해 출력 설정을 초기 설정으
로 실시하고, PORTB 레지스터의 1비트째를 High(1)/Low(0)로 상호 전환하여 기록하도
록 논리 연산 xor를 사용해 기록함으로써 High(1)/Low(0)로 변화시킨다.

🔆 동작 확인

실제로 빌드를 실시하고 아두이노 우노와 확장 보드를 사용해 동작을 확인해 보자.

1 빌드의 절차

빌드를 실행하고, elf 형식의 파일을 작성한다. 최적화 옵션을 부여하면 for문이 없어지므로 옵션 없이 빌드한다.

```
avr-gcc -g -mmcu=atmega328p led_for.c -o lef_for.elf
```

2 HEX 파일의 작성

아두이노 우노의 ARmega328P에 전송하기 위한 HEX 파일을 작성한다.

```
avr-objcopy -I elf32-avr -O ihex led_for.elf led_for.hex
```

3 아두이노 우노 보드로의 전송

작성한 HEX 파일을 아두이노 우노의 ATmega328P에 전송한다. 전송할 때는 빌드한 PC와 아두이노 우노 보드를 USB 케이블로 접속하는 것을 잊지 않도록 한다.

-C 옵션으로 지정하는 avrdude.conf라는 파일의 장소는 설치 환경에 따라 달라진다. 파일의 장소를 조사하여 지정하도록 한다. -P 옵션으로 지정한 포트로 제대로 통신할 수 없을 때는 부록의 개발환경 설치를 다시 확인해 보기 바란다(p.259 참고).

```
avrdude -C %userprofile%\arduino-1.8.xx\hardware\tools\avr\etc\avrdude.
conf -v
-patmega328p -carduino -PCOM3 -b115200 -D -Uflash:w:led_for.hex:i
```

※ 사용하는 버전에 따라 ×× 부분을 변경한다.
※ '-PCOM3'의 부분에 지정할 포트는 실제 환경에 맞추어 지정한다.

```
명령 프롬프트                                                                          —  □  ×

C:\Users\ohtsu\Documents\kumikomi>avr-gcc -g -mmcu=atmega328p led_for.c -o lef_for.elf

C:\Users\ohtsu\Documents\kumikomi>avr-objcopy -I elf32-avr -O ihex led_for.elf led_for.hex

C:\Users\ohtsu\Documents\kumikomi>avrdude -CC:\Users\ohtsu\arduino-1.8.8\hardware\tools\avr\etc\avrdude.conf -v -patmega
328p -carduino -PCOM3 -b115200 -D -Uflash:w:led_for.hex:i

avrdude: Version 6.3-20171130
         Copyright (c) 2000-2005 Brian Dean, http://www.bdmicro.com/
         Copyright (c) 2007-2014 Joerg Wunsch

         System wide configuration file is "C:\Users\ohtsu\arduino-1.8.8\hardware\tools\avr\etc\avrdude.conf"

         Using Port                    : COM3
         Using Programmer              : arduino
         Overriding Baud Rate          : 115200
         AVR Part                      : ATmega328P
         Chip Erase delay              : 9000 us
         PAGEL                         : PD7
         BS2                           : PC2
         RESET disposition             : dedicated
         RETRY pulse                   : SCK
         serial program mode           : yes
         parallel program mode         : yes
         Timeout                       : 200
         StabDelay                     : 100
         CmdexeDelay                   : 25
         SyncLoops                     : 32
         ByteDelay                     : 0

Reading | ################################################## | 100% 0.04s

avrdude: verifying ...
avrdude: 234 bytes of flash verified

avrdude: safemode: lfuse reads as 0
avrdude: safemode: hfuse reads as 0
avrdude: safemode: efuse reads as 0
avrdude: safemode: Fuses OK (E:00, H:00, L:00)

avrdude done.  Thank you.

C:\Users\ohtsu\Documents\kumikomi>_
```

▲ 윈도우 명령 프롬프트에서의 실행 예

❹ 동작 결과

전송이 정상적으로 끝나면 LED가 점멸할 것
이다. 점멸은 아두이노 우노의 전원이 켜 있
는 동안은 계속된다. USB 케이블을 뽑으면
프로그램은 멈춘다. 또한, 새로운 프로그램
을 전송하면 동작도 바뀌게 된다.

▲ LED의 점멸 확인

LED 실험 프로그램 이해하기

CPU의 관점에서 바라본 레지스터 제어

ATmega328P의 경우 CPU로부터의 레지스터 제어는 **I/O 맵드 I/O**다. C언어 등의 고급 언어에서는 중요하지 않지만, 어셈블리 언어에서 이용하는 명령을 바꿈으로써 액세스할 메모리 공간을 전환한다.

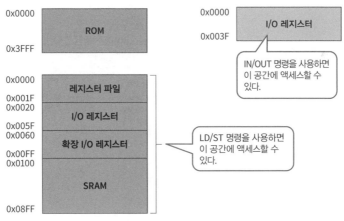

▲ ATmega328P의 메모리 맵

어셈블러에서 확인

LED 제어 프로그램을 어셈블러에서 확인한다. 실제로 CPU로부터 어떻게 제어되고 있는지 확인해 보자.

DDRB, PORTB 레지스터를 제어하는 부분을 소재로 내용을 확인한다. 앞서 작성한 ELF 파일 형식의 파일로부터 어셈블러 코드를 작성한다.

■ 어셈블러 코드의 작성

avr-objdump라는 명령을 이용하여 ELF 파일 형식으로부터 어셈블러 코드를 추출한다. 빌드 시에 -g 옵션을 부여해 두면 C언어의 부분도 함께 출력해 주므로 어셈블러 코드를 읽을 때에 편리하다.

```
avr-objdump -S led_for.elf >led_for.s
```

objdump한 내용을 확인한다. DDRB 레지스터의 부분만을 주목하여 레지스터 제어로 LED가 ON/OFF되는지 확인한다.

```
DDRB |= (1 << PB1); //ATmega328P 핀을 초기 설정한다.
8c: 84 e2   ldi r24, 0x24 ; 36
8e: 90 e0   ldi r25, 0x00 ; 0
90: 24 e2   ldi r18, 0x24 ; 36
92: 30 e0   ldi r19, 0x00 ; 0
94: f9 01   movw r30, r18
96: 20 81   ld r18, Z
98: 22 60   ori r18, 0x02 ; 2
9a: fc 01   movw r30, r24
9c: 20 83   st Z, r18
```

어셈블러를 보면 r25나 r24, r18 등으로 되어 있는 부분이 있다. 이것은 CPU에 내장되어 있는 레지스터다. ATmega328P의 데이터 시트에 있는 '7. AVR CPU Core' 장의 Overview를 보면 레지스터가 내장되어 있는 것을 알 수 있다.

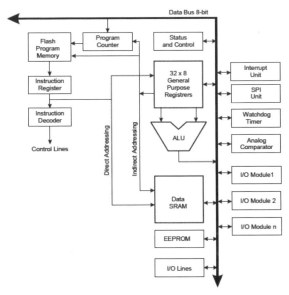

▲ 데이터 시트 '7. AVR CPU Core'

이 레지스터는 r00~r31까지 있으며, CPU가 프로그램을 실행할 때에 이용한다. r26~r31 까지는 특수한 사용법이 가능한 **X, Y, Z의 레지스터**로 정의되어 있어 간접 주소 지정이 가능하게 되어 있다.

7	0	Addr.	
R0		0x00	
R1		0x01	
R2		0x02	
...			
R13		0x0D	
R14		0x0E	
R15		0x0F	
R16		0x10	
R17		0x11	
...			
R26		0x1A	X-register Low Byte
R27		0x1B	X-register High Byte
R28		0x1C	Y-register Low Byte
R29		0x1D	Y-register High Byte
R30		0x1E	Z-register Low Byte
R31		0x1F	Z-register High Byte

General Purpose Working Registers

▲ 데이터 시트 'Figure 7.2 AVR CPU General Purpose Working Registers'

X, Y, Z 레지스터는 데이터 버스를 사용해 CPU 외부에 있는 주변장치의 주소를 지정할 때 이용할 수 있게 되어 있다.

계속해서 포트의 제어 부분에서 사용되는 어셈블리 언어의 명령을 살펴보자.

① ldi 명령

r24 ← 0x24처럼 실제 값 자체(immediate value)를 레지스터에 기록한다. DDRB 레지스터 제어의 선두 4행은 각각 r24, r25와 r18, r19에 **0x0024**라는 값을 기록하고 있다.

```
ldi r24, 0x24
ldi r25, 0x00
ldi r18, 0x24
ldi r19, 0x00
```

② movw 명령

word(16비트) 사이즈로 레지스터 간의 데이터 복사를 실시하는 명령이다. r30 ← r18의 형식으로 지정하는데, 실제로는 r30, r31 ← r18, r19의 의미를 갖게 되어서 0x0024가 r30, r31에 전송된다. 그리고 r30, r31은 Z 레지스터의 영역이므로 Z 레지스터의 설정이 된다.

```
movw r30, r18
```

③ ld 명령

r18 ← Z로 되어 있는데, 실제로는 Z 레지스터에 쓰여 있는 값의 **간접 주소**를 실행하고 있다. Z 레지스터의 내용은 0x0024이므로 0x0024번지의 값이 18 레지스터에 쓰인다.

```
ld r18, Z
```

④ ori 명령

r18의 내용으로 논리 연산인 OR을 실행한다. 0x0024에서 읽어 들인 값에 0x02를 OR한다.

```
ori r18, 0x02
```

5 movw 명령

앞에서도 나왔지만, r30, r31 ← r24, r25의 기록을 실시한다. r30, r31은 Z 레지스터 영역이므로 0x0024가 Z 레지스터에 기록된다.

```
movw r30, r24
```

6 st 명령

Z 레지스터 ← r18의 의미이며, Z 레지스터는 간접 주소이므로 0x0024번지에 r18의 값을 쓴다. 즉, 0x0024번지에 ori 명령으로 실행한 결과를 기록하고 있다.

```
st Z, r18
```

즉, DDRB 제어 부분은 0x0024번지에 있는 레지스터에 값을 기록하고 있음을 알 수 있다. 마찬가지로 PORTB 제어 부분도 0x0025번지에 값을 기록하고 있음을 알 수 있다.

```
while(1)
{
  PORTB ^= (1 << PB1); //ATmega328의 핀으로부터 신호 출력
9e: 85 e2    ldi r24, 0x25 ; 37
a0: 90 e0    ldi r25, 0x00 ; 0
a2: 25 e2    ldi r18, 0x25 ; 37
a4: 30 e0    ldi r19, 0x00 ; 0
a6: f9 01    movw r30, r18
a8: 30 81    ld r19, Z
aa: 22 e0    ldi r18, 0x02 ; 2
ac: 23 27    eor r18, r19
ae: fc 01    movw r30, r24
b0: 20 83    st Z, r18
```

여기서 다시 한번 데이터 시트 '14.4 Register Description'을 확인해 보면 **DDRB 레지스터는 0x0024번지, PORTB 레지스터는 0x0025번지**로 되어 있음을 알 수 있다.

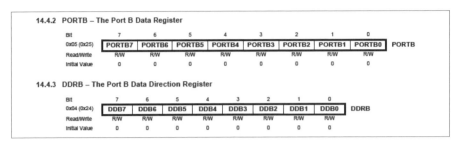

Bit	7	6	5	4	3	2	1	0	
0x05 (0x25)	PORTB7	PORTB6	PORTB5	PORTB4	PORTB3	PORTB2	PORTB1	PORTB0	PORTB
Read/Write	R/W	R/W	R/W	R/W	R/W	R/W	R/W	R/W	
Initial Value	0	0	0	0	0	0	0	0	

14.4.3 DDRB – The Port B Data Direction Register

Bit	7	6	5	4	3	2	1	0	
0x04 (0x24)	DDB7	DDB6	DDB5	DDB4	DDB3	DDB2	DDB1	DDB0	DDRB
Read/Write	R/W	R/W	R/W	R/W	R/W	R/W	R/W	R/W	
Initial Value	0	0	0	0	0	0	0	0	

▲ 데이터 시트 '14.4 Register Description'

정리하면 CPU 관점에서 봤을 때 다음과 같은 제어를 실시한다. 내장 레지스터를 사용해 DDRB, PORTB 레지스터 주소를 보관해 두고, Z 레지스터에 대해 데이터 버스를 사용해 CPU 외부의 주변장치를 제어하고 있음을 알 수 있다.

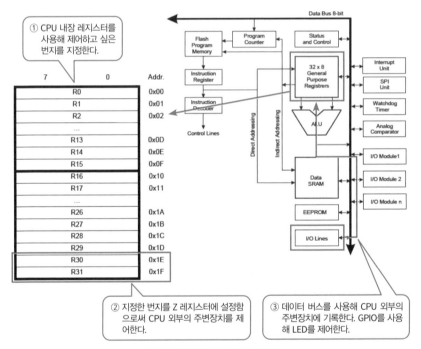

▲ CPU 관점에서 본 제어 이미지

CPU가 외부 주변장치를 어떻게 제어하는지 파악하려면 어셈블리어의 명령을 이해해야 한다는 사실을 알게 되었을 것이다. 어셈블리어는 일반적으로는 익숙하지 않은 언어이지만, 디버그 시의 문제 해결에는 필수적인 스킬이므로 이해해 두면 좋다.

LED 점멸 시간 지정하기

처음에 소개한 LED ON/OFF의 프로그램은 for문을 사용하여 점멸 타이밍을 제어했다. for문을 사용하는 경우는 반복 횟수나 실행되는 명령의 클럭 수 등에 따라 변할 수 있으므로 제대로 계산하지 않으면 시간을 할당하는 것이 어려워진다. 또한, 빌드 시의 최적화 옵션도 사용할 수 없으므로 사용하는 데 그다지 좋지 않은 방법이다.

그래서 빌드 시의 최적화 옵션을 사용해 간단히 시간을 지정할 수 있도록 프로그램을 개선해 본다.

■ delay 처리의 이용

for문을 사용하는 것이 아니라 _delay_ms()를 사용해 LED의 점멸 타이밍을 구현해 보자. 프로그램은 다음과 같다. delay 처리는 임베디드 시스템에서는 외부 주변장치와의 타이밍을 기다리거나 시간 조정을 하는 등 빈번히 사용되는 처리이므로 이용 방법을 파악해 두면 좋다.

led_for.c를 수정하여 led_delay.c를 작성한다. DDRB, PORTB 레지스터의 제어 부분은 변경하지 않는다.

```
#define F_CPU 1000000UL

#include <avr/io.h>
#include <util/delay.h>

int main()
{
  DDRB |= (1 << PB1);

  while(1)
  {
```

```
    PORTB ^= (1 << PB1);

    _delay_ms(500); //500ms 지연
  }
}
```

① F_CPU의 부분

이것은 ATmega328P의 CPU 코어의 동작 클럭을 1MHz(1초에 100만 회)로 정의하고 있다. _delay_ms()에서 사용되는 정의다.

② delay.h의 부분

_delay_ms() 함수가 정의되어 있는 인클루드 파일(include file)이다.

③ _delay_ms(500)의 부분

_delay_ms()에 500이라는 값을 건네서 500ms 동안 루프하는 처리를 실행한다. 500ms 후에는 PORTB 레지스터의 제어로 돌아오게 된다.

루프하는 것이 for문과 동일해 보이지만, 먼저 설명한 대로 for문의 경우는 전개된 어셈블리 명령 수나 명령의 동작 클럭 등을 자신이 직접 계산해서 루프 횟수를 계산해야 하기 때문에 간편히 사용할 수 있는 처리라고는 말할 수 없다. 반면에 _delay_ms() 함수는 타이밍 처리에 특화되어 있으므로 간편히 사용할 수 있다. 또한, 시간의 정확도도 지정한 값대로 동작하기 때문에 타이밍을 정확하게 맞출 수 있다.

실제로 동작해 보자.

① 빌드의 절차

빌드를 실행해서 ELF 파일을 작성한다. _delay_ms()를 사용하는 경우는 최적화 옵션을 붙이지 않으면 warning 메시지가 출력된다. _delay_ms()은 최적화 옵션을 붙임으로써 타이밍의 정확성을 향상시킬 수 있다.

```
avr-gcc -Os -Wall -g -mmcu=atmega328p led_delay.c -o led_delay.elf
```

2 HEX 파일의 작성

아두이노 우노의 ATmega328P에 전송하기 위한 HEX 파일을 작성한다.

```
avr-objcopy -I elf32-avr -O ihex led_delay.elf led_delay.hex
```

3 아두이노 우노 포트로의 전송

작성한 HEX 파일을 아두이노 우노의 ATmega328P에 전송한다. 전송할 때는 빌드 PC와 아두이노 우노 포트를 USB 케이블로 접속해야 한다.

```
avrdude -CC:\Users\사용자 폴더\arduino-1.8.8\hardware\tools\avr\etc\avrdude.
conf -v
-patmega328p -carduino -PCOM3 -b115200 -D -Uflash:w:led_delay.hex:i
```

4 동작 결과

전송이 정확하게 끝나면 LED가 점멸될 것이다. for문으로의 LED 점멸과는 다르게 타이밍이 일정 간격으로 천천히 점멸될 것이다.

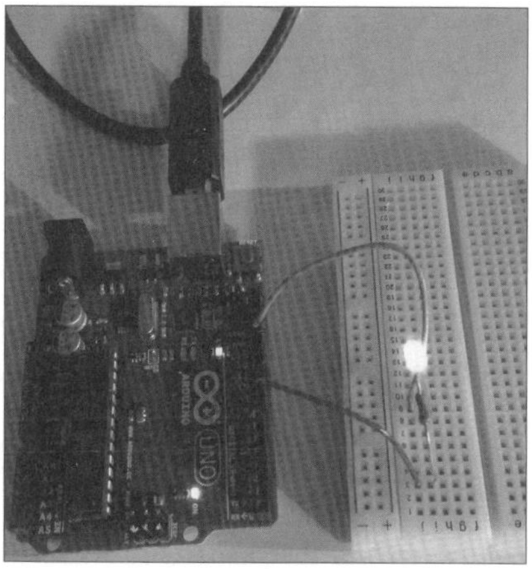

▲ LED의 점멸

타이머의 이용

for문을 이용한 경우에는 루프 횟수만큼 실행한 것이 소요된 시간이며, 이마저도 정확한 시간이 아닐 가능성이 높다. 이것은 CPU가 실행하는 명령에 따라 실행 시간이 다르므로 실행하는 처리에 따라 기다리는 시간이 제각각이 되기 쉽다. for문 등으로 기다리는 시간을 정확하게 하려면 CPU의 명령 실행 시간을 파악해서 실행 시간에 맞춘 명령의 실행 횟수를 산출한 다음, 이것을 이용해 루프 처리를 고려해야 한다.

_delay_ms() 함수는 보다 실시간에 가깝도록 라이브러리로 제공된다. for문이나 _delay_ms() 함수의 대기 시간은 이번에 예를 든 소재처럼 LED 점멸만을 실시하는 단순한 처리인 경우에는 CPU를 점유해도 그다지 문제가 되지 않지만, 다수의 처리를 실시하는 경우에는 적합하지 않다.

다수의 처리를 실시하고 싶은 경우나 정확한 시간을 계측하고 싶은 경우라면 하드웨어에 준비되어 있는 타이머를 사용하는 것이 적합하다. 타이머를 사용하면 정확한 시간으로 처리할 수 있으며, 대기하는 사이에도 다른 처리를 실시할 수 있어 CPU의 사용률을 높일 수 있다. 그러므로 되도록이면 처음부터 타이머를 사용하는 것이 좋다고 생각한다.

---

column | 아두이노의 라이선스

아두이노의 라이선스는 GPL(GNU Gerneral Public License)이나 크리에이티브 커머스 라이선스에 의거해 공개되어 있다.

GPL은 프리 소프트웨어로 정해진 것으로서 저작권을 보유한 채로 모든 사람이 이용, 재배포, 변경할 수 있다. 2차적인 저작물(원래의 저작물을 참고, 변경한 저작물)에도 적용되는 라이선스다.

GPL은 프리 소프트웨어의 권리에 대한 애매모호함을 없애기 위해 문제를 명확히 해서 모두가 공유할 수 있도록 하기 위한 라이선스라고도 한다.

크리에이티브 커머스 라이선스는 소프트웨어에 한정되지 않고 모든 저작물에 대해 저작권의 권리를 보호하면서 저작물을 개시할 수 있는 라이선스(사용 허가)를 목표로 한다. 이것은 기존의 '허가 없이 이용하는 것을 금지'하는 것과, 보호 기간이 끝나거나 권리를 없애는 '퍼블릭 도메인'의 중간 정도 라이선스라고 생각할 수 있다. 즉, 저작자가 다양한 범위에서 권리를 결정하는 것이 가능한 라이선스의 형태라고 생각하면 된다.

5

실시간
운영체제

이 장의 개요

이 장에서는 임베디드 시스템에서 이용되는 실시간 운영체제(Operating System)를 설명한다. 임베디드 시스템에서 다양한 기능을 실현하려면 적합한 운영체제를 채택하여 하드웨어를 효율적으로 제어해야 한다. 임베디드 시스템에서 이용되는 운영체제의 기능에 대해 이해하도록 한다.

임베디드 시스템의 운영체제

운영체제란?

운영체제(Operation System)는 프로그램의 실행 관리를 하는 소프트웨어다. 프로그램을 시작한다든지 아니면 정지하거나 종료하는 등 동시에 여러 프로그램을 동작시키기 위해 이용한다. '동시에 동작시킨다'라고 했지만, 단일 마이크로컴퓨터는 최신 PC와는 다르게 단일 코어의 CPU이므로 특정 시점에서는 하나의 프로그램만 동작시킬 수 있다. 동작하지 않은 프로그램은 '바로 동작할 수 있는 대기 상태로 있다'라고 생각하면 된다.

■ 시간 제약이란 무엇인가?

운영체제의 설명 전에 임베디드 시스템이 갖는 시간 제약에 대해서 설명할 것이다. 시간 제약에는 **실행 시작 타이밍**이나 **언제까지 처리를 완료시킬 것인지**가 있다. 실행 시작의 타이밍에는 주기적인 것과 비주기적인 것이 있다. '처리를 종료시킨다'라는 의미는 입력 데이터를 받아 출력 데이터를 출력하기까지의 처리를 완료시키는 것을 의미한다. 시간 제약은 임베디드 시스템 사용 용도에 따라 변한다.

대부분의 임베디드 시스템은 프로그램의 여러 기능이 병행해서 서비스를 제공하기 때문에 전환 처리가 필요하다. 시간 제약을 만족하지 못했을 때, 여러 기능으로 전환해서 처리하려면 운영체제가 필요하다.

■ 범용 운영체제와 실시간 운영체제

운영체제에는 **범용 운영체제**와 **실시간 운영체제(Real Time Operating System, RTOS)**가 있다. 범용 운영체제와 실시간 운영체제는 시간 관리의 방법이 다르다. 실시간 운영체제는 정해진 시간(실시간)을 지키는 것을 목적으로 스케줄링이 실행된다. 예를 들어, 디지털 카메라 기능이라는 하나의 목적을 위해 시간, 우선순위를 정하여 여러 태스크(task)가 동작한다.

반면에 범용 운영체제는 처리마다 시간을 서로 나누어서 스케줄링하고 있다. 일반적으로 실시간 운영체제보다 범용 운영체제가 고급 기능을 갖고 있는데, 범용 운영체제는 여러 기능에 시간을 평등하게 부여하기 때문에 처리 시간에 제약이 없다. 예를 들어, 리눅스, 윈도우로 대표되는 운영체제처럼 메일, 인터넷 서핑이나 문서 작성, 게임 등의 기능을 동시에 시간을 평등하게 분배하면서 실행할 수 있다. 그렇기 때문에 게임을 단독으로 실행하고 있으면 화면이 1초에 30번 업데이트되지만, 여러 애플리케이션을 기동하면서 게임을 하면 1초에 10번 정도밖에 화면 업데이트가 되지 않는 일이 생기는 것이다.

실시간 운영체제의 스케줄링 방식은 이벤트 주도형으로 불리고, 범용 운영체제의 스케줄링 방식은 TSS(Time Sharing System) 방식 등으로 불린다.

■ 임베디드 시스템의 운영체제

임베디드 시스템은 용도에 따라 하드웨어 구성이 다르다. 마이크로컴퓨터나 인터럽트 컨트롤러 등을 제어하기 위한 '최소한의 구성'을 전제로 해서 '최소한의 기능'을 제공한다.

이러한 임베디드 기능에 요구되는 시간 제약을 만족하려면 대응하는 기능을 가지고 있는 운영체제인 **임베디드 운영체제**가 필요하다.

🔲 임베디드 운영체제가 필요한 이유

왜 임베디드 운영체제가 필요한 것일까? 그 첫 번째 이유는 '임베디드 운영체제가 있으면 **하드웨어를 시간에 따라 효율적으로 사용할 수 있기 때문**'이다. 이 이유에 대해서 임베디드 시스템의 프로그램을 사용해 구체적으로 설명할 것이다. 프로그램의 첫 번째 목적은 **'0.5초마다 LED를 점등, 소등시키는 것'**이다.

■ 운영체제가 없는 프로그램 1

먼저 운영체제가 없는 프로그램을 짜보자. LED를 점등, 소등시키는 처리는 무한 루프 안에 기술해 둔다. 구체적으로는 0.5초 경과했는지 체크하고, 경과했다면 task_led()를 호출한다. task_led()는 점등 플래그가 켜 있지 않으면 LED를 점등시키고, 점등 플래그가 켜 있으면 LED를 소등시키는 함수다.

또한, 무한 루프 안에서는 계속해서 직렬 포트로부터 데이터를 수신했는지 체크하고, 데이터가 도착해 있다면 task_console()을 호출한다.

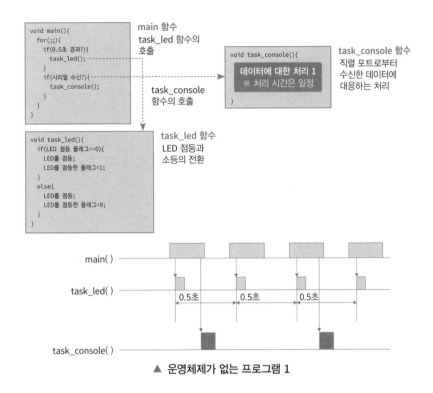

▲ 운영체제가 없는 프로그램 1

0.5초마다 LED를 점멸시키는 처리만 실행할 때 운영체제가 없어도 시간 제약을 준수해 올바로 동작한다.

■ 운영체제가 없는 프로그램 2

동일한 프로그램에 추가적으로 LED 제어 기능이나 PC로부터 임베디드 시스템의 상태를 조작하는 기능도 넣게 되었다고 생각해 보자. task_led()에 추가 처리를 기술하고, UART(p.32 참고)를 사용한 콘솔 처리를 실시하는 task_console()을 추가한다.

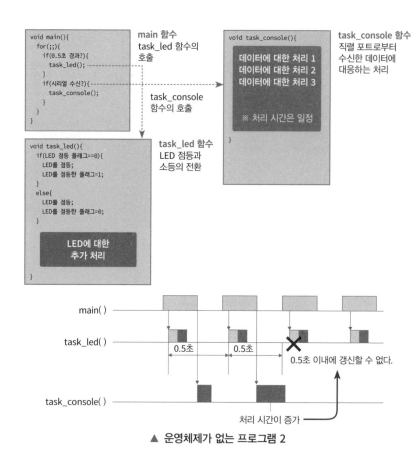

```
void main(){
  for(;;){
    if(0.5초 경과?){
      task_led();
    }
    if(시리얼 수신?){
      task_console();
    }
  }
}
```

main 함수
task_led 함수의
호출

```
void task_console(){

  데이터에 대한 처리 1
  데이터에 대한 처리 2
  데이터에 대한 처리 3

  ※ 처리 시간은 일정

}
```

task_console 함수
직렬 포트로부터
수신한 데이터에
대응하는 처리

task_console
함수의 호출

```
void task_led(){
  if(LED 점등 플래그==0){
    LED를 점등;
    LED를 점등한 플래그=1;
  }
  else{
    LED를 점등;
    LED를 점등한 플래그=0;
  }

  LED에 대한
  추가 처리

}
```

task_led 함수
LED 점등과
소등의 전환

main( )

task_led( )

0.5초   0.5초   ✕   0.5초 이내에 갱신할 수 없다.

task_console( )

처리 시간이 증가

▲ 운영체제가 없는 프로그램 2

무한 루프 안에 UART에서의 처리가 추가되어 처리 시간이 증가함에 따라 'if(0.5초 경과?)'
의 실행 간격이 0.5초를 초과해 프로그램의 첫 번째 목적인 '**LED를 0.5초마다 점멸한다**'
를 실행할 수 없는 경우가 발생하고 만다.

■ 운영체제를 사용해 시간 제어 준수하기

LED를 0.5초마다 점멸시키는 처리를 어떠한 경우에도 올바로 동작시키기 위해서는 시리
얼 콘솔의 처리와 LED 처리를 나누어 시간 분할을 실시하고, 우선순위를 부여해 올바로
시간 제약이 지켜질 수 있도록 스케줄링하는 기능이 필요하다. **이 역할을 담당하는 것이**
운영체제다.

운영체제를 사용하기 위한 준비를 마쳤다면 앞서 운영체제가 없는 프로그램에서 시간을
준수하지 못한 처리도 확실하게 스케줄링하게 된다.

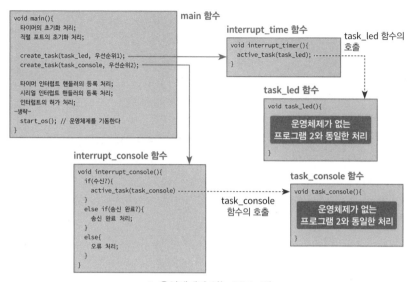

```
void main(){
    타이머의 초기화 처리;
    직렬 포트의 초기화 처리;

    create_task(task_led, 우선순위1);
    create_task(task_console, 우선순위2);

    타이머 인터럽트 핸들러의 등록 처리;
    시리얼 인터럽트 핸들러의 등록 처리;
    인터럽트의 허가 처리;
~생략~
    start_os(); // 운영체제를 기동한다
}
```
main 함수

```
void interrupt_timer(){
    active_task(task_led);
}
```
interrupt_time 함수

task_led 함수의 호출

```
void task_led(){

    운영체제가 없는
    프로그램 2와 동일한 처리

}
```
task_led 함수

```
void interrupt_console(){
    if(수신?){
        active_task(task_console)
    }
    else if(송신 완료?){
        송신 완료 처리;
    }
    else{
        오류 처리;
    }
}
```
interrupt_console 함수

task_console 함수의 호출

```
void task_console(){

    운영체제가 없는
    프로그램 2와 동일한 처리

}
```
task_console 함수

▲ 운영체제가 있는 프로그램

운영체제를 사용하기 위한 준비는 바로 **태스크**와 **인터럽트 핸들러**를 등록하는 것이다.

사전 준비로 임베디드 시스템의 타이머와 직렬 포트를 초기화한다. 타이머는 0.5초 주기로 인터럽트가 발생하도록 하고, 직렬 포트는 송신이나 수신이 발생했을 때에 인터럽트가 발생하도록 초기화한다.

계속해서 태스크를 등록한다. task_led() 처리와 task_console() 처리를 각각 하나씩 태스크로 등록한다.

태스크를 등록했다면 인터럽트 핸들러를 등록한다. 타이머용의 인터럽트 핸들러는 task_led() 태스크를 호출하도록 등록해 둔다. 시리얼용의 인터럽트 핸들러는 task_console() 태스크를 호출하도록 등록한다.

그다음은 운영체제가 인터럽트를 관리한다. 인터럽트가 발생하면 인터럽트 핸들러로부터 해당 태스크가 호출된다. 참고로 임베디드 시스템에서 운영체제를 이용할 때는 처리에 적합한 우선순위의 설정도 필요하다. 여기서는 task_led() 태스크의 우선순위를 task_console() 태스크보다 높게 설정하고 있다.

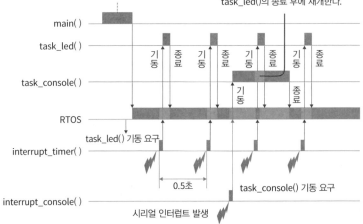

초기화 처리만 실행하고, 실시간 운영체제에 제어를 건넨다.　　　우선순위가 높은 task_led()의 기동 중에는 일시 정지 task_led()의 종료 후에 재개한다.

▲ 운영체제가 있는 프로그램의 동작

위 그림의 예에서 task_led() 태스크는 타이머 인터럽트를 계기로 0.5초 간격으로 실행된다. task_console() 태스크와 중복되는 경우에도 운영체제가 각 처리의 우선순위를 보고, 우선순위가 높은 task_led() 태스크를 실행시킨다. 그리고 task_led() 태스크의 실행이 끝나면 task_console() 태스크가 재개되므로 'LED는 0.5초마다 점멸'하는 것을 계속 준수하며, 다른 처리도 자유롭게 추가할 수 있다.

이러한 스케줄 처리는 운영체제를 이용하지 않아도 실행할 수 있다. 그러나 처리가 복잡해질 때나 처리를 추가하고 싶을 때는 스케줄의 타이밍을 조정하는 등 앞서 했던 작업으로 되돌아가는 일이 발생한다. 작업량 증가로 이어지지 않도록 운영체제를 부품으로 이용하는 편이 개발 효율의 향상 효과를 기대할 수 있다.

■ 운영체제는 마법의 자동 도구가 아니다

단, 운영체제를 사용한다고 해서 자신이 생각하고 있던 처리가 마치 꿈처럼 실현할 수 있다는 의미는 아니다. 임베디드 시스템은 처리 내용에 적합한 초기화 처리를 실시해야 하며, **처리의 우선순위를 부여해 운영체제에 등록해 두는 등 여러 작업이 필요**하다.

운영체제에 등록한 후에 자동적으로 스케줄링해 준다는 의미도 아니며, 운영체제가 스케줄링해 주기 위한 계기나 준비도 필요하다.

🔣 임베디드 운영체제를 사용할 때의 단점

임베디드 운영체제를 사용하면 순서나 인터럽트에 의한 제어 등 운영체제가 제공하는 기능을 사용함으로써 여러 장점을 얻을 수 있다. 반면에 임베디드 운영체제를 사용함에 따른 단점도 있다. 운영체제를 이용할 때의 단점은 알아 두면 실제 개발 시에 유의할 점을 파악할 수 있다.

■ 처리 시간의 오버헤드

태스크를 여럿 이용할 때 태스크로부터 다른 태스크로의 제어 전환을 실시하면 **콘텍스트 스위치(context switch)**라는 메모리 전환이 이루어진다. 태스크는 TCB(Task Control Block)라고 부르는 관리 테이블로 관리된다. TCB에는 태스크ID, 태스크의 우선순위, 태스크의 상태, 스택 포인터 등 태스크를 사용하기 위한 정보가 관리되고 있다.

▲ TCB에 포함된 정보

운영체제가 복수의 태스크를 스케줄링하려면 태스크를 전환해야 한다. 태스크를 전환하는 타이밍은 외부로부터의 인터럽트가 발생할 때, 실행 중인 태스크로부터 시스템 콜(예를 들어, 이벤트 플래그 등)이 호출되었을 경우다. 어떤 타이밍이라도 CPU가 동작하고 있는 레지스터의 값을 전환해야 한다. 각 태스크별로 관리하며, 태스크 전환 후에도 처리가 계속될 수 있도록 관리해야 할 데이터 영역을 콘텍스트라고 부른다.

콘텍스트 스위치는 특정 태스크로부터 다른 태스크로 전환을 실시할 때, 앞서 사용하고 있던 태스크의 상태에서 전환하려는 태스크의 상태로 CPU 레지스터 등을 전환하는 작업이다.

■ 스택 오버플로

각 태스크의 스택 영역은 시스템 전체에서 태스크에 필요한 만큼 할당된다. 무한한 것이 아니므로 특정 태스크가 자신이 갖고 있는 태스크 영역보다 큰 영역을 사용하면 다른 태스크의 스택 영역을 파괴한다.

예를 들어, 태스크 A가 갖고 있는 스택 영역이 100바이트라고 할 때 태스크 A 안의 로컬 변수에서 128바이트의 변수를 만들면 28바이트만큼 오버해서 다른 태스크의 스택 영역을 파괴해 버린다.

태스크 설계에 있어서 자신이 만드는 태스크의 스택 영역에 어느 정도의 용량이 필요한지를 의식해서 설계하는 것이 바람직하다.

■ 우선순위

실시간 운영체제는 특정 처리의 실행 중에 다른 처리를 끼워 넣어 실행시킬 수 있는 기능을 제공한다. 이 운영체제의 기능을 선점(preemption)이라고 한다. 이 선점 기능을 이용할 때 태스크에 우선순위를 설정한다.

예를 들어, 시스템의 이상이나 사람의 목숨을 좌우하는 치명적인 처리, 실시간성이 엄격한(수 밀리초에 대응해야 하는 등) 처리는 우선순위를 높인다. 반면에 로그 등 언제든 빈 시간에 대응할 수 있는 처리는 우선순위를 낮춰서 설정해 둔다.

단, 이런 식이라면 우선순위가 낮게 설정된 태스크는 우선순위가 높은 태스크에 의해 중단되고, 우선순위가 높은 태스크를 계속해서 실행함에 따라 우선순위가 낮은 태스크는 영구히 실행할 수 없게 된다. 이 때문에 태스크 설계에서 기능의 분할 및 실시간성에 맞춘 우선순위를 설정하는 것이 바람직하다.

임베디드 운영체제 사용해 보기

🔀 임베디드 운영체제의 동작

실제로 임베디드 운영체제를 사용한 동작을 확인해 보자. 이번에는 아두이노 우노에서 **FreeRTOS**를 동작시킨다.

FreeRTOS는 오픈 소스로 개발된 실시간 운영체제다. FreeRTOS는 사용할 수 있는 마이크로컴퓨터의 종류가 많아서 특정 마이크로컴퓨터의 사용 방법을 습득하면 다른 마이크로컴퓨터에서도 활용할 수 있다. RTOS로서의 기본 기능을 한정해서 구성했기 때문에 코드 크기가 작아 ROM 용량을 압박하지 않는 설계로 되어 있다. 필요에 따라 사용하지 않는 기능을 줄여 코드 크기를 보다 더 줄일 수도 있다.

또한, **코루틴(coroutine) 형**의 멀티 태스킹도 지원하고 있다. 코루틴 형이라는 것은 각 태스크를 위한 함수가 상호 협조하에 동작함으로써 멀티 태스킹을 실현하기 위한 것이다. 장점으로는 RAM의 소비량을 줄일 수 있다. 최근에는 아마존에서 권리를 취득해 MIT 라이선스로 공개함으로써 사물인터넷 기기에서의 이용도 활발하게 이루어지고 있다.

Arduino UNO R3부터 메모리 용량이 증가함에 따라 Arudino IDE에서도 FreeRTOS를 이용할 수 있게 되었다. 이 장에서는 FreeRTOS를 소재로 실시간 운영체제의 동작을 확인한다.

■ Arduino IDE에서의 FreeRTOS의 도입

먼저 아두이노의 통합 개발환경인 **Arduino IDE**의 GUI 버전을 기동한다. GUI 버전은 아두이노의 개발환경(이 책 뒷부분의 부록 참고) IDE를 압축 해제한 폴더에 있는 'arduino. exe'를 더블클릭하여 기동할 수 있다.

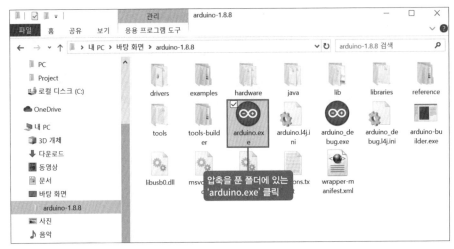

▲ Arduino IDE의 기동

Arduino IDE를 기동하면 먼저 FreeRTOS를 도입한다. 운영체제는 라이브러리 관리에서 도입할 수 있다.

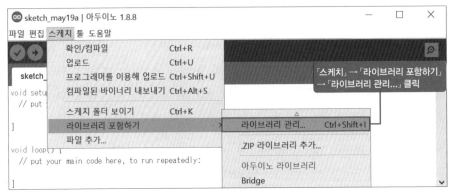

▲ 라이브러리의 관리 화면을 연다

라이브러리 매니저가 표시되므로 검색 상자에서 'FreeRTOS'를 검색한다. 검색 결과에 표시되는 'FreeRTOS by Richard Barry'을 선택하고 'Install'을 클릭한다.

참고로 운영체제는 나중에 프로그램을 기록할 때 동시에 기록되므로 이 시점에서는 아두이노 우노에 접속할 필요가 없다.

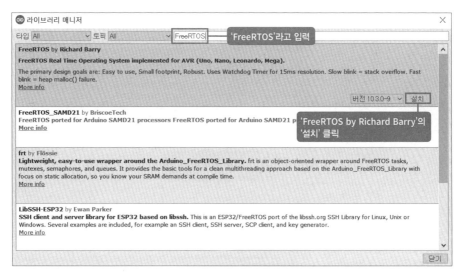

△ FreeRTOS를 검색하여 설치

■ 스케치의 실행

FreeRTOS를 도입했으므로 예제 스케치를 실행해 보자. **스케치**는 Arduino IDE에서의 프로그램의 호칭이다[3].

예제 스케치는 'Examples'에서 보드나 운영체제별로 정리하고 있다. 이번에는 FreeRTOS 용의 **Blink_AnalogRead**를 사용한다. Blink_AnalogRead는 지금까지 본 것과 같이 LED 제어를 실시하면서 입력된 데이터를 처리하는 스케치다.

△ Examples 열기

---

3   Arduino IDE에서 작성 및 수정할 수 있는 프로그램 소스를 아두이노 스케치(Arduino Sketch)라고 부른다.

Blink_AnalogRead를 가져온 후 아두이노 우노를 컴퓨터에 접속한다. 접속 후 아두이노 우노를 접속한 포트를 선택한다.

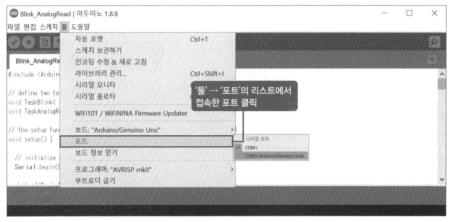

▲ 접속 포트 선택

'Sketch' → 'Verify/Compile'을 클릭하면 스케치 소스 코드의 체크와 컴파일이 실행된다. 예제의 스케치라면 문제없이 컴파일할 수 있다.

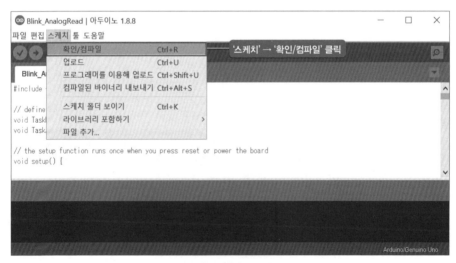

▲ 체크와 컴파일 실행

컴파일에 성공하면 'Upload'를 클릭한다. 참고로, 'Upload'를 사용하면 컴파일부터 보드에 기록하는 것까지 한꺼번에 실행된다.

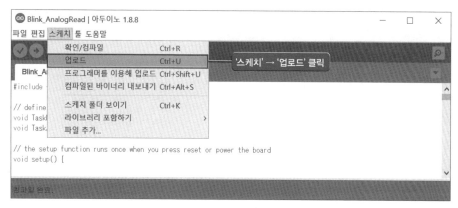

▲ Upload 완료

기록된 스케치는 아두이노 우노에서 바로 실행된다. 제대로 동작한다면 **보드 상의 LED가 2초 간격(1초 점등, 1초 소등)으로 점멸**할 것이다. 또한, 'Tools' → 'Serial Monitor'를 기동하면 AD 변환 센서의 값이 출력된다.

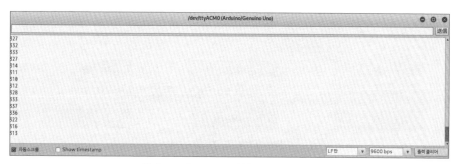

▲ Blink_AnalogRead 실행 중의 시리얼 모니터

FreeRTOS
동작 배우기

🔢 FreeRTOS의 구성

FreeRTOS에서는 프로그램의 각 처리를 '**태스크(task)**'라고 한다. 그리고 태스크의 실행 순서를 관리하는 것은 태스크 관리 모듈이다.

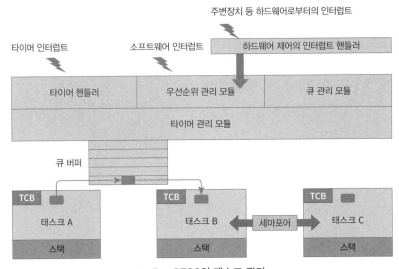

▲ **FreeRTOS의 태스크 관리**

태스크의 상태를 관리하기 위해 각 태스크에는 **TCB(Task Control Block)**라는 관리 테이블이 준비되어 있다. FreeRTOS는 타이머 인터럽트를 받을 때마다 태스크의 실행 순서를 결정하고, 실행할 태스크를 전환한다. 인터럽트 처리를 담당하는 것은 인터럽트 핸들러다. 태스크 관리 상태 변경 및 태스크로의 데이터 송수신을 제어하는 **시스템 콜(system call)**도 준비되어 있다. 시스템 콜은 태스크가 실시간 운영체제에 처리를 요청하기 위한 호출이다. 실시간 운영체제는 우선순위 관리, **라운드 로빈(round robin)** 처리(우선순위가 같은 태스크를 일정 시간마다 바꾸면서 실행하는 처리 방식), 태스크 간의 통신을 위해 사용하는 큐, 세마포어(semaphore), 이벤트 플래그 등의 시스템 콜을 제공하고 있으며, 각 태스크는 시스템 콜을 이용하여 처리 순서의 제어 및 태스크 간의 통신을 실시한다.

태스크 간의 동기화는 **세마포어**를 사용할 수 있다. 세마포어는 태스크끼리 같은 데이터를 취급할 때 배타 제어를 하기 위한 시스템 콜로, 한쪽의 태스크가 기록되고 있는 동안 다른 한쪽의 태스크에서는 데이터를 처리할 수 없도록 할 때 사용된다.

태스크 간의 데이터 송수신은 큐 버퍼를 사용함으로써 대기열을 제어할 수 있다.

태스크마다 스택 메모리를 제공하도록 구성되어 있으며, 태스크가 증가하면 메모리 사용량도 증가한다.

🔲 FreeRTOS의 기본 동작

FreeRTOS의 태스크는 '대기(ready)', '일시 중지(suspend)', '블록(blocked)' 그리고 '실행(running)'이라는 상태를 가진다. 각 상태로 전환하기 위한 시스템 콜이 준비되어 있다.

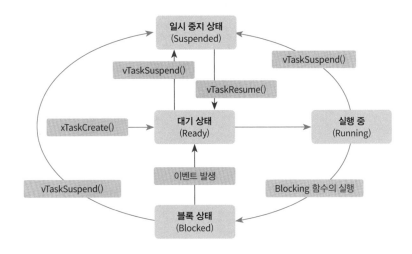

상태명	개요
대기 상태(ready)	태스크의 실행 준비를 할 수 있는 상태다. 우선순위가 높은 태스크가 동작하고 있지 않다면 현재 동작 중인 태스크가 끝난 다음에 실행 상태가 될 수 있다.
실행 중(running)	태스크를 실행하고 있는 상태다. 즉, CPU에서 프로그램이 동작하고 있는 상태다.
블록 상태(blocked)	태스크가 뭔가의 이벤트를 기다리고 있는 상태다. 이벤트가 발생한 때에 우선순위에 따라 대기 상태가 된다.
일시 중지 상태(suspended)	태스크가 중단되어 있는 상태다. 일시 중지(suspend)의 시스템 콜이 발행되면 상태를 전환하고, 재개(resume)의 시스템 콜이 발행되면 복귀한다.

▲ FreeRTOS의 태스크 상태 천이

타이머 인터럽트를 받으면 대기 상태의 태스크 중에서 가장 우선순위가 높은 태스크를 실행 상태로 바꾸어 실행한다. 태스크 중에서 특별히 기다리는 처리를 하지 않는다면 다음 타이머 인터럽트에서 태스크를 전환해 실행 중인 태스크를 대기 상태로 전환시킨 후 다음 태스크를 실행한다.

동일 우선순위의 태스크가 여럿 있으면 타이머 인터럽트 때마다 순차적으로 실행된다. 이 실행 관리 방식을 **라운드 로빈**이라고 부른다.

실행 중인 태스크가 뭔가 대기를 해야 하는 시스템 콜을 실행하면 해당 태스크는 블록 상태로 전환된다. 블록 상태로 전환될 때 다음 태스크가 실행된다. 동일한 우선순위로 기다리는 태스크가 없으면 우선순위가 낮은 태스크를 실행한다. 블록 상태로 전환한 태스크는 대기를 해제하는 시스템 콜이 실행되거나 대기 조건의 이벤트가 발생하면 블록 상태에서 대기 상태로 전환하고 다음 실행을 대기한다.

실행 중인 태스크가 일시 중지하는 시스템 콜을 실행하면 지정된 태스크가 일시 중지 상태가 되고, 다시 태스크의 우선순위가 결정되어 새로운 태스크가 실행된다. 일시 중지된 태스크는 재개(resume)하는 시스템 콜이 실행되면 다시 대기 상태로 돌아와 실행을 대기하게 된다.

🔀 소스 코드의 실제 동작

그렇다면 FreeRTOS가 실제로 어떤 동작을 하는지, 이전 절에서 실행한 Blink_AnalogRead 의 소스 코드를 살펴보자.

▼ Blink_AnalogRead

```
#include <Arduino_FreeRTOS.h>

void TaskBlink( void *pvParameters );
void TaskAnalogRead( void *pvParameters );

void setup() {
  Serial.begin(9600);

  while(!Serial) {
    ;
  }

  xTaskCreate(
    TaskBlink
    , (const portCHAR *)"Blink"   // A name just for humans
    , 128  // This stack size can be checked & adjusted by reading the Stack Highwater
    , NULL
    , 2  // Priority, with 3 (configMAX_PRIORITIES - 1) being the highest,
and 0 being the lowest.
    , NULL );

  xTaskCreate(
    TaskAnalogRead
    , (const portCHAR *) "AnalogRead"
    , 128 // stack size
    , NULL
    , 1 // priority
    , NULL );

}

void loop()
{
}

void TaskBlink(void *pvParameters)  // This is a task.
{
  (void) pvParameters;

  pinMode(LED_BUILTIN, OUTPUT);
```

```
  for (;;) // A Task shall never return or exit.
  {
    digitalWrite(LED_BUILTIN, HIGH);   // turn the LED on (HIGH is the voltage level)
    vTaskDelay( 1000 / portTICK_PERIOD_MS ); // wait for one second
    digitalWrite(LED_BUILTIN, LOW);    // turn the LED off by making the voltage LOW
    vTaskDelay( 1000 / portTICK_PERIOD_MS ); // wait for one second
  }
}

void TaskAnalogRead(void *pvParameters)  // This is a task.
{
  (void) pvParameters;
  for (;;)
  {
    int sensorValue = analogRead(A0);
    Serial.println(sensorValue);
    vTaskDelay(1);  // one tick delay (15ms) in between reads for stability
  }
}
```

■ 소스 코드의 확인: 태스크의 생성 부분

소스 코드를 블록별로 자세히 살펴보자. 먼저 태스크를 대기 상태로 두기 위한 태스크를
생성한다.

```
#include <Arduino_FreeRTOS.h>

void TaskBlink( void *pvParameters );
void TaskAnalogRead( void *pvParameters );

void setup() {
  Serial.begin(9600);

  while(!Serial) {
    ;
  }

  xTaskCreate(
    TaskBlink
    , (const portCHAR *)"Blink"   // A name just for humans
    , 128 // This stack size can be checked & adjusted by reading the Stack Highwater
    , NULL
    , 2  // Priority, with 3 (configMAX_PRIORITIES - 1) being the highest,
and 0 being the lowest.
    , NULL );
```

```
  xTaskCreate(
    TaskAnalogRead
    ,  (const portCHAR *) "AnalogRead"
    ,  128 // stack size
    ,  NULL
    ,  1 // priority
    ,  NULL );
}
```

태스크 생성 시에는 태스크의 이름, 스택 크기, 우선순위를 등록해야 한다. 우선순위는 FreeRTOS의 경우 번호가 커질수록 높아진다.

예제에서는 TaskBlink()와 TaskAnalogRead()의 2개의 태스크를 생성하며, TaskBlink() 를 더 높은 우선순위로 등록하고 있다.

태스크의 생성에는 xTaskCreate()의 시스템 콜을 사용한다. xTaskCreate()로 TaskBlink (), TaskAnlogRead()를 생성함으로써 대기 상태로 만들 수 있다.

② 소스 코드의 확인: TaskBlink()

TaskBlink()는 LED를 점등시키는 처리와 소등시키는 처리를 실시한다. LED의 점등 소등 동안에 시스템 콜을 사용하여 점등 → 소등, 소등 → 점등 사이에 1초의 타이밍을 두게 되어 있다.

```
void TaskBlink(void *pvParameters)  // This is a task.
{
  (void) pvParameters;

  pinMode(LED_BUILTIN, OUTPUT);
  for (;;) // A Task shall never return or exit.
  {
    digitalWrite(LED_BUILTIN, HIGH);  // turn the LED on (HIGH is the voltage level)
    vTaskDelay( 1000 / portTICK_PERIOD_MS ); // wait for one second
    digitalWrite(LED_BUILTIN, LOW);   // turn the LED off by making the voltage LOW
    vTaskDelay( 1000 / portTICK_PERIOD_MS ); // wait for one second
  }
}
```

vTaskDelay()는 지정된 시간 동안 태스크를 중단하는 함수다. vTaskDelay()를 호출함으로써 TaskBlink()는 1초간 블록 상태로 전환한다.

❸ 소스 코드의 확인: TaskAnalogRead()

TaskAnalogRead()는 직렬 포트 출력을 위한 태스크다. 하드웨어의 AD 변환 센서를 읽어서 결과를 직렬 포트에 출력하는 처리를 실시한다. AD 변환 센서로부터 읽어 들이는 주기는 매 15밀리초다.

```
void TaskAnalogRead(void *pvParameters)  // This is a task.
{
  (void) pvParameters;
  for (;;)
  {
    int sensorValue = analogRead(A0);
    Serial.println(sensorValue);
    vTaskDelay(1);  // one tick delay (15ms) in between reads for stability
  }
}
```

❹ 예제의 동작 이미지

태스크가 생성된 다음 TaskBlink()와 TaskAnalogRead()가 대기 상태가 되면 우선순위가 높은 TaskBlink()에서 실행된다. TaskBlink()는 LED를 점등시키면 vTaskDelay() 시스템 콜을 불러 블록 상태로 전환한다.

TaskBlink()가 블록 상태로 전환되면 우선순위가 낮은 TaskAnalogRead()가 대기 상태에서 실행 중의 상태가 된다. 센서 데이터의 읽기 및 직렬 포트로의 출력이 끝나면 vTaskDelay()의 시스템 콜을 불러 블록 상태로 전환한다.

TaskAnalogRead()는 15밀리초가 지나면 이벤트가 발생해 대기 상태로 전환하고, TaskBlink()가 동작하고 있지 않으면 실행 중의 상태가 된다. TaskBlink()가 대기 상태로 되어 있을 때는 우선순위가 높은 TaskBlink()가 실행된다. 이와 같은 동작을 주기적으로 실시하는 것이 FreeRTOS 스케줄링이다.

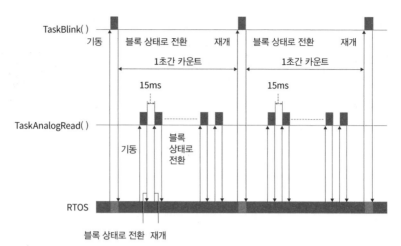

▲ 각 태스크를 지정 시간에 호출한다

임베디드 운영체제의 역사

🔧 임베디드 운영체제의 역사

임베디드 시스템에 운영체제가 필요한 이유를 이해했으므로 운영체제의 역사와 종류를 살펴보자. 임베디드 운영체제는 PC운영체제로 유명한 윈도우나 리눅스보다 오래전부터 존재했다.

임베디드 시스템에 운영체제가 채택된 것은 1979년의 OS-9이 처음이라고 알려져 있다. 그후 1980년대 들어서는 pSOS이나 VxWorks가 개발되었다. 1980년대 후반에는 일본산 TRON의 사양이 공개되었다. 그리고 1990년대에 들어서면서 많은 임베디드 시스템용 운영체제가 발매되었다.

▼ 1970~1990년대의 임베디드 운영체제

년도	운영체제 이름	개요	비고
1979	OS-9	모토로라의 8비트 마이크로컴퓨터 MC6809 용으로 개발된 실시간 운영체제	진공관 생산 종료
1980	VxWorks	Wind River 사가 개발한 신뢰성과 안전성이 높은 항공 우주 및 방위 분야에 채택된 실시간 운영체제	-
1982	pSOS	Software Components Group 사가 개발한 실시간 운영체제	-
1982	QNX	Intel 8088용으로 출시	-
1986	LynxOS	POSIX 호환 실시간 운영체제. 모토로라 MC68010 용으로 출시	ARM의 첫 번째 CPU 제품인 ARM2가 발표됨
1987	ITRON	임베디드 시스템용의 실시간 운영체제 사양 공개	1984년 TRON 프로젝트 발족
1993	Nucleus RTOS	Accelerated Technology 사에서 출시되었다. 우주 항공, 의료 산업 등의 분야에서 이용	2002년 3월에 Mentor Graphics 사에 인수됨

1996	Windows CE	PDA나 임베디드 시스템용 32비트 멀티 태스킹/멀티 스레드 운영체제	1992년에 32비트 마이크로 컴퓨터가 나옴
1996	Integrity	Green Hills Software 사에서 발표. 군사, 항공 우주, 항공기 등으로 이용	2008년 ISO/IEC15408의 E AL6+ 획득
1997	JBlend	ITRON과 자바 실행 환경을 융합한 JTRON 사양의 실시간 운영체제	2000년에 컴퓨터 문제가 사회적 이슈가 됨
1998	Symbian OS	휴대전화용 실시간 운영체제로 Symbian 사가 제공	임베디드 자바 사양 제창(Sun Microsystems 사)
1998	Auto PC	차량 탑재 정보 단말기용 플랫폼으로 마이크로소프트가 제공 시작	MISRA-C 개발·제창
1999	MontaVista Preemptible Linux Kernel	MontaVista Software 사의 2.4 리눅스 커널 패치. 임베디드 시스템 전문 리눅스 운영체제와 크로스 개발 도구 제공 시작	–
1999	Windows NT 4.0 Embedded	임베디드용 운영체제 제공 시작	

▼ 2000년대의 임베디드 운영체제

년도	운영체제 이름	개요	비고
2001	BREW	퀄컴 사가 모바일 단말기용 운영체제와 개발환경을 제공하기 시작. 휴대전화에서 이용	구글은 일본 법인 설립
2001	Windows XP Embedded	Windows NT Embedded의 다음 세대에 해당하는 임베디드용 운영체제	–
2002	JWorks	VxWorks 사의 실시간 운영체제에서 동작하는 자바 플랫폼을 휴대폰, 내비게이션 등을 대상으로 제공 시작	T-Engine 포럼 출범
2003	T-Linux	TRON 기술과 리눅스가 융합한 환경 제공	르네상스 테크놀로지 설립
2004	T-Kernel	T-Engine 프로젝트의 핵심 실시간 운영체제	–
2007	Android	휴대전화 등 모바일 기기용 오픈 운영체제	–

하드웨어가 진화함으로써 GUI를 사용할 수 있는 등 PC 환경과 비슷한 운영체제도 출시 되었다. 앞으로 다시 어떤 변화가 일어날지 여러모로 기대된다.

단, 다양한 운영체제가 있다는 것은 제품 개발 시 어느 것이 가장 좋은 것인지 선택할 수 있는 기술력이 없으면 해당 운영체제를 제대로 활용할 수 없다. 지금부터는 운영체제를 선택할 때의 중요 포인트에 대해 설명한다.

임베디드 운영체제의 종류와 시대 배경

임베디드 운영체제의 종류는 방대하지만, **POSIX**(Portable Operating System Interface) 호환 운영체제와 그 외의 독자 노선의 운영체제(**TRON** 사양과 **T-Kernel** 사양)로 구별할 수 있다.

■ POSIX 호환 운영체제

POSIX 호환 운영체제는 IEEE1003.1의 정의에 따른 국제 표준 사양의 운영체제다. 애플리케이션은 CPU나 메모리, 주변장치 등의 하드웨어를 제어할 때 운영체제가 제공하는 API(Application Programming Interface)를 이용하여 제어할 수 있다. POSIX 사양은 하드웨어 제어 부분뿐만 아니라 프로세스 관리 및 권한 관리, 파일 관리 등 다양한 부분을 표준화한 것이다.

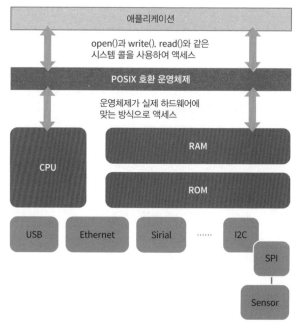

▲ POSIX 호환 운영체제

■ μITRON

일본에서는 TRON 사양의 μITRON이 유명하다. TRON 협회에서는 최소한의 시스템 콜과 스케줄러를 사양으로서 공개하고 있다. μITRON은 공개된 사양에 따라 각 제조사에서 개발되고 있는 실시간 운영체제다. 임베디드 시스템의 스케줄링은 시스템 콜을 사용하여 개발환경에 맞추어서 개발해야 한다.

시스템 콜은 TRON 사양에서 정해졌기 때문에 POSIX 호환 운영체제를 채용한 환경의 활용 시에 때론 수정이 필요할 수도 있다.

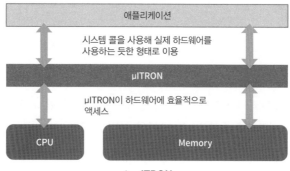

▲ μITRON

■ ITRON의 진화

ITRON은 당초 운영체제의 사양만이 존재해 TRON 협회가 스스로 운영체제를 구현해서 공개할 일이 없었다. 이것은 사용자의 자유로운 사양 선택에 따라 원하는 운영체제를 만들 수 있도록 '약한 표준화'를 선택했기 때문이다. 그러나 이러한 선택은 해외에서는 거의 받아들여지지 않았다.

반면에 일본은 ITRON 사양을 준수하는 운영체제가 다수 존재하고 있었으며, 업계 전반에 걸쳐 꽤 중복 개발되고 있었다. 운영체제 간의 호환성이 없는 것이 이식 및 유지보수의 어려움을 더욱 가중시켰고, 이미 사용한 운영체제로부터 마이그레이션을 할 수 없는 등 시장 형성에 오히려 방해가 되기도 했다.

또한, 시간이 흐름에 따라 임베디드 시스템에 네트워크 기능 및 파일 관리 등 PC와 동일한 기능이 요구되었다. 고도의 정보 처리가 가능하고, PC처럼 사용할 수 있는 운영체제의 요구사항도 기존보다 높아졌다.

이러한 변화에 따라 TRON 프로젝트는 기존의 정책을 변경해서 보다 PC처럼 사용할 수 있는 T-Kernel이라는 운영체제를 무상으로 제공하고, 시장의 형성을 촉구했다. ITRON도 POSIX 호환 운영체제의 제품과 같은 '강한 표준화'로 전환한 것이다.

■ T-Kernel 사양

TRON은 CPU 자원을 효율적으로 사용하기 위한 최소한의 사양으로 되어 있었다. 이런 사양을 확장하기 위해 개발된 것이 T-Kernel 사양이다.

T-Kernel 사양은 하드웨어의 추상화를 진행함으로써 보다 쉽게 애플리케이션을 개발할 수 있다. 추상화를 진행시킨 것은 보다 더 범용 운영체제에 가까운 형태로 다가서기 위해 하드웨어를 의식하지 않고 사용할 수 있도록 한 점이다. 예를 들어, 렌더링 처리를 할 때의 속성, 상태 등이 추상화된 API로 제공되는 등 처음부터 만들지 않아도 사용할 수 있는 기능이 증가하고 있다. 또한, POSIX 계열의 API도 제공되며, POSIX 호환의 운영체제 자산도 활용하기 쉽다.

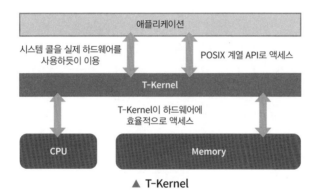

▲ T-Kernel

🎮 임베디드 운영체제의 선정 포인트

임베디드 제품을 개발하는 데 있어서 요구되는 기능과 사양에 맞게 운영체제를 선택하는 것이 중요하다. 상업용 운영체제 제조사가 제공하는 기능과 사양을 확인하고, 개발 비용 및 개발 기간에 맞는 운영체제를 선정한다.

POSIX 호환 운영체제와 TRON 사양 운영체제, 이 둘 다 장단점이 있다. 또한, 최근에는 임베디드 시스템에 대해서 시장이 요구하는 기능이 고도화됨에 따라서 기능 안전 및 보안 등 제품 이외에 요구되는 사양도 여럿 나오고 있다. 그 내용에 따라 어느 쪽을 채택하면 좋을지 기준이 달라질 것이다.

▼ 임베디드 제품 개발 시의 운영체제 선정 포인트

선정 포인트	개요
개발 기간	운영체제 도입으로 얼마나 단축을 기대할 수 있을까?
개발 비용	초기 도입 비용, 라이선스 비용 등의 러닝 코스트(running cost)가 어느 정도인가?
기능	임베디드 시스템에 요구되는 제품 기능은 어떠한 것이 있는가?
품질	기능 안전 및 보안 등 품질에 관한 부분은 망라되어 있는가?
유지보수성	하드웨어가 바뀔 경우에도 자산의 활용이 가능한가?
처리 가능 용량	ROM, RAM 사용량, 운영체제 오버헤드 시간 등이 사양을 만족하는가?
제공 기능	제품으로 USB, 이더넷 등 드라이버의 제공과 파일 시스템, 네트워크 스택 등의 미들웨어 이용이 필요한가?
외부 제공	상업용 운영체제를 사용할 때 상업용 운영체제가 제공하지 않는 기능은 파트너 회사가 제공할 수 있는가?
개발환경	애플리케이션을 개발하기 위한 통합 개발환경을 제공할 수 있는가? 디버깅 분석 도구는 제공되는가?
과거 자산	과거 사용했던 소프트웨어 자산을 활용할 수 있는가?

이런 포인트들과 대략적인 운영체제의 구조가 중요하다. 운영체제의 구조에 대해서는 POSIX 호환 운영체제와 상업용 실시간 운영체제로 나누어 설명할 것이다.

■ POSIX 호환 운영체제의 구조

윈도우 IoT 및 임베디드 리눅스로 대표되는 바와 같이 하드웨어는 모든 운영체제의 관리 하에 있다. 하드웨어를 제어하는 드라이버가 있어 하드웨어를 추상화하도록 제공된다. 또한, 애플리케이션을 개발하기 쉽도록 네트워크 스택 및 미들웨어 기능도 제공된다. 표준화된 사양이므로 오픈 소스에서의 개발도 활발하며, 그 자산을 활용하는 것도 가능하다.

한편, 하드웨어가 추상화되어 있기 때문에 하드웨어를 직접 제어할 수 없다. 만약 임베디드 시스템에서 요구되는 사양 중 실시간성이 높다면 요구되는 처리 속도를 지키지 못하는 등 하드웨어 추상화가 단점이 되는 경우도 있을 수 있다.

▲ POSIX 호환 운영체제와 상업용 실시간 운영체제의 구조

■ 상업용 실시간 운영체제의 구조

윈도우 IoT나 임베디드 리눅스 등의 운영체제와는 다르게 최소한의 필요한 하드웨어만을 추상화하는 구조로 되어 있다. 하드웨어를 제어하는 드라이버도 최소한 제공하고, 네트워크 스택이나 미들웨어 등도 옵션 사양이다. 필요한 기능은 애플리케이션 개발로 커버한다.

상업용 운영체제 제조사마다 하드웨어 부분, 미들웨어 부분의 제공 범위가 다르므로 임베디드 시스템에 요구되는 기능에 맞춰 선정해야 한다.

한편으로는 하드웨어가 직접 보이기 때문에 임베디드 시스템에 요구되는 실시간성을 실현하기 쉽고 자유도가 높다고 말하는 사람도 있다.

6

스마트
디바이스

이 장의 개요

최근의 사물인터넷(Internet of Things, IoT) 동향을 보면 알 수 있듯이 네트워크를 이용한 임베디드 시스템이 증가하고 있다. 이 장에서는 네트워크를 이용해 서비스를 제공하는 임베디드 시스템인 스마트 디바이스에 대한 하드웨어 구성 및 소프트웨어 구성을 설명한다.

데이터의 활용

우리들이 살고 있는 현실 사회에서는 임베디드 디바이스를 사용하여 센서 정보 등 다양한 데이터를 모으고 이것을 이용해 사회 문제를 해결한다. 이 장에서 다루는 **스마트 디바이스(smart device)**도 사회 문제의 해결에 사용되는 디바이스 중 하나다.

스마트 디바이스를 활용하여 사람의 작업 보조 및 행동 보조 등 다양한 서비스와 솔루션을 제공함으로써 편리성을 향상해 나가는 사회적 분위기가 형성되고 있다. 다시 말해 **데이터 주도 사회**가 왔다고 할 수 있다.

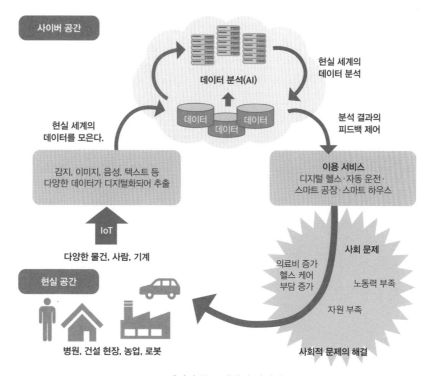

▲ 데이터 주도 사회의 이미지

데이터 주도 사회를 실현하기 위해서는 지금까지 모으지 못했던 데이터를 모으기 위한, 그리고 모은 데이터로부터 도출되는 해결책(솔루션)을 실행으로 옮기기 위한 디바이스가 필요하다. 스마트 디바이스는 이러한 목적으로도 사용된다.

---

column | Society 5.0

인류는 수렵 사회(Society 1.0) → 농경 사회(Society 2.0) → 산업 사회(Society 3.0) → 정보 사회(Society 4.0)로 단계적으로 진화해 왔다. 이에 뒤따르는 다섯 번째 사회가 Society 5.0이다. 일본 정부는 2017년 6월에 각의에서 결정한 '미래 투자 전략 2017'에서 Society 5.0을 '첨단 기술을 모든 산업이나 사회 생활에 도입하여 '필요한 물건 및 서비스를 필요한 사람에게 필요할 때에 필요한 만큼 제공'함으로써 다양한 사회 문제를 해결하려는 시도'라고 정의하였다. '첨단 기술'의 대표적인 기술이 디지털 기술이며, 디지털 기술의 실현에서 임베디드 시스템의 사용은 없어서는 안 되는 것이다.

SECTION 24 | 스마트 디바이스

🔧 스마트 디바이스란?

스마트폰으로 대표되는 표현이지만, 최근 들어서는 스마트 XX라는 말이 일반화되고 있다. **스마트 디바이스**는 터치 패널식의 통신 기기인 스마트폰과 **스마트 가전, 스마트 워치, 스마트 글라스**(glass) 등 클라우드 서비스를 전제로 높은 부가가치를 갖게 한 '스마트 XX'의 총칭이다.

▼ 대표적인 스마트 디바이스

디바이스 명	내용
스마트폰(태블릿)	휴대전화와 휴대 정보 단말기(PDA)의 기능을 갖춘 정보 기기 단말. 통화 기능과 이메일 기능뿐만 아니라 인터넷 등을 이용한 다양한 기능을 가지고 있다.
스마트 워치	시계 형의 정보 기기 단말. 일반적으로는 시계 형이며, 센서를 이용한 보행, 심박수 등의 라이프 로깅(logging) 기능을 갖는다.
스마트 글라스	안경 형의 정보 기기 단말. HMD(Head Mounted Display)에 의한 AR/VR 등의 기술을 적용하고 있으며, 공장/공사 현장에서의 작업 지시 등에 이용된다.
스마트 가전	가전 형의 정보 기기 단말. 인터넷 통신이 가능한 스마트 TV는 지상파 이외의 영상 서비스나 스마트폰으로 녹화한 영상 등을 볼 수 있다.

스마트 디바이스의 공통된 점은 화면과 터치 패널, 통신 기능을 갖추고 있다는 점이다. 최근에는 네트워크를 이용한 클라우드 서비스와 융합함으로써 기기 단독으로는 실현할 수 없었던 서비스를 제공해 기기의 부가가치를 높이는 방향으로 나아가고 있다.

임베디드 시스템에도 고도의 기술이 요구되고 있으며, 스마트 디바이스를 개발하기 위한 기술을 폭넓게 이해하고 있어야 한다. 이 장에서는 스마트 디바이스에 사용되는 하드웨어 및 소프트웨어의 구성 및 기술에 대해 설명할 것이다.

🔯 스마트 디바이스의 사용 예

스마트 디바이스를 활용한 서비스나 제품이 우리 주변에 상당히 많아졌다. 여기에서는 스마트 디바이스의 사용 예로서 보급되고 있는 **키오스크(KIOSK) 단말**과 **웨어러블(wearable) 디바이스**를 소개한다.

■ 키오스크 단말

스마트 디바이스화된 키오스크 단말 중에는 무인 결제가 가능한 제품도 있다. 최근에는 캐시리스(cashless) 결제에 의한 편리성을 높이고 종업원의 업무 부담을 감소시키기 위해서 편의점과 의류를 취급하는 점포·병원 등에서 도입되었다.

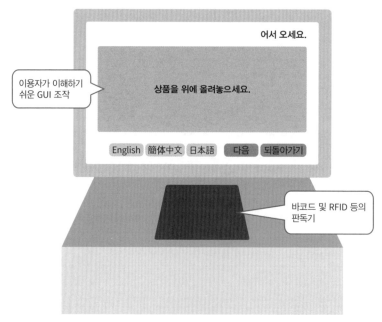

어서 오세요.

이용자가 이해하기
쉬운 GUI 조작

상품을 위에 올려놓으세요.

English　簡体中文　日本語　　다음　되돌아가기

바코드 및 RFID 등의
판독기

▲ 셀프 계산대

셀프 계산대는 물건을 놓으면 자동으로 물건의 개수, 가격이 결정되고 신용카드를 삽입하여 현금 없이 결제할 수 있는 기기다. 터치 스크린의 조작을 적용하고 있으며, 사용자가 곤란하지 않도록 화면에 그림을 표시하는 등 필요한 지침이 자동적으로 표시되는 기능도 가지고 있다.

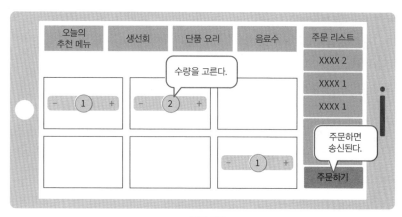

▲ 셀프 메뉴

회전 초밥이나 주점 등에서 이용되는 셀프 메뉴도 우리 생활에 가까워진 스마트 장치 중 하나다. 메뉴가 표시되는 화면을 봄으로써 그 메뉴를 상상할 수 있으며, 그 가게의 추천 메뉴가 표시되거나 맛있는 추천 요리를 알 수 있는 등 사용자들이 알기 쉽게 안내할 수 있다. 주문한 것은 즉시 주방에 주문이 들어가고 주문이 완료되면 주문 시스템에 주문 수량과 가격이 전달된다.

이러한 스마트 디바이스를 점포에서 매출 실적을 관리하는 **POS 시스템과 연동시킴**으로 써 '언제, 어떤 제품이, 어떤 가격에 얼마나 팔렸는지'를 파악할 수 있다. 또한, 계산대 업무의 속도와 효율성 향상, 재고 관리의 정확도 향상이라는 장점도 있다.

■ 웨어러블 디바이스

웨어러블 디바이스는 스마트 워치, 스마트 글라스 등 사람이 착용해서 이용하는 스마트 디바이스다. 2013년 이후 출시된 스마트 워치 중에는 스마트폰과 연계해 이메일 확인이 나 통화를 할 수 있는 모델도 있다.

스마트 글라스는 AR이나 VR, MR 등의 가상화 기술을 사용함으로써 길 안내와 관광 안내 등이 가능한 장치다. 공장이나 건설 현장 등에서 간단한 조작이나 가이드 등을 함 으로써 초보자도 숙련자처럼 작업할 수 있는 방법이 주목을 받고 있다.

디바이스	이용 예
스마트 워치	물류 바코드 리더 대신 사용 공장: 공정, 제품 검사 및 작업 보고 음식: 호출 버튼의 응답
스마드 글라스	물류: 마커 로드(marker road)에 의한 탑재 방법의 선택 공사 현장: 공사장 내의 위험 부분 가이드, 원격 지원 의료 현장: 원격 수술 지원 건설 현장: 건설하기 전의 시설 배치 및 도선 확인

🔧 스마트 디바이스의 구성

여기서는 임베디드 제품인 스마트 디바이스의 구성을 소개하고자 한다. 5장까지 소개한 임베디드 하드웨어 및 소프트웨어와는 달리 스마트 디바이스는 그래픽 및 통신 기기가 추가되어 보다 복잡하며, 고성능의 하드웨어와 대규모 소프트웨어로 구성되어 있다.

스마트 디바이스의 사용 예에서도 소개한 대로, 음성 안내 및 GUI(Graphical User Interface)에 의한 동영상, 이미지에 의한 조작 가이드 등 사람이 조작하기 쉽게 기능을 제공할 수 있도록 구성되어 있다.

■ 스마트 디바이스의 하드웨어 구성

스마트 디바이스는 스마트폰으로 대표되는 바와 같이 GUI를 실현하기 위한 디스플레이 및 터치 패널 등을 이용한 하드웨어로 구성되어 있다. CPU는 고성능인 32비트 이상의 CPU가 대부분을 차지한다. 특히, 고성능이 요구되는 스마트 디바이스에는 GPU(Graphics Processing Unit)를 탑재한 보다 강력한 마이크로컴퓨터가 사용된다.

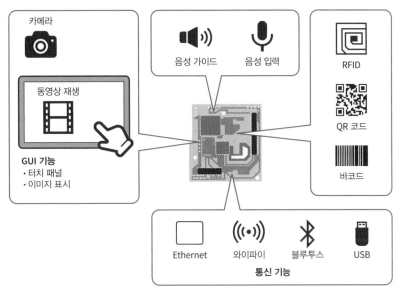

▲ 스마트 디바이스의 하드웨어

고기능의 마이크로컴퓨터를 사용하는 이유에는 이용자에 대한 실시간성을 확보하는 것이 포함된다. 뭔가 조작을 하는 경우에도 CPU 이외의 하드웨어를 이용하여 다른 서비스를 제공할 수 있는 마이크로컴퓨터가 필요하기 때문이다.

또한, 다른 장치와의 통신 및 서버와의 통신을 실시함으로써 단일 장치는 하지 못했던 서비스를 실현할 수 있도록 구성되어 있다.

스마트 디바이스를 제작할 수 있는 저렴한 디바이스로는 **라즈베리 파이 3**가 있다. 라즈베리 파이 3의 하드웨어 구성을 살펴보면 디스플레이를 연결하는 I/F 및 통신 기능 등 GUI를 실현할 수 있는 주변장치가 표준 구현되어 있음을 알 수 있다.

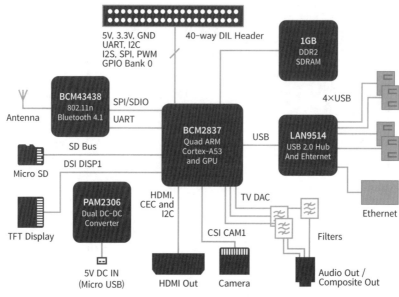

5V, 3.3V, GND
UART, I2C
I2S, SPI, PWM
GPIO Bank 0

40-way DIL Header

1GB
DDR2
SDRAM

BCM43438
802.11n
Bluetooth 4.1

Antenna

SPI/SDIO

UART

4×USB

SD Bus

DSI DISP1

Micro SD

BCM2837
Quad ARM
Cortex-A53
and GPU

USB

LAN9514
USB 2.0 Hub
And Ehternet

PAM2306
Dual DC-DC
Converter

TFT Display

HDMI,
CEC and
I2C

TV DAC

Ethernet

5V DC IN
(Micro USB)

HDMI Out

CSI CAM1

Camera

Filters

Audio Out /
Composite Out

▲ 라즈베리 파이 3의 하드웨어 구성

5장까지 살펴본 하드웨어 구성과 비교하면 라즈베리 파이 3에는 많은 주변장치 기능이 구현되어 있다. 핵심은 **SoC(System on a Chip)**라고 하는 LSI로서 작은 구현 면적과 저전력이 특징이다.

CPU 단독으로는 스마트폰이나 게임기 등을 구현할 수 없다. 따라서 스마트폰이나 게임기에 필요한 하드웨어 기능을 주변장치로 탑재할 필요가 있다. 예를 들어, 현재 출시된 대부분의 스마트폰은 퀄컴의 스냅드래곤(Snapdragon)이라는 SoC가 채용되어 있다.

스냅드래곤은 CPU 외에도 스마트폰에 필요한 GPU, 4G/3G, 와이파이, 카메라, 디스플레이, 각종 센서, 오디오, 비디오 재생 등을 실현하는 하드웨어가 하나의 칩으로 되어 있다. SoC는 제품을 실현하기 위해 많은 주변기기와 CPU를 하나의 칩으로 제공하는 하드웨어다. 또한, SoC에 다양한 하드웨어 기능을 집적함으로써 단기간, 소형화, 저가(제조 비용 감소), 처리의 고속화, 전력 소모 절감 등의 효과가 있다.

스마트 디바이스의 하드웨어를 선택할 때는 제품에 요구되는 기능과 SoC가 갖고 있는 기능을 비교해서 적절한 SoC를 선택할 수 있는 스킬이 요구된다.

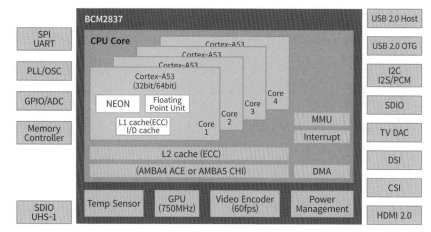

▲ 라즈베리 파이의 SoC(BCM2837) 구성도

최근 교육 용도로 많이 이용되는 라즈베리 파이 3B+에 탑재된 브로드컴(Broadcom) 사의 BCM2837도 SoC다. BCM2837은 USB, SPI, UART 등 외부와 통신하기 위한 버스 주변 장치와 카메라를 연결하는 CSI 인터페이스, 화면 출력을 위한 HDMI, SD 카드를 제어하는 SDIO 등의 주변기기와 Cortex-A53의 64비트 CPU 4개, GPU, 비디오 인코더 등을 하나의 칩으로 제공하고 있다. 다기능 SoC를 탑재한 보드가 4~5만 원대의 가격으로 저렴하게 제공되고 있다.

■ 스마트 디바이스의 소프트웨어 구성

스마트 디바이스에 탑재되는 CPU의 고성능화가 진행됨으로써 소프트웨어에도 보다 고기능의 구성을 요구하고 있다. 운영체제로는 실시간성을 지닌 강력한 운영체제가 선택되고 있다. 스마트폰에서 높은 점유율을 가진 운영체제는 안드로이드 및 iOS다. 안드로이드나 iOS는 많은 서비스를 제공하기 위해 다양한 기능을 구현한 대규모 소프트웨어 구성으로 되어 있다.

대규모 소프트웨어 구성은 모두 스크래치 방식으로 제작하면 개발 기간이 길어지므로 가능한 한 개발 범위를 좁힐 수 있어야 한다. **OSS(Open Source Software)**로 대표되는 **소프트웨어 부품**을 조합하여 구성하거나 상업용 운영체제 벤더에서 제공하는 소프트웨어를 사용하는 등의 방법을 찾는다면 사용자에게 서비스를 제공하는 애플리케이션 부분의 개발에 주력할 수 있다.

■ BSP를 활용한 소프트웨어 개발

SoC의 **칩 벤더(chip vendor)**는 **BSP(Board Support Package)**라는 소프트웨어를 제공하고 있다. BSP는 커널이나 HAL, 미들웨어, 기본적인 애플리케이션, 윈도우 관리자(Window Manager)로 구성된 대규모 소프트웨어다.

SoC의 BSP를 손에 얻었다는 의미는 화면 제어 및 통신 제어 등 다양한 기능이 멀티로 동작하는 운영체제를 손에 넣었다는 것과 동일한 의미다.

▼ 레퍼런스 보드와 BSP의 제공

제공 내용	르네상스		NXP		퀄컴		TI		라즈베리 파이	
레퍼런스 보드	O	입수가 곤란한 경우가 있다.	O	i.MX계 등	O	해외로부터 입수	O	비교적 입수하기 쉽다.	O	저가로 입수할 수 있다.
BSP	안드로이드: O		안드로이드: O		안드로이드: O		안드로이드: △		안드로이드: △	
	리눅스: O		리눅스: O		리눅스: △		리눅스: O		리눅스: O	

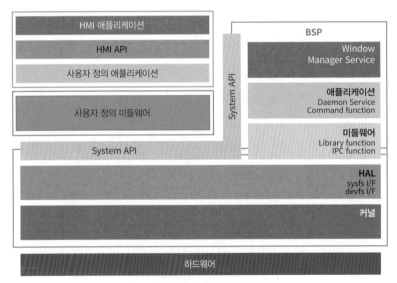

▲ 칩 벤더가 제공하는 BSP

SoC 칩 벤더는 BSP로 안드로이드, 리눅스(Yocto)를 무료로 제공한다. 실시간 운영체제도 FreeRTOS와 NuttX 등 오픈 소스에서 제공되는 것을 사용함으로써 즉시 동작을 확인할 수 있다. 참고로 레퍼런스 보드의 경우는 SoC 칩 벤더마다 유료로 제공된다.

오픈 소스 소프트웨어 계열의 시스템 소프트웨어도 BSP를 기반으로 개발하는 것이 일반적이다. BSP는 하드웨어를 추상적으로 제어할 수 있는 소프트웨어 계층으로 되어 있다. 애플리케이션은 액세스하고 싶은 하드웨어가 달라도 그 차이를 의식하지 않은 채 정해진 API로 이용할 수 있다.

SoC 및 레퍼런스 보드가 갖고 있는 하드웨어 이외의 주변장치를 선택할 경우는 BSP 자체를 자사에서 직접 사용자 정의하는 셈이다. 대규모 소프트웨어 구성인 BSP를 사용자 정의할 때 주변장치용 드라이버를 추가하는 것만으로는 충분하지 않아서 많은 부분에 수정을 가해야 할 것이다.

많은 부분에 수정을 가하게 되면 다른 기능에도 영향을 줄뿐만 아니라 버그의 원인을 만들게 될 수도 있다. 따라서 BSP가 지원하는 주변장치만을 사용하는 소프트웨어 아키텍처의 설계가 중요하다. 또한, 하드웨어 기술자와의 협상도 필요한 기술이라고 생각한다.

BSP를 이용할 때 어떻게 유지보수할 것인지 제품의 라이프 사이클까지 고려해 개발하는 것도 필요하다. 상업용 운영체제 벤더가 제공하는 제품을 이용하는 경우도 마찬가지다. 선택할 때는 필요한 기능과 사용자 정의의 난이도, 가격, 제품 서포트를 잘 살펴보자.

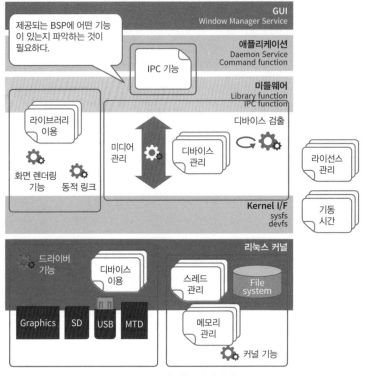

▲ BSP의 기능 파악하기

■ BSP에서의 소프트웨어 개발 포인트

개발의 첫 번째 단계는 제공된 BSP에 어떤 기능이 있는지 파악하는 것이다. 상업용 운영 체제라면 쉽게 내부를 볼 수 없지만, 리눅스 등의 오픈 소스 소프트웨어라면 쉽게 그 내부를 살펴볼 수 있고 테스트할 수도 있다. 스마트 디바이스에 요구되는 기능이 실현 가능한지 동작시키면서 기능을 파악해 나갈 수 있다.

개발 기간에 따라서는 자사 단독으로 개발이 어려운 경우도 있다. 이 경우 자체 개발 부분과 외부 조달 부분, 오픈 소스 소프트웨어 활용 부분 등 아키텍처 설계를 실시하고, 유지보수를 포함한 제품의 라이프 사이클을 생각해서 설계하면 좋을 것이다. 상업용 운영 체제의 경우도 진행 방식은 동일하다.

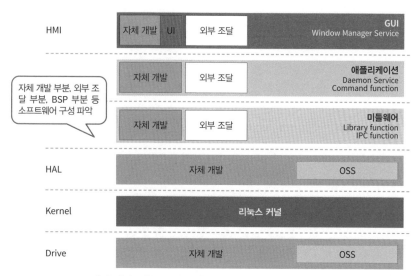

| HMI | 자체 개발 | UI | 외부 조달 | | **GUI**
Window Manager Service |
| Drive | | | | | |

▲ 자체 개발, 외부 조달, 오픈 소스 소프트웨어를 조합한 설계

■ 보안 위협

데이터 주도 사회가 진행됨에 따라 편리성을 향상시키기 위한 네트워크 이용이 증가하고 있다. 네트워크는 사설 네트워크일 수도 있고 공용 네트워크일 수도 있다. 일반적으로 인터넷을 사용하여 서비스를 제공하는 경우에는 정보 유출이나 도청 등 행위 및 데이터 자체를 변조하는 위협이 존재한다. 스마트 디바이스를 사용한 데이터 활용에서는 위험 분석, 위협 분석, 취약성 완화 등 보안 설계의 지식도 요구된다.

또한, 디바이스 단독의 개발 프로세스뿐만 아니라 서비스를 포함한 시스템 개발 요구사항의 검토 및 네트워크 이용 방법 등의 네트워크 설계 등 임베디드 시스템 개발 이외에도 다양한 기술이 요구된다.

7

임베디드
리눅스

이 장의 개요

6장에서 소개한 리눅스 운영체제는 스마트 장치에서 많이 이용된다. 이 장에서는 리눅스 운영체제의 하드웨어 및 소프트웨어 구성에 대해 설명할 것이다. 그리고 이 장의 후반에서는 리눅스 운영체제에서의 개발 방법을 실제 라즈베리 파이 3B+를 사용해 살펴보겠다.

SECTION
25 | 임베디드 리눅스

🦾 리눅스 운영체제를 사용하는 이유

스마트 디바이스의 장에서도 언급했듯이 최근의 임베디드 제품은 다기능화되고 있다. 20
년 전의 임베디드 시스템이라고 하면 8비트 및 16비트 CPU가 주류를 이루었지만, 최근
에는 32비트와 64비트 CPU가 이용된다.

그리고 하드웨어의 진화에 따라 소프트웨어도 네트워크나 파일 시스템, 터치 패널과 센
서 디바이스의 장치 드라이버 등 다양한 기능이 요구된다.

소프트웨어에 요구되는 다양한 기능을 처음부터 개발한다면 기간과 비용 모두 막대하게
소비된다. 이 문제를 해결하기 위해서는 임베디드 시스템의 개발 프로세스를 개선해 소
프트웨어를 전부 다 만드는 것이 아니라 사용 가능한 소프트웨어 부품을 사용해서 개발
기간 및 비용을 절감하는 것이 바람직하다. 리눅스 운영체제는 무료로 이용할 수 있고
풍부한 미들웨어 및 장치 드라이버가 있기 때문에 임베디드 제품 개발에 이용되고 있다.

		사용자 애플리케이션			
사용자 모드	Low-level system components	**System daemon** Systemd, runit, logind, Networkd, sound 등	**Windows system** X11, Wayland, Mir SurfaceFlinger (Android) 등	**그 외의 라이브러리** GTK+, Qt, EFL, SDL, SFML, FLTK, GNUstep 등	**Graphic** Mesa, AMD Catalyst 등
	C Standard library	glibc(POSIX), uClibc(임베디드 시스템), bionic(Android) 등 ※ 서브루틴은 open(), exec(), sbrk(), socket(), fopen(), calloc() 등			
커널 모드	리눅스 커널	**시스템 콜 인터페이스** stat, splice, dup, read, open, ioctl, write, mmap, close, exit 등			
		프로세스 스케줄링 subsystem	IPC subsystem	메모리 관리 subsystem	Virtual files subsystem	네트워크 subsystem
		그 외 ALSA, DRI, evdev, LVM, device mapper, Linux Network Scheduler, Netfilter, LSM(Linux security module), TOMOYO, AppArmor 등			

▲ 다수의 소프트웨어 부품을 사용할 수 있는 리눅스

리눅스 운영체제가 동작하는 하드웨어 구성

임베디드 시스템은 최소한의 CPU, ROM, RAM이 있으면 소프트웨어를 동작시킬 수 있다. 리눅스의 경우는 추가적으로 메모리를 가상화하는 **MMU**(Memory Management Unit)가 있는 것이 바람직하다. MMU가 필요한 이유는 리눅스의 성장 과정에 있다.

리눅스는 인텔의 CPU가 16비트에서 32비트로 전환되는 시기에 PC에서 동작하는 운영체제로 탄생했다. 32비트 CPU는 그 기능을 남김없이 사용하기 위해 MMU가 탑재되어 있었지만, 당시 MMU를 취급하는 운영체제는 보급되어 있지 않았다. 리눅스 운영체제는 32비트 CPU의 잠재력을 활용하기 위해 MMU를 사용할 수 있는 기능을 구현했다.

■ MMU

MMU가 왜 필요할까? 그것은 마이크로컴퓨터의 하드웨어에 물리적으로 탑재되는 메모리와 소프트웨어가 동작하는 메모리 공간이 다르기 때문이다.

MMU에는 **가상으로 취급하는 주소 공간과 물리적으로 취급하는 주소 공간**이 있다. 가상 주소 공간은 CPU가 다룰 수 있는 32비트 공간이다. 물리 주소 공간은 실제로 하드웨어가 장착한 메모리 용량을 취급하는 공간이다.

MMU에는 가상 주소 공간으로부터 물리 주소 공간으로 변환하는 기능이 있다. 이 혜택을 받기 위해 리눅스에서는 물리적 메모리를 페이지라는 최소의 단위로 관리해서 소프트웨어 프로세스마다 페이지 단위로 메모리를 할당하고 있다.

여기서 MMU가 없는 경우를 살펴보자. 프로그램 A, B, C가 동작할 때 각 프로그램에서는 물리적 공간의 메모리가 보일 것이다. 물리적 공간이므로 주소가 일치할 때 변경할 수 있다.

예를 들어, 프로그램 A의 처리에 오류가 있어서 프로그램 C가 사용하는 메모리를 교체했다고 가정하자. 프로그램 C는 변경된 사실을 모르기 때문에 잘못된 값을 읽거나 써서 최악의 경우에는 폭주할 가능성도 있다.

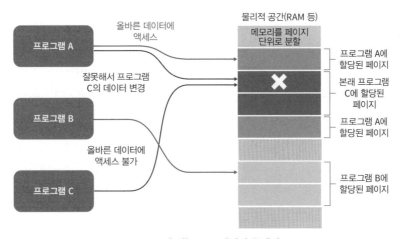

▲ MMU가 없는 CPU에서의 문제점

한편 MMU가 있는 경우는 메모리 주소가 가상 공간과 물리 공간의 두 가지 주소 공간으로 나뉜다. 그리고 각 프로그램은 MMU가 지정하는 가상 공간에서 동작한다. 가상 공간은 말 그대로 가상으로 만들어지는 공간이기 때문에 실제로 MMU가 물리 공간에서 메모리를 페이지라는 단위로 조금씩 할당해서 프로그램이 동작하는 데 필요한 공간을 만들어 낸다. 가상 공간은 각 프로그램에 메모리 공간이 할당되고, 프로그램이 전환할 때 가상 공간이 바뀐다. 이른바 실시간 운영체제에서 말하는 콘텍스트 스위치가 발생해 메모리 공간이 전환된다.

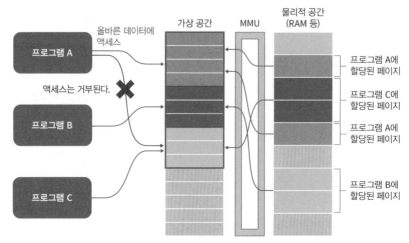

올바른 데이터에
액세스

가상 공간

MMU

물리적 공간
(RAM 등)

프로그램 A

프로그램 A에
할당된 페이지

액세스는 거부된다.

프로그램 C에
할당된 페이지

프로그램 B

프로그램 A에
할당된 페이지

프로그램 C

프로그램 B에
할당된 페이지

▲ MMU가 있는 CPU와 그것을 활용하는 시스템

프로그램 A의 처리에 오류가 있어 프로그램 C가 사용하는 메모리를 수정하려 했다고 하자. 프로그램 A가 프로그램 C의 가상 공간에 액세스하려고 하면 MMU가 위반된 공간에 액세스하려는 것을 감지한다. 감지한 결과는 CPU에 통지되고 잘못된 메모리의 변경은 실행되지 않는다.

따라서 MMU가 각 프로그램이 갖는 메모리 공간을 관리함으로써 여러 프로그램을 안전하게 동작시킬 수 있다. 리눅스 운영체제도 MMU의 기능을 이용하여 여러 프로그램을 동작시키고 있다.

■ MMU가 없는 CPU에서 리눅스를 동작시키는 것은 가능한가?

결론부터 말하면 가능하다. uCLinux라고 불리는 리눅스의 기능을 사용하면 MMU가 없는 CPU에서도 동작시킬 수 있다. 구체적으로 리눅스 커널의 구성에서 CONFIG_MMU 부분을 n으로 함으로써 MMU가 없는 CPU에 대응한 동작을 하게 된다. 그러나 이미 설명했듯이 MMU 없이는 프로그램 실행 시의 안전성과 여러 프로그램을 동작하는데 시간이 걸리는 등의 단점이 있다는 것을 명심하자.

리눅스 운영체제가 등장한 시대는 인텔의 80386 CPU가 등장한 시대였다. 그러나 이 시대에 전성기였던 운영체제는 MS-DOS였다. MS-DOS는 8086 CPU가 가지고 있는 리얼 모드밖에 지원하지 않는 운영체제다. 리얼 모드는 인텔 아키텍처에 있어서 20개의 물리적 버스밖에 사용할 수 없는 모드로 메모리 공간은 16비트만큼인 64KB, 최대한 늘려 봐야 20비트만큼인 1MB밖에 취급할 수 없었다. 80386에서는 이 1MB의 한계를 넘기 위해 가상 공간을 사용할 수 있는 보호 모드가 추가되었다. 이른바 MMU의 기능이 탑재된 것이다. 보호 모드를 사용함으로써 32비트만큼인 4GB의 메모리 공간을 취급할 수 있게 되었다.

■ 32비트 이상의 CPU

리눅스 운영체제가 등장한 시대에는 CPU가 32비트였다. 리눅스 운영체제는 원래 PC용으로 개발된 운영체제다. 소프트웨어의 개발 관점에서 보면 32비트 이상의 CPU가 리눅스 운영체제의 성능을 끌어 낼 최소한의 사양이라고 말할 수 있다.

최근에는 라즈베리 파이로 대표되는 저가형 오픈 하드웨어에도 32비트 이상의 CPU가 탑재되어 있다. 간단한 업무에 이용하고 싶을 때에는 가격도 저렴하고 정보도 풍부한 라즈베리 파이를 이용해 쉽게 리눅스 운영체제를 사용하여 개발 및 테스트를 할 수 있다.

페이징(paging)은 주로 정보처리 관련 시험에 나오는 키워드라 생소할 수도 있다. MMU는 가상 공간의 메모리를 페이지라는 단위로 관리한다. 리눅스는 페이지 단위가 CPU의 아키텍처에 따라 다르지만, 기본적으로 4KB 단위다. 페이징 방식은 프로그램을 페이지라는 고정 길이 단위로 분할하여 관리한다. 페이지는 가상 공간과 실제 공간의 주소를 변환하는 페이지 테이블에서 관리하고 있다. 가상 공간의 메모리 액세스가 발생했을 때 페이지 테이블을 참고하여 물리 공간의 메모리를 읽고 쓰는 작업이 이루어진다. 페이지 테이블을 참고할 때 가상 공간에 대응하는 물리 공간이 없으면 '페이지 오류'가 발생한다. 페이지 오류가 발생하면 불필요한 페이지를 보조 기억 장치로 내보내고(페이지 아웃), 새로 필요한 페이지를 보조 기억 장치에서 물리 공간에 로드(페이지 인)해서 페이지를 대체한다.

페이지 폴트가 발생한 경우의 대표적인 페이지 교체 방식을 다음 표에 나타내었다.

방식	내용
FIFO(First In First Out)	가장 처음에 읽은 페이지를 선택하고 페이지 아웃한다.
NRU(Not Recently Used)	최근에 사용되지 않은 페이지를 선택하고 페이지 아웃한다.
LRU(Least Recently Used)	가장 오랫동안 사용되지 않은 페이지를 선택하고 페이지 아웃한다.
NFU(Not Frequently Used)	가장 사용 횟수가 적은 페이지를 선택하고 페이지 아웃한다.

■ **탑재 메모리**

리눅스 운영체제는 소프트웨어에서 최대로 사용할 수 있는 메모리 공간인 4GB 중 3GB
를 애플리케이션이 동작하는 공간으로 할당하고, 1GB는 전체를 관리하는 소프트웨어인
커널 공간으로 할당한다. 참고로 MMU가 관리하는 가상 공간의 경우, 실제 탑재된 물리
메모리 용량이 너무 작으면 잦은 메모리 액세스가 발생하여 성능 감소로 이어질 수 있다.
4G 이상의 메모리가 있으면 좋지만, 최소한 512MB에서 1GB 정도의 물리 메모리가 필요
하다.

🞂 리눅스 운영체제가 동작하는 소프트웨어 구성

리눅스 운영체제 커널과 기타 소프트웨어 군으로 나눌 수 있다. 커널은 하드웨어를 제어하
기 위한 드라이버, 네트워크 프로토콜, 파일 시스템 등 하드웨어를 추상적으로 이용하기
위한 스택과 시스템 전체의 관리를 위해 스케줄러, 메모리 관리 등으로 구성된다.

커널은 하드웨어를 이용하기 쉽도록 추상적인 /dev 인터페이스를 제공한다. 그리고 이 인
터페이스들은 POSIX 호환 API로 취급하도록 되어 있다. 커널은 하드웨어를 다루기 때문
에 물리 공간에서 동작한다.

기타 소프트웨어 군은 커널이 제공하는 추상 인터페이스를 더욱 편리하게 이용하기 위한
라이브러리, 프로세스 간 통신을 위한 라이브러리, 기동 순서 등을 제어하는 데몬(daemon)
이라고 부르는 상주 소프트웨어, GUI를 제어하는 윈도우 관리자 등으로 구성된다.

이러한 소프트웨어 군이 동작하는 가상 공간은 사용자 공간이라고 불린다.

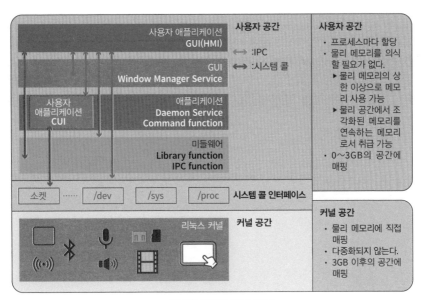

	사용자 공간	사용자 공간

사용자 애플리케이션
GUI(HMI)

사용자 공간

⟷ :IPC
⟷ :시스템 콜

GUI
Window Manager Service

사용자
애플리케이션
CUI

애플리케이션
Daemon Service
Command function

미들웨어
Library function
IPC function

| 소켓 | …… | /dev | /sys | /proc | **시스템 콜 인터페이스** |

리눅스 커널   **커널 공간**

사용자 공간

- 프로세스마다 할당
- 물리 메모리를 의식할 필요가 없다.
  ▶ 물리 메모리의 상한 이상으로 메모리 사용 가능
  ▶ 물리 공간에서 조각화된 메모리를 연속하는 메모리로서 취급 가능
- 0~3GB의 공간에 매핑

커널 공간

- 물리 메모리에 직접 매핑
- 다중화되지 않는다.
- 3GB 이후의 공간에 매핑

▲ 사용자 공간과 커널 공간

임베디드 리눅스 소프트웨어의 개요

이 장에서는 리눅스 운영체제를 사용 및 이해하기 위한 용어를 설명한다. 이 책에서는 자세한 부분까지 다루지는 않지만, 필요에 따라 전문 서적에서 찾아볼 수 있도록 기초 부분에 한정하여 설명한다.

프로세스

리눅스 운영체제는 실행 프로그램을 **프로세스(process)**라는 단위로 관리한다. 하나의 프로세스는 가상 공간에 하나의 메모리 공간을 가지고 있으며, 서로 다른 프로세스 간의 변수에는 접근할 수 없다. 프로세스는 PID(Process ID)라는 번호로 관리된다.

프로세스

- 프로그램의 실행 단위
- 1개의 프로세스는 1개의 메모리 공간을 갖는다.
  ▶ 서로 다른 프로세스 간에는 변수 액세스가 불가능
- 프로세스는 task_struct 구조체(task_t 형)로 관리
- 프로세스에는 반드시 부모 프로세스가 있다.
  ※프로세스 작성의 구조
  ① 시스템 콜 fork()로 자식 프로세스 생성
  ② exec*()로 새로운 프로그램 실행
  ③ 자식 프로세스는 exit*()로 종료
  ④ 부모 프로세스는 wait*()로 자식 프로세스의 종료 상태를 취득
    ▶ 부모 프로세스가 wait를 호출하지 않으면 좀비 프로세스가 된다(자식 프로세스는 종료하지 않는다).
- 자식 프로세스는 부모 프로세스의 복제이므로 파일의 오픈 정보 및 세마포어 등의 상황도 인계된다.
  ▶ 교착 상태(Dead Lock) 등 프로그램이 정지하는 원인이 되므로 주의가 필요
- 데이터 영역(힙, 스택)은 부모 프로세스와 자식 프로세스에서 별도로 되어 있다.

▲ 프로세스의 특징

예를 들어, 명령 프롬프트의 셸(shell)에서 ls 명령을 입력했다고 가정하자. 프로세스에는 반드시 부모인 프로세스가 존재한다. ls 명령의 경우는 셸이 부모 프로세스가 되고 ls 명령은 자식 프로세스로 동작한다.

스레드

프로세스 안의 처리 단위를 잘게 나눈 것이 스레드(thread)다. 개념적으로는 프로세스와 동일하지만, 스레드를 사용함으로써 프로그램 처리의 병렬성을 향상시킬 수 있다. 프로세스와의 큰 차이는 부모-자식 관계가 없이 생성한 프로세스 내에서 실행된다는 점이다.

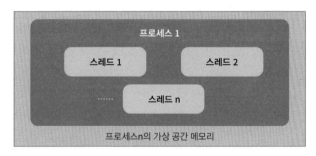

프로그램의 실행은 프로세스와 동일
- 스레드의 동작에 필요한 정보는 단독으로 갖는다.
  (thread ID, 스케줄 우선순위, 스케줄 정책 등)
- 프로세스의 정보(스레드에서 고유하지 않는 것)는 공유한다.
  (프로세스 ID, 부모 프로세스 ID, 프로세스 그룹 ID, 사용자 ID, 그룹 ID, 현재 디렉터리 위치 등)
- 스레드도 task_struct 구조체(task_t 형)를 갖는다.

프로세스와 같은 메모리 공간에서 동작
- 주소를 알면 모두 액세스 가능
- 스레드 사이에서 공유 자원을 조작할 때는 배타 제어가 필요

POSIX 호환 pthread 라이브러리로 구현되어 있다.
- 라이브러리의 pthread* 함수로 작성, 종료 등을 실행

리눅스의 스레드는 경량 프로세스(Light Weight Process, LWP)로 동작한다.

▲ 스레드의 동작

IPC

사용자 공간의 각 프로세스는 서로 다른 가상 공간의 메모리에서 동작하며, 서로의 메모리 공간에 액세스할 수 없다. 프로세스끼리 메모리 간의 액세스와 처리를 의뢰할 때는

IPC(Inter Process Communication)라는 프로세스 간 통신을 사용한다. 대표적인 것으로는 다음 표와 같다.

▼ IPC의 종류

프로세스 간 통신의 이름	내용
시그널	프로세스에 대해 정해진 통지를 한다(등록한 핸들러를 호출). 시그널은 정해진 내용밖에 통지할 수 없다. 주로 시스템의 이벤트를 알리는 데 사용한다.
파이프	부모와 자식 관계인 프로세스 간에 유효하다. 단방향 통신밖에 할 수 없다.
FIFO(명명된 파이프)	부모와 자식 관계가 아닌 프로세스 간의 통신에 이용된다. 양방향으로 통신할 수 있다.
세마포어	프로세스 간에서 데이터에 대한 액세스를 제한하는 경우에 사용한다. 취득 조작, 해방 조작이 필요하며, 교착 상태의 원인이 되기 쉽다.
메시지 큐	서로 다른 프로세스끼리 1 대 1로 통신하는 경우에 이용된다. 프로세스 A가 프로세스 B에 데이터나 처리를 의뢰할 때 프로세스 A는 메시지를 생성하여 큐에 넣고 프로세스 B에 처리를 의뢰한다.
공유 메모리	프로세스 사이에서 데이터를 교환하는 경우에 이용한다. 메시지 큐보다 큰 데이터를 여러 프로세스에서 공유할 수 있다.
소켓	네트워크의 통신에 이용된다. 동일 시스템 내에서나 다른 시스템과의 프로세스 간 통신에서 이용된다.

🎓 커널

커널에는 시스템 전체 스케줄을 관리하는 부분과 하드웨어를 제어하는 장치 드라이버 부분이 있다. 프로그램의 스케줄링은 프로세스 단위로 이루어진다. 장치 드라이버는 하드웨어를 추상화하고 사용자 공간에서의 처리 의뢰나 하드웨어에 통지를 실시한다.

두 기능 모두 추상화된 **시스템 콜 인터페이스**를 사용자 공간에 제공한다.

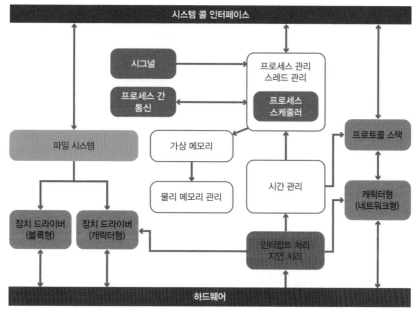

▲ 커널의 동작

커널에는 시스템 콜 인터페이스와 **커널 코드, 아키텍처 의존 코드**가 포함되어 있다.

▼ 커널의 구성

아키텍처 명	내용
시스템 콜 인터페이스	커널이 지닌 기능을 사용자 공간의 프로세스에서 사용할 수 있도록 제공하는 인터페이스다.
커널 코드	하드웨어 아키텍처에 의존하지 않으며, 리눅스 운영체제가 지원하는 CPU 아키텍처 모두에 공통되는 부분 예) 프로세스 관리 및 스레드 관리의 스케줄러 등
아키텍처 의존 코드	특정 아키텍처에 의존한 고유의 코드 부분 예) ARM이나 인텔 같은 CPU, SoC의 아키텍처에 의존하는 코드 등

리눅스 운영체제의 커널이 제공하는 소스 코드의 디렉터리를 보면 아키텍처의 이해가 좀 더 빨라진다. 여기에서는 대표적인 디렉터리를 소개한다.

▼ 커널 관련의 소스 코드 디렉터리

디렉터리 명	내용
arch	각종 CPU 아키텍처에 의존한 코드. CPU 아키텍처마다 서브 디렉터리로 나뉜다. x86 계열 CPU 지원 코드, ARM 계열 CPU 코드 등 64비트 CPU부터 임베디드 전용 CPU까지 다양한 CPU를 위한 코드가 있다.
block	블록 장치 드라이버를 제어하기 위한 공통 처리
cryto	암호화 관련 공통 처리
drivers	각종 하드웨어를 제어하기 위한 장치 드라이버. 서브 디렉터리별로 하드웨어에 의존하는 코드가 있다.
fs	VFS(Virtual File System)라는 추상화된 파일 시스템. 서브 디렉터리에는 Ext4 등 각종 파일 시스템의 코드가 있다.
init	커널 기동용 코드. 커널 부팅 시 시스템을 초기화한다.
ipc	프로세스 간 통신을 위한 코드로서 System V IPC에 의존하는 것으로 공유 메모리, 세마포어, 메시지 큐 등이 있다.
kernel	커널 본체의 코드. 스케줄링 및 CPU 제어를 실시하는 기본 기능
mm	메모리 관리 기능의 코드. 가상 공간의 메모리나 물리 공간의 메모리를 관리한다.
net	각종 네트워크 프로토콜의 코드. 서브 디렉터리 아래에는 TCP/IP 및 UNIX 도메인 소켓, ATM, X.25 등 각종 프로토콜 스택이 있다.
sound	마이크와 스피커 소리를 제어하는 기능. 서브 디렉터리에는 CPU 아키텍처에 의존하는 코드가 있다.
include	커널 빌드 시 참고하는 파일. 서브 디렉터리인 asm에 CPU 아키텍처에 의존하는 코드가 있다.

■ 장치 드라이버

리눅스의 장치 드라이버는 커널의 최하층, 즉 하드웨어에 가장 가까운 부분에 위치한다. 사용자 공간의 프로세스에서는 추상화된 시스템 콜 인터페이스를 통해 사용할 수 있다. 장치 드라이버에는 **캐릭터형 장치**와 **블록형 장치**, **네트워크형 장치**가 있다.

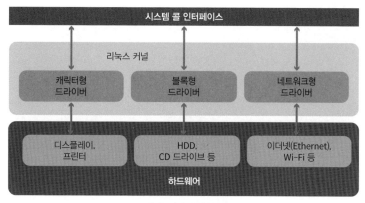

▲ 장치 드라이버의 종류

▼ 장치 드라이버의 종류

장치 드라이버 명	내용	특징
캐릭터형 장치	바이트 스트림을 취급해 순차적으로 읽고 쓰는 장치. 대표적인 장치는 디스플레이나 프린터, USB 시리얼 등이 있다.	순차적인 액세스이기 때문에 하드 디스크 등의 제어에 적합하지 않다.
블록형 장치	고정된 크기의 블록을 랜덤으로 읽고 쓰는 장치. 대표적인 장치로는 하드 디스크나 CD 드라이브, SD 카드 등이 있다.	데이터 크기는 고정 길이 버퍼를 사용하기 때문에 CPU와 속도 차이가 있는 장치의 경우 장점이 있다.
네트워크형 장치	소켓 인터페이스를 통해 통신하는 장치. 대표적 장치는 이더넷 및 와이파이 등이 있다.	프로토콜 스택의 제어에 의존한다. 데이터의 수신 시, 인터럽트가 발생한다.

시스템 콜 인터페이스

시스템 콜 인터페이스는 사용자 공간에서 실행되는 프로세스나 라이브러리가 커널의 기능을 사용할 경우의 인터페이스다. 시스템 콜은 약 300종류가 있는데, 여기에서는 장치 드라이버를 제어하는 시스템 콜만을 소개한다.

▼ 장치 드라이버를 제어하는 시스템 콜

시스템 콜 명	내용
open 함수	장치 파일이라 불리는 커널이 제공하는 파일을 열 때 사용한다.
close 함수	장치 제어가 종료한 때 사용한다.
read 함수	장치로부터 로딩을 실시할 때 사용한다.
write 함수	장치에 기록할 때 사용한다.
ioctl 함수	장치를 read/write 함수의 읽기 및 쓰기 이외의 조작에 이용할 때 사용한다.
poll 함수	장치의 응답을 감시할 때 사용한다.

■ 장치 파일(/dev)

장치 파일은 사용자 공간의 프로세스에서 앞서 언급한 open 함수, read/write 함수 등의 시스템 콜을 사용하여 장치 드라이버에 액세스하는 데 사용한다. 파일 형식으로 되어 있으며, 커널이 장치별로 종류와 번호를 관리한다. 캐릭터형, 블록형의 의사(pseudo)형 장치가 관리되고 있다.

장치 파일은 '/dev'의 아래에 위치하며, 장치 드라이버를 초기화했을 때 파일이 생성된다. 원칙적으로 하나의 장치에 하나의 장치 파일이 존재한다.

▼ 장치 파일의 종류

파일 명	내용
ttyx	콘솔의 장치 파일
ttySx	직렬 포트의 장치 파일
null	입력을 버릴 경우에 이용하는 장치 파일. 의사(pseudo) 장치
zero	0을 기록할 때에 이용하는 장치 파일. 의사(pseudo) 장치
sdxx	스토리지 장치를 이용할 경우의 장치 파일
mmcblkx	SD 카드 등 SDIO를 사용한 스토리지를 이용할 경우의 장치 파일
mtd	flash 메모리 등의 장치를 이용할 경우의 장치 파일

※ x는 숫자를 나타낸다.

```
$ ls -l tty0
crw--w---- 1 root tty 4, 0 Mar  1 03:15 tty0

$ ls -l loop0
brw-rw---- 1 root disk 7, 0 Mar  1 03:15 loop0
```

장치의 종류를 나타내는 문자
b: 블록형 장치
c: 캐릭터형 장치
p: 명명된 파이프(Named Pipe)

장치 번호
「x, y」의 형식
x: 메이저 번호
y: 마이너 번호

▲ 장치 파일의 사용 예

■ 시스템 파일(/sys)

시스템 파일은 사용자 공간의 프로세스에서 장치의 상태나 설정 변경 등이 가능한 장치 파일이다. 장치의 상태 확인, 설정 등에 이용하는 각종 파일이 실제 하드웨어처럼 사용할 수 있는 형태로 제공된다.

일반적으로 디버깅을 할 때나 간편하게 하드웨어의 동작을 확인하고 싶을 때 사용한다. 시스템 파일은 '/sys' 아래에 위치하며, 장치 드라이버를 초기화했을 때 파일을 생성한다.

▼ 시스템 파일의 종류

디렉터리 명	내용
block	블록 장치로 인식되는 정보
bus	CPU가 인식하는 버스의 종류. usb, spi, i2c 등의 정보
class	커널이 인식하는 주변장치 기능의 정보. gpio, graphics, input 등의 장치 정보
dev	커널이 인식하는 장치 파일의 메이저 번호, 마이너 번호 등의 정보
device	커널이 인식하는 장치 정보
firmware	devicetree나 동작하는 장치의 상태 정보 등
fs	커널이 인식하는 파일 시스템의 종류 정보
kernel	커널의 디버그 정보나 파라미터 설정 정보
module	커널이 인식하는 장치 드라이버 정보
power	전원 상태나 전원 관리 정보

■ 시스템 상태의 확인(/proc)

'/proc'는 사용자 공간의 프로세스 상태 및 커널의 설정 상태, 하드웨어 상태 등 다양한 상태를 확인할 수 있는 디렉터리다. 각종 상태가 파일 형태로 제공되며, 프로세스의 동작 확인이나 커널의 동작 및 인식 상태를 확인하기 위해 사용한다. 대표적으로 다음과 같은 것들이 있다.

▼ /proc 안의 파일

디렉터리 명	내용
숫자	각 프로세스의 정보. 숫자는 프로세스 ID
bus	CPU의 버스 정보
cmdline	커널 기동 시의 기동 파라미터 정보
cpuinfo	동작하는 CPU의 상세 정보. CPU의 수만큼 출력된다.
device-tree	devicetree로 로딩된 정보
interrupt	인터럽트 정보
kmsg	커널이 출력하는 로그 정보
loadavg	시스템 부하 상태 정보
locks	커널이 록(lock)을 거는 프로세스 정보
meminfo	커널이 인식하는 물리 공간의 메모리 정보
modules	커널이 로드하는 드라이버의 정보
mount	커널이 마운트하는 파일 시스템의 정보
net	네트워크 장치, 프로토콜의 정보. 파라미터 설정에도 이용할 수 있다.
partitions	SD 카드 등의 파티션 정보
stat	커널 전체의 통계 정보
swaps	스왑 파일의 이용 상황
sys	시스템 상태의 정보

이 장에서는 실제 하드웨어를 사용하여 임베디드 리눅스의 기동 및 장치 드라이버의 동작 확인을 실시한다. 동작 확인에는 임베디드 리눅스를 빌드하기 위한 환경 구축과 빌드 작업이 필요하다. 또한, 이 장에서의 동작 확인에 이용하는 환경은 우분투 16.04의 환경을 사용한 빌드 작업을 전제로 한다.

이용할 하드웨어

이용할 하드웨어는 인터넷 구매 등으로 쉽게 구할 수 있는 라즈베리 파이다. 라즈베리 파이는 몇만 원이면 구입할 수 있고, ARM의 64비트 CPU를 사용할 수 있으므로 리눅스의 동작 확인을 하는 데 저렴한 하드웨어라고 생각한다. 이 장에서 사용하는 모델은 라즈베리 파이 3 모델 B+다(이후로는 이 모델을 라즈베리 파이 3B+로 표기한다).

■ 라즈베리 파이 3B+의 하드웨어 사양

먼저 라즈베리 파이 3B+의 외부 사양을 파악한다. CPU를 포함한 SoC에는 브로드컴 사의 BCM2837이 채택되어 있다. 메모리는 배면 기판 쪽에 1GB의 LPDDR2가 탑재되어 있다. 표준 와이파이, 블루투스, 이더넷 등 통신 시스템의 장치 등이 탑재되어 있어 다양한 용도로 사용 가능한 하드웨어 사양이다.

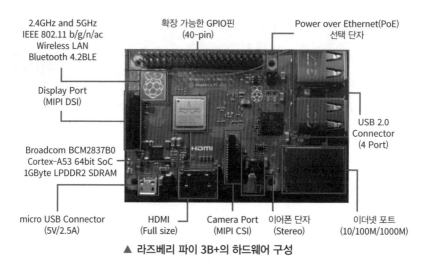

2.4GHz and 5GHz
IEEE 802.11 b/g/n/ac
Wireless LAN
Bluetooth 4.2BLE

확장 가능한 GPIO핀
(40-pin)

Power over Ethernet(PoE)
선택 단자

Display Port
(MIPI DSI)

USB 2.0
Connector
(4 Port)

Broadcom BCM2837B0
Cortex-A53 64bit SoC
1GByte LPDDR2 SDRAM

micro USB Connector
(5V/2.5A)

HDMI
(Full size)

Camera Port
(MIPI CSI)

이어폰 단자
(Stereo)

이더넷 포트
(10/100M/1000M)

▲ 라즈베리 파이 3B+의 하드웨어 구성

라즈베리 파이 3B+는 확장 가능한 40개의 GPIO 핀이 있다. 5장에서 이용한 아두이노 우노와 마찬가지로 확장 보드를 이용하여 표준으로 탑재되지 않은 하드웨어를 사용한 확장 동작도 가능한 사양이다.

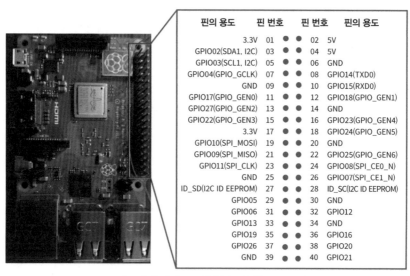

핀의 용도	핀 번호		핀 번호	핀의 용도
3.3V	01	● ●	02	5V
GPIO02(SDA1, I2C)	03	● ●	04	5V
GPIO03(SCL1, I2C)	05	● ●	06	GND
GPIO04(GPIO_GCLK)	07	● ●	08	GPIO14(TXD0)
GND	09	● ●	10	GPIO15(RXD0)
GPIO17(GPIO_GEN0)	11	● ●	12	GPIO18(GPIO_GEN1)
GPIO27(GPIO_GEN2)	13	● ●	14	GND
GPIO22(GPIO_GEN3)	15	● ●	16	GPIO23(GPIO_GEN4)
3.3V	17	● ●	18	GPIO24(GPIO_GEN5)
GPIO10(SPI_MOSI)	19	● ●	20	GND
GPIO09(SPI_MISO)	21	● ●	22	GPIO25(GPIO_GEN6)
GPIO11(SPI_CLK)	23	● ●	24	GPIO08(SPI_CE0_N)
GND	25	● ●	26	GPIO07(SPI_CE1_N)
ID_SD(I2C ID EEPROM)	27	● ●	28	ID_SC(I2C ID EEPROM)
GPIO05	29	● ●	30	GND
GPIO06	31	● ●	32	GPIO12
GPIO13	33	● ●	34	GND
GPIO19	35	● ●	36	GPIO16
GPIO26	37	● ●	38	GPIO20
GND	39	● ●	40	GPIO21

▲ 라즈베리 파이 3B+의 확장 가능한 GPIO 핀

🔧 라즈베리 파이 3B+의 리눅스 배포판

하드웨어 사양을 이해했으므로 리눅스 운영체제를 구축해 보자. 리눅스를 사용할 때 **배포판**을 선정할 필요가 있다. 배포판은 리눅스 운영체제 및 관련 소프트웨어 패키지를 모은 집합체다.

라즈베리 파이는 일반적으로 라즈비안(Raspbian)이라 불리는 데비안(Debian) 기반의 배포판을 사용하지만, 이 책에서는 Yocto라는 배포판을 사용하여 빌드 방식을 포함해서 설명한다.

■ Yocto

Yocto는 임베디드용 리눅스 등을 지원하는 프로젝트다. Yocto에서는 빌드 시스템과 크로스 개발환경, 에뮬레이터 등 리눅스 운영체제를 개발하는 데 필요한 소프트웨어를 제공한다. Yocto를 사용하면 자사, 자체 사양의 리눅스 운영체제 배포판을 만들 수 있다.

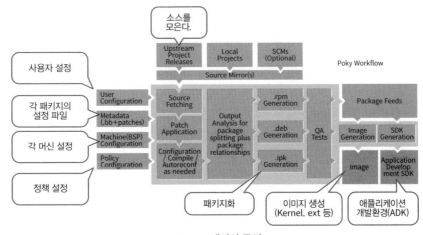

▲ Yocto에서의 동작

예전이라면 리눅스 운영체제를 구축하는 데 필요한 소프트웨어 패키지를 자신이 직접 하나씩 모으고, 모은 패키지를 하나씩 빌드한 후 각각 종속성을 해결한 다음에 설치해야 했다.

Yocto는 이러한 번거로움을 해결할 수 있도록 만들어져 있으며, 인터넷에 연결된 환경이라면 자동으로 리눅스 운영체제를 구축할 수 있도록 되어 있다.

Yocto로 빌드할 때는 bitbake 도구를 사용하여 만들고 싶은 image 명을 지정해 빌드한다. bitbake가 실행되면 image 작성에 필요한 meta-xxx의 레이어 구성을 파악하고, meta-xxx의 레시피(recipes-xxx)에 따라 패키지를 작성해 하나의 image로 만들어 준다. 패키지를 작성할 때는 종속성도 해결하는데, 패키지 작성 시 다른 패키지가 필요할 때에는 이를 자동으로 해결하면서 실행해 준다. 다음 그림은 bitbake가 동작하는 개념을 정리한 것이다. rpi-basic-image는 image를 만들 때의 종속성을 해결하면서 빌드를 실행하는 이미지다. 단, 모든 패키지를 대상으로 하고 있지는 않다.

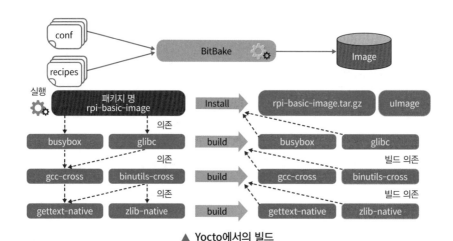

▲ Yocto에서의 빌드

▼ Yocto에서 사용되는 용어

용어	내용
poky	Yocto 프로젝트의 참고 배포판과 빌드 시스템
BSP(Board Support Package)	특정 하드웨어용 리눅스 운영체제 구성 요소
bitbake	Yocto를 빌드할 때 사용하는 빌드 명령
meta	배포판을 구성하는 하나의 단위. 계층(레이어) 구성으로 되어 있다.
recipes	meta를 구성하는 패키지를 작성하는 텍스트 파일이다. 작성할 패키지 단위로 준비한다.

🏵 라즈베리 파이 3B+에서 Yocto를 기동하기까지의 흐름

그러면 실제로 라즈베리 파이 3B+로 Yocto을 기동해 보자. 기동까지 필요한 절차는 다음과 같다.

- PC에서 Yocto 빌드
- SD 카드에 부팅 이미지 기록
- SD 카드 삽입
- USB-시리얼 변환 모듈과 PC를 연결
- PC에 USB-시리얼 변환 모듈의 드라이버 설치
- 라즈베리 파이 3B+와 USB-시리얼 변환 모듈을 연결
- PC에서 터미널(terminal) 프로그램 기동
- 통신 설정 등을 실행하기
- 라즈베리 파이 3B+의 전원 켜기

🏵 Yocto에서의 빌드 실행

먼저 부록의 Yocto 구축 절차에 따라 빌드를 실행한다. 빌드는 몇 시간 정도 걸리기 때문에 작업 시간을 확보해서 실행한다. 빌드가 완료되고 라즈베리 파이 3B+용의 SD 카드 이미지가 완성되면 SD 카드에 기록한다.

■ 라즈베리 파이 3B+의 기동 확인에 대해

라즈베리 파이 3B+의 삽입 소켓에 SD 카드를 삽입한다. 삽입 소켓은 보드의 뒷면에 있다.

SD 카드를 삽입하고 전원을 투입하면 라즈베리 파이 3B+가 기동한다.

라즈베리 파이 3B+는 HDMI 단자에 모니터를 연결하여 PC처럼 사용할 수 있는데, 그때는 기동 로그가 표시되지 않는다. 임베디드의 동작 확인에서 사용되는 시리얼 콘솔을 사용하여 기동 로그와 로그인 화면을 확인하자.

▲ SD 카드의 삽입

■ PC와의 접속 준비

호스트 역할을 하는 PC와 접속하기 위해 USB 케이블을 사용한다. 라즈베리 파이 3B+
는 USB 케이블로 직렬 접속을 할 수 없기 때문에 **USB-시리얼 변환 모듈**을 통해 PC와 라
즈베리 파이 3B+를 연결해야 한다. USB-시리얼 변환 모듈은 전자 상가나 인터넷 쇼핑몰
등에서 구입할 수 있으므로 찾아 보자.

이번에는 FT232RL USB-시리얼 변환 모듈(AEUM232R)을 이용하였다. PC와 USB-시리얼
변환 모듈을 연결하면 운영체제에 따라 자동으로 드라이버를 설치해 준다. 자동으로 설
치되지 않을 때는 제조사의 다운로드 사이트에서 다운로드하여 수동으로 설치한다.

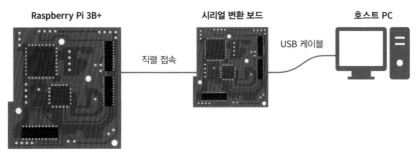

▲ 라즈베리 파이 3B+와 변환 모듈의 접속

드라이버가 설치되면 라즈베리 파이 3B+와 AE-UM232R을 연결한다. 라즈베리 파이
3B+와 AE-UM232R, 각각의 TX/RX가 크로스로 연결되도록 접속되어 있어야 한다.

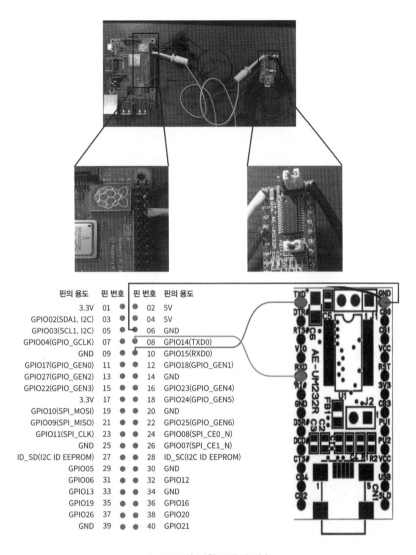

핀의 용도	핀 번호	핀 번호	핀의 용도
3.3V	01	02	5V
GPIO02(SDA1, I2C)	03	04	5V
GPIO03(SCL1, I2C)	05	06	GND
GPIO04(GPIO_GCLK)	07	08	GPIO14(TXD0)
GND	09	10	GPIO15(RXD0)
GPIO17(GPIO_GEN0)	11	12	GPIO18(GPIO_GEN1)
GPIO27(GPIO_GEN2)	13	14	GND
GPIO22(GPIO_GEN3)	15	16	GPIO23(GPIO_GEN4)
3.3V	17	18	GPIO24(GPIO_GEN5)
GPIO10(SPI_MOSI)	19	20	GND
GPIO09(SPI_MISO)	21	22	GPIO25(GPIO_GEN6)
GPIO11(SPI_CLK)	23	24	GPIO08(SPI_CE0_N)
GND	25	26	GPIO07(SPI_CE1_N)
ID_SD(I2C ID EEPROM)	27	28	ID_SC(I2C ID EEPROM)
GPIO05	29	30	GND
GPIO06	31	32	GPIO12
GPIO13	33	34	GND
GPIO19	35	36	GPIO16
GPIO26	37	38	GPIO20
GND	39	40	GPIO21

▲ GPIO와 변환 모듈의 접속

■ PC에서의 터미널 소프트웨어 설정

물리적인 접속이 완료되면 호스트 컴퓨터에서 터미널 프로그램을 기동한다. 윈도우에서는 오픈 소스 소프트웨어인 **Tera Term** 등의 터미널 소프트웨어가 공개되어 있다. 이것을 사용하여 접속한다.

참고로 접속 방법을 선택할 수 있는 터미널 소프트웨어일 때 직렬 접속을 선택하여 접속한다. 설정 방법은 터미널 소프트웨어에 따라 다른데 여기서는 Tera Term의 접속 화면을 소개한다.

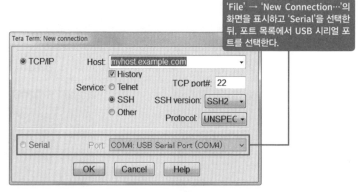

'File' → 'New Connection…'의 화면을 표시하고 'Serial'을 선택한 뒤, 포트 목록에서 USB 시리얼 포트를 선택한다.

▲ Tera Term의 접속 예

■ PC에서 라즈베리 파이 3B+로 로그인

라즈베리 파이 3B+의 전원을 켜면 기동 로그가 표시되므로 PC에서 로그인해 보자. root를 입력하면 로그인할 수 있다.

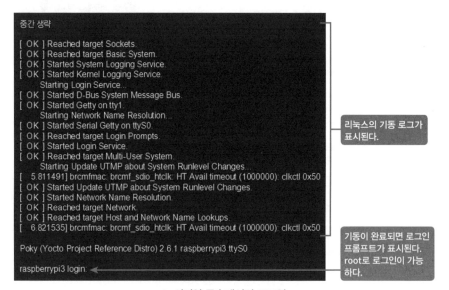

리눅스의 기동 로그가 표시된다.

기동이 완료되면 로그인 프롬프트가 표시된다. root로 로그인이 가능하다.

▲ 시리얼 콘솔에서의 로그인

SECTION 28 | 임베디드 리눅스의 동작 확인

라즈베리 파이 3B+에 성공적으로 로그인했다면 임베디드 리눅스의 동작을 확인해 보자. 먼저, 동작 확인을 위한 개발환경을 정돈한다.

🎳 Yocto 재빌드에 의한 자체 개발환경의 도입

임베디드 개발에서는 호스트 컴퓨터에 크로스 개발환경을 구축하여 타깃 장치용으로 빌드하고 테스트하는 것이 일반적이다. 그러나 이번에는 간단히 드라이버를 확인할 수 있도록 자체 개발환경으로 라즈베리 파이 3B+ 상에서 빌드를 실행할 수 있도록 한다. Yocto에서 구축한 빌드 환경에 빨간색 밑줄 부분을 추가해서 다시 빌드한다. 재빌드도 초기 빌드와 마찬가지로 시간이 걸리기 때문에 주의해야 한다.

참고로, Yocto 빌드는 중단한 경우 미완료 부분부터 다시 시작할 수 있다.

▼ local.conf(자체 개발환경용)

```
~ 중간 생략~

#
# Extra image configuration defaults
#
# The EXTRA_IMAGE_FEATURES variable allows extra packages to be added to the
generated
# images. Some of these options are added to certain image types
automatically. The
# variable can contain the following options:
# "dbg-pkgs"     - add -dbg packages for all installed packages
#                  (adds symbol information for debugging/profiling)
# "dev-pkgs"     - add -dev packages for all installed packages
#                  (useful if you want to develop against libs in the image)
# "ptest-pkgs"   - add -ptest packages for all ptest-enabled packages
```

```
#                    (useful if you want to run the package test suites)
# "tools-sdk"    - add development tools (gcc, make, pkgconfig etc.)
# "tools-debug"  - add debugging tools (gdb, strace)
# "eclipse-debug" - add Eclipse remote debugging support
# "tools-profile" - add profiling tools (oprofile, lttng, valgrind)
# "tools-testapps" - add useful testing tools (ts_print, aplay, arecord etc.)
# "debug-tweaks" - make an image suitable for development
#                    e.g. ssh root access has a blank password
# There are other application targets that can be used here too, see
# meta/classes/image.bbclass and meta/classes/core-image.bbclass for more details.
# We default to enabling the debugging tweaks.
EXTRA_IMAGE_FEATURES ?= "debug-tweaks tools-sdk dev-pkgs tools-debug"

~중간 생략~

# 커널과 사용자 빌드를 위한 설정
IMAGE_INSTALL_append = "kernel-devsrc git cmake"
```

Yocto에서는 리눅스 운영체제의 기능을 확장할 수 있도록 다양한 패키지를 제공한다. 추가한 부분은 커널 드라이버를 자체 환경에서 빌드할 수 있도록 한 것이다.

▼ 재빌드에서의 추가 패키지

패키지 명	내용
dev-pkgs	애플리케이션 빌드에 필요한 라이브러리 세트를 추가할 수 있다.
tools-sdk	gcc, make 등 빌드에 필요한 도구 세트를 추가할 수 있다.
tools-debug	gdb, strace 등 프로그램을 디버깅할 때 사용하는 도구 세트를 추가할 수 있다.
kernel-devsrc	커널 드라이버와 커널 이미지를 빌드할 수 있는 환경을 세트로 추가할 수 있다.
git	git 관련 도구를 추가할 수 있다.
cmake	cmake 관련 도구를 추가할 수 있다.

빌드가 완료되면 SD 카드 이미지에 추가한 도구들이 포함되어 빌드 환경으로서 사용할 수 있다.

다음으로 커널 드라이버의 빌드를 준비한다. 커널 드라이버나 커널 빌드에서는 시간이 엄격하게 관리되고 있기 때문에 날짜와 시간이 맞지 않으면 빌드할 수 없다. 이번에 사용할 라즈베리 파이 3B+에서는 RTC(Real Time Clock) 모듈이 탑재되어 있지 않기 때문에 정확한 날짜와 시간이 설정되어 있지 않다. 커널 드라이버의 빌드 준비 전에 정확한 날짜와 시간을 설정해 두자.

빌드한 SD 카드 이미지를 SD 카드에 기록하고 라즈베리 파이 3B+에 SD 카드를 삽입한 다음 기동한다. 기동하고 로그인을 완료했다면 date 명령으로 날짜와 시간을 설정한다. 날짜와 시간 설정이 끝나면 커널 빌드를 실행할 수 있도록 준비한다. make 명령어를 이용하여 빌드에 필요한 헤더 파일과 스크립트를 준비한다.

```
date 030412002019 (현재 시각 입력)
cd /lib/modules/4.14.98/build/
make prepare
make archheaders
make scripts
```

```
[   14.891521] brcmfmac: brcmf_sdio_htclk: HT Avail timeout (1000000): clkctl 00

Poky (Yocto Project Reference Distro) 2.6.1 raspberrypi3 ttyS0

raspberrypi3 login: root
root@raspberrypi3:~#
root@raspberrypi3:~#
root@raspberrypi3:~# date 021612522019 ← 날짜와 시간 설정
Sat Feb 16 12:52:00 UTC 2019
root@raspberrypi3:~# cd /lib/modules/4.14.79/build/ ← 커널 빌드 환경에 이동
root@raspberrypi3:/lib/modules/4.14.79/build# make prepare ← 커널 빌드 환경에 필요한 것을 준비
root@raspberrypi3:/lib/modules/4.14.79/build# make archheaders ← CPU 의존 헤더의 준비
root@raspberrypi3:/lib/modules/4.14.79/build# make scripts ← 커널 빌드에 필요한 스크립트의 준비
```

▲ 커널 빌드의 준비

■ Hello World의 드라이버

커널의 빌드 환경이 마련되었으면 커널 드라이버를 빌드하고 실행해 보자. 여기에서는 Hello World를 표시하는 커널 드라이버를 빌드하여 동작을 확인한다.

■ Hello World 커널 드라이버의 소스 코드

소스 코드는 vi 에디터로 입력할 수 있다.

```
vi hello.c
```

PC에서 로그인하여 작업할 때 PC의 텍스트 에디터를 사용하여 미리 입력해 두고, 터미널 소프트웨어에서 복사해서 붙여 넣을 수도 있다.

▼ hello.c

```c
#include <linux/module.h>
#include <linux/init.h>  ←커널용의 헤더 파일 인클루드

/**
 * [hello_init 모듈 로드 시에 호출된다.]
 * @return [0:정상 종료]
 */
static int __init hello_init(void)  ←초기화 함수
{
  printk(KERN_INFO "Hello World.\n");  ←printf 대신에 printk를 사용
  return 0;
}

/**
 * [hello_exit 모듈 언로드 시에 호출된다.]
 * @return [0:정상 종료]
 */
static void __exit hello_exit(void)  ←종료 함수
{
  printk(KERN_INFO "Goodbye.\n");
}

module_init(hello_init);  ←로드 시 커널이 호출하는 초기화 함수를 지정
module_exit(hello_exit);  ←언로드 시 커널이 호출하는 종료 함수를 지정

MODULE_LICENCE("GPL");  ←드라이버의 라이선스 정의
```

이 소스 코드에서는 초기화 함수와 종료 함수를 작성하고 있다. 드라이버를 로드할 때 초기화 함수가 호출된다.

초기화 함수에서는 printk() 함수로 커널의 로그에 'Hello World'를 표시한다. 커널 드라이버에서는 printf()를 사용할 수 없기 때문에 그 대신 printk()를 사용한다. 커널의 로그는 dmesg 명령으로 참고할 수 있다. 초기화 함수가 정상 종료하면 0을 반환한다.

드라이버를 언로드(unload)할 때는 종료 함수가 호출된다. 종료 함수에서는 printk()를 사용하여 커널의 로그에 'Goodbye'를 표시한다. 종료 함수는 정적 링크에서는 호출되지 않는다.

■ Hello World 커널 드라이버의 빌드

빌드 시에 이용하는 Makefile은 다음과 같다. 커널 드라이버는 '.ko'라는 확장자로 생성된다.

▼ Makefile

```
obj-m := hello.o

all:
  make -C /lib/modules/$(shell uname -r)/build M=$(PWD) modules
                                              ❶        ❷        ❸
clean:
  make -C /lib/modules/$(shell uname -r)/build M=$(PWD) clean
```

Makefile에서는 컴파일 시에 생성될 OBJ 파일명을 지정해 두고, make 실행 시에 커널 빌드 환경의 디렉터리(❶), 최종적으로 빌드 산출물이 저장될 output 디렉터리(❷), 커널 드라이버인 modules(❸)를 지정함으로써 '.ko'가 생성되는 규칙으로 되어 있다.

실제 동작을 살펴보자. 적당한 디렉터리를 만들고, 소스 코드와 Makefile을 만든 후 make를 실행하여 빌드해 보자.

```
make
```

```
root@raspberrypi3:~/work# make
make -C /lib/modules/4.14.98/build M=/home/root/work modules
make[1]: Entering directory '/lib/modules/4.14.98/build'
  Building modules, stage 2.
  MODPOST 1 modules
make[1]: Leaving directory '/lib/modules/4.14.98/build'
```

▲ make의 실행 결과

빌드가 완료되면 hello.ko가 생성된다.

```
ls
```

```
root@raspberrypi3:~/work# ls
Makefile     hello.c  hello.mod.c  hello.o  modules.order
Module.symvers hello.ko hello.mod.o
root@raspberrypi3:~/work#
```

▲ ls의 실행 결과

■ Hello World 커널 드라이버의 실행

빌드한 Hello World 커널 드라이버를 실제 보드에서 실행시켜 보자. 생성된 hello.ko를 insmod 명령을 사용하여 커널 드라이버로서 커널의 메모리 공간에 로드한다.

```
insmod hello.ko
```

```
root@raspberrypi3:~/work# insmod hello.ko
[ 2419.956226] hello: loading out-of-tree module taints kernel.
[ 2419.962475] Hello World.
```

▲ insmod의 실행 결과

로드가 정상적으로 완료되면 콘솔 위에 로드된 메시지와 'Hello World'가 표시된다.

실제로 로드가 된 것을 확인하려면 lsmod 명령을 사용한다. lsmod 명령은 커널이 로드하고 있는 드라이버의 종류를 볼 수 있는 명령이다.

```
lsmod
```

```
root@raspberrypi3:~/work# lsmod
Module              Size  Used by
hello              16384  0
brcmfmac          311296  0
brcmutil           16384  1 brcmfmac
cfg80211          573440  1 brcmfmac
rfkill             32768  2 cfg80211
uio_pdrv_genirq    16384  0
uio                20480  1 uio_pdrv_genirq
fixed              16384  0
sch_fq_codel       20480  2
ipv6              434176  22
```

▲ lsmod의 실행 결과

리스트에 Hello World 커널 드라이버가 포함되어 있는 것을 확인할 수 있다. 커널의 동작 로그는 dmesg 명령을 사용하여 확인할 수 있다.

```
dmesg | tail -2
```

```
root@raspberrypi3:~/work# dmesg | tail -2
[ 2419.956226] hello: loading out-of-tree module taints kernel.
[ 2419.962475] Hello World.
```

▲ dmesg의 실행 결과

■ Hello World 커널 드라이버의 언로드

이번에는 드라이버를 언로드해 보자. 로드된 드라이버를 언로드하려면 rmmod 명령을 이용한다. 계속해서 lsmod 명령, dmesg 명령을 실행해 보자.

```
rmmod hello.ko
lsmod
dmesg | tail -1
```

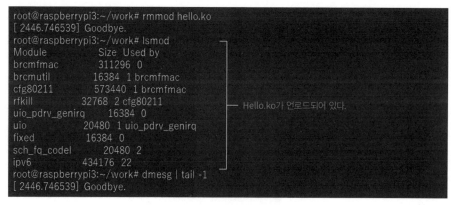

▲ 커널 드라이버의 언로드

rmmod 명령을 사용하면 지정한 드라이버가 언로드되며, 콘솔에 'Goodbye'라는 메시지가 표시된다. 드라이버를 로드할 때와 마찬가지로 lsmod 명령을 실행해 보면 hello.ko가 언로드되어 있는 것을 알 수 있다. dmesg 명령을 실행해 보면 커널 로그 상에 Goodbye라는 로그가 남아 있는 것을 알 수 있다.

리눅스 운영체제에서 드라이버 동작은 손쉽게 확인할 수 있다. 잘못된 드라이버인 경우에는 오류 표시를 확인할 수 있기 때문에 전문 서적을 참고해서 드라이버 개발에 도전해 보기 바란다.

■ 애플리케이션으로부터의 드라이버 조작

실제 애플리케이션에서 커널 드라이버를 조작하기 위해서는 시스템 콜 인터페이스를 사용한다. 실제 시스템 콜을 사용하여 드라이버를 조작해 보자.

드라이버는 초기화 시에 장치 파일을 만든다. 장치 파일을 만들 때 어떤 드라이버가 어떤
디바이스 파일을 사용하는지 대응 관계를 명확히 해두어야 한다. 장치 파일명에 해당하
는 번호가 메이저 번호다.

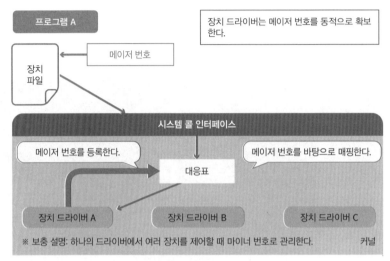

▲ 장치 드라이버의 조작

드라이버가 성공적으로 초기화되면 사용자 공간의 /dev 위치에 해당 장치 파일이 만들어
진다. 이 장치 파일을 시스템 콜을 사용하여 조작한다.

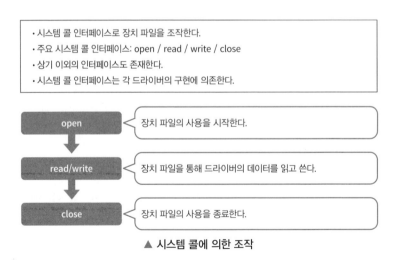

▲ 시스템 콜에 의한 조작

이번 예제의 소스 코드를 제공한다. 소스 코드의 설명은 생략하지만, 다음의 동작을 실시한다. 소스 코드를 파악해 동작을 이해해 두자.

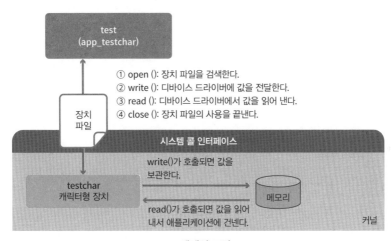

① open (): 장치 파일을 검색한다.
② write (): 디바이스 드라이버에 값을 전달한다.
③ read (): 디바이스 드라이버에서 값을 읽어 낸다.
④ close (): 장치 파일의 사용을 끝낸다.

▲ 예제의 조작

teshchar.c는 초기화 시에 장치 파일을 만드는 드라이버의 소스 코드다.

▼ testchar.c

```
~생략~

/**
* [testchar_init 드라이버 로드 시에 장치 드라이버를 커널에 등록한다.
* @return [0:정상 종료]
*/
static int __init testchar_init(void){  ←드라이버 로드 시에 가장 먼저 호출된다.
  printk(KERN_INFO "testchar: Initializing the testchar\n");

  /* 이 드라이버에 동적인 메이저 번호를 할당한다. */
  majorNumber = register_chrdev(0, DEVICE_NAME, &fops);
  if (majorNumber<0) {
    /* 오류 처리 */
    printk(KERN_ALERT "testchar failed to register a major number\n");
    return majorNumber;
  }
  printk(KERN_INFO "testchar: registered correctly with major number
%d\n",majorNumber);

~생략~
```

app_testchar.c는 시스템 콜을 사용하여 드라이버를 조작하는 애플리케이션의 소스 코드다.

▼ app_testchar.c

```
~생략~

  /* 장치 파일로부터 데이터를 읽어 들인다. */
  ret = read(fd, receive, BUFFER_LENGTH);
  if (ret < 0){
    perror("Failed to read the message from the device.");
    return errno;
  }

  /* 장치 파일을 클로즈(close)한다. */
  ret = close(fd);
  if (ret < 0){
    perror("Failed to read the message from the device.");
    return errno;
  }

  printf("The received message is: [%s]\n", receive); // 드라이버가 보관하는 숫자 값 출력
  printf("End of the program\n");
  return 0;
}

~생략~
```

---

column | 리눅스 커널의 소스 코드

커널의 소스 코드는 수천만 라인이나 되는 엄청난 양이다. 그래서 소스 코드 전체를 모두 파악하려면 상당한 시간이 걸린다. 문제가 발생할 때 grep에 의존한 검색으로 해결해도 좋지만, 다음과 같은 웹 페이지를 활용하는 것도 좋다. 그림으로 이해해 두면 소스 코드와 기능의 이해에도 도움이 될 수 있기 때문에 꼭 활용해 보길 바란다.

https://makelinux.github.io/kernel/map/

📟 sysfs의 이용

이번에는 일반적인 LED 점멸을 구현해 보자. 먼저 커맨드라인에서 sysfs를 사용하여 LED를 ON/OFF해 본다.

커널 드라이버가 준비되어 있으면 sysfs로 손쉽게 하드웨어를 조작할 수 있다. LED의 조작에 이용하는 것은 GPIO다. 접속 이미지와 회로는 다음과 같다.

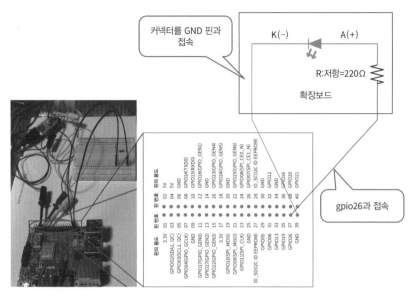

▲ 라즈베리 파이 3와 LED 접속

■ GPIO의 전환

접속이 완료되면 GPIO를 조작한다. echo 명령으로 번호를 /sys/class/gpio/export에 입력
하면 입력 번호의 GPIO를 활성화할 수 있다. 이번에는 GPIO 26번을 활성화한다.

```
ls /sys/class/gpio
echo 26 > /sys/class/gpio/export
cd /sys/class/gpio
ls
```

```
root@raspberrypi3:~# ls /sys/class/gpio
export  gpiochip0  gpiochip128  unexport
root@raspberrypi3:~# echo 26 > /sys/class/gpio/export
root@raspberrypi3:~# cd /sys/class/gpio/
root@raspberrypi3:/sys/class/gpio# ls
export  gpio26  gpiochip0  gpiochip128  unexport
```

▲ GPIO의 전환 결과

■ GPIO의 직접 조작

초기 상태에서는 GPIO를 통해서 출력되지 않는다. cat 명령으로 direction(입출력 방향)을 확인하면 초기 상태에서는 in(입력 상태)으로 되어 있다. echo 명령으로 out(출력)을 설정함으로써 출력 상태로 변경할 수 있다. 출력 상태로 변경이 되면 실제로 점멸시켜 본다. value에 1을 기록함으로써 High(1)으로 출력할 수 있고, value에 0을 기록함으로써 Low(0)를 출력할 수 있다. 실제로 값을 변화시키면 LED가 점등 또는 점멸하는 것을 확인할 수 있다.

```
cd /sys/class/gpio/gpio26/
ls
cat direction
echo out > direction
echo 1 > value
echo 0 > value
```

```
root@raspberrypi3:~# cd /sys/class/gpio/gpio26/
root@raspberrypi3:/sys/class/gpio/gpio26# ls
active_low device direction edge power subsystem uevent value
root@raspberrypi3:/sys/class/gpio/gpio26# cat direction
in
root@raspberrypi3:/sys/class/gpio/gpio26# echo out > direction    → gpio를 출력으로 설정
root@raspberrypi3:/sys/class/gpio/gpio26# echo 1 >value           → gpio로부터 High(1)의 신호를 출력
root@raspberrypi3:/sys/class/gpio/gpio26# echo 0 >value           → gpio로부터 Low(0)의 신호를 출력
```

▲ GPIO 직접 조작으로 LED를 점멸

sysfs를 사용함으로써 손쉽게 하드웨어를 제어할 수 있음을 알 수 있다.

🔧 오픈 소스 소프트웨어의 이용

이어서 LED를 조작하는 소프트웨어를 실행한다. 리눅스 운영체제를 사용할 때 이미 만들어진 패키지를 손쉽게 이용할 수 있다는 장점이 있다. LED 제어도 외부의 'wiringPi'라는 프로젝트에서 공개하는 LED 제어용 패키지를 이용하면 손쉽게 실현할 수 있다.

사실 Yocto 배포판에는 'wiringPi'가 패키지로 도입되어 있다. 하지만, 여기에서는 일부러 git 명령을 사용한다. 리눅스 운영체제는 git 명령과 밀접한 관련이 있다. 오픈 소스 개발

에서는 git을 사용해 저장소에서 소스 코드를 구성, 관리한다. 리눅스 운영체제의 개발에서는 git 명령을 사용할 수 있는 스킬이 필요하다. 최소한 git 명령의 add, clone, commit, diff, log, pull, push 정도는 이해해 두어야 한다. 이번에는 git 명령의 clone만 사용하지만, 다른 명령들도 이해해 두자.

라즈베리 파이 3B+도 네트워크 환경만 잘 정비하면 외부의 오픈 소스 소프트웨어를 직접 다운로드하여 사용할 수 있다. 실제로 wiringPi을 도입해 보자.

■ 네트워크의 설정

github에 공개되어 있는 wiringPi의 소스 코드를 얻으려면 네트워크 설정이 필요하다. systemd가 도입되어 있으므로 /etc/systemd/network 디렉터리에 장치 이름과 IP 주소를 기록한 파일을 준비해 둔다.

```
cd /etc/systemd/network/
vi eth0.network
```

▼ eth0.network

```
[Match]
Name=eth0

[Network]
Address=192.168.1.203/24
Gateway=192.168.1.1  ←IP 주소는 사용 환경에 맞춘다.
```

파일을 배치한 후 LAN 케이블에 접속하고 systemd를 제어하는 systemctl 명령을 실행함으로써 네트워크를 활성화할 수 있다. 명령 실행 후 ifconfig 명령을 사용하여 네트워크 설정 상태를 확인하자.

```
systemctl restart systemd-networkd
ifconfig
```

```
root@raspberrypi3:~# cd /etc/systemd/network/
root@raspberrypi3:/etc/systemd/network# vi eth0.network

root@raspberrypi3:/etc/systemd/network# systemctl restart systemd-networkd
root@raspberrypi3:/etc/systemd/network# ifconfig
eth0      Link encap:Ethernet  HWaddr B8:27:EB:AF:83:7E
          inet addr:192.168.1.203  Bcast:192.168.1.255  Mask:255.255.255.0
          inet6 addr: fe80::ba27:ebff:feaf:837e/64 Scope:Link
          UP BROADCAST RUNNING MULTICAST  MTU:1500  Metric:1
          RX packets:9 errors:0 dropped:0 overruns:0 frame:0
          TX packets:33 errors:0 dropped:0 overruns:0 carrier:0
          collisions:0 txqueuelen:1000
          RX bytes:706 (706.0 B)  TX bytes:2500 (2.4 KiB)

lo        Link encap:Local Loopback
          inet addr:127.0.0.1  Mask:255.0.0.0
          inet6 addr: ::1/128 Scope:Host
          UP LOOPBACK RUNNING  MTU:65536  Metric:1
          RX packets:80 errors:0 dropped:0 overruns:0 frame:0
          TX packets:80 errors:0 dropped:0 overruns:0 carrier:0
          collisions:0 txqueuelen:1000
          RX bytes:6080 (5.9 KiB)  TX bytes:6080 (5.9 KiB)
```

▲ 유선 LAN에서의 네트워크 설정

■ wiringPi의 도입

git 명령을 사용하여 wiringPi의 소스 코드를 구한다. git 명령을 사용함으로써 인터넷에
공개된 소스 코드를 구할 수 있다.

```
cd ~/work
git clone git://git:drogon.net/wiringPi
```

```
root@raspberrypi3:~# cd work
root@raspberrypi3:~/work# git clone git://git.drogon.net/wiringPi
Cloning into 'wiringPi'...
remote: Counting objects: 1177, done.
remote: Compressing objects: 100% (980/980), done.
Receiving objects: 100% (1177/1177), 371.48 KiB | 116.00 KiB/s, done.
remote: Total 1177 (delta 821), reused 213 (delta 142)
Resolving deltas: 100% (821/821), done.
```

▲ git 명령으로 소스 코드를 입수

git 명령으로 wiringPi의 소스 코드가 마련되었다면 빌드 준비를 실행한다. wiringPi의
빌드 시 생성물을 보관하는 디렉터리(/usr/local/bin, /usr/local/include/usr/local/lib)를 만들어
두자.

```
mkdir -p usr/local/bin
mkdir -p usr/local/include
mkdir -p usr/local/lib
```

빌드를 실행하기 전에 vi 에디터로 wiringPi의 빌드 스크립트를 편집한다. 한 부분만 sudo가 사용되므로 주석 처리를 해두자.

wiringPi는 라즈비안이라는 배포용으로 개발되어 있으므로 Yocto에서 이용할 때는 약간의 수정이 필요하다.

```
vi build
```

▼ build

```
~생략~

# sudo=${WIRINGPI_SUDO-sudo}

~생략~
```

수정이 끝나면 빌드를 실행한다. 빌드가 완료되면 프로그램 작성에 필요한 헤더 파일과 라이브러리가 /usr/local의 디렉터리 아래에 준비된다.

```
./build
```

```
root@raspberrypi3:~# mkdir -p /usr/local/bin
root@raspberrypi3:~# mkdir -p /usr/local/include
root@raspberrypi3:~# mkdir -p /usr/local/lib

root@raspberrypi3:~# cd work/wiringPi/
root@raspberrypi3:~/work/wiringPi# vi build → sudo를 사용하는 곳을 주석 처리
root@raspberrypi3:~/work/wiringPi# ./build
```

▲ build 파일의 수정과 빌드

■ LED 제어 프로그램

wiringPi를 도입했다면 실제로 LED를 점멸하는 프로그램을 만들어 보자. GPIO는 sysfs의 부분에서 사용한 26번을 이용한다. 먼저 wiringPiSetupGpio() 함수를 불러 GPIO의

초기 설정을 실행한다. 다음으로 pinMode() 함수를 불러 GPIO를 출력으로 설정한다. digitalWrite()를 사용하여 LED의 점등 및 점멸을 위해 GPIO High(1)/Low(0)를 반복하고, 일정 기간, 일정 간격으로 써넣는다.

```
mkdir led
cd led
vi led.c
```

▼ led.c

```c
#include <wiringPi.h>

#define GPIO26 26

int main(void){
  int i;

  if (wiringPiSetupGpio() == -1){
    return 1;
  }

  pinMode(GPIO26, OUTPUT);

  for (i=0; i<10; i++){
    digitalWrite(GPIO26, 0);
    delay(850);
    digitalWrite(GPIO26, 1);
    delay(150);
  }

  digitalWrite(GPIO26, 0);

  return 0;
}
```

편집이 끝나면 빌드를 실행한다. 이번에는 Makefile을 준비하지 않았기 때문에 gcc로 빌드를 실행한다. 빌드가 완료되면 완성된 led 명령을 실행해 본다. LED가 점멸될 것이다.

```
gcc -o led led.c -I/usr/local/include -L/usr/local/lib -lwiringPi
./led
```

```
root@raspberrypi3:~/work# mkdir led
root@raspberrypi3:~/work/led# cd led
root@raspberrypi3:~/work/led# vi led.c



root@raspberrypi3:~/work/led# gcc -o led led.c -I/usr/local/include -L/usr/local/lib -lwiringPi
```

▲ led.c의 빌드와 실행

리눅스 운영체제나 오픈 소스 소프트웨어를 이용함으로써 모든 것을 처음부터 만들지 않아도 오픈 소스 소프트웨어의 부품을 이용해 쉽게 프로그램을 동작시킬 수 있음을 알게 되었다. 그러나 쉽게 만들 수 있는 반면, 문제가 발생했을 때에는 해당 소프트웨어를 이용한 사람 본인이 책임지고 해결할 것을 요구한다. 리눅스는 관련 문서가 존재하지 않을 수도 있기 때문에 인터넷 검색을 통한 정보 수집과 소스 코드를 분석해 나가는 능력을 키워야 한다. 또한, git 명령을 사용하여 이용한 소스 코드를 공개하고 공유함으로써 커뮤니티로부터의 조언을 받을 수 있는 장점도 있기 때문에 git 명령의 사용 방법을 파악하여 커뮤니티에 공헌해 보자.

🎯 임베디드 리눅스 개발에서 주의해야 할 포인트

오프 소스 소프트웨어를 이용한 개발은 사용자 본인이 그 결과를 책임지고 진행해야 한다. 자사의 제품 개발에서 오픈 소스 소프트웨어를 사용할 때 품질의 담보가 자사의 책임이 된다. 커뮤니티와의 연계를 통한 품질의 개선도 생각할 수 있지만, 커뮤니티에 있는 엔지니어들은 어디까지나 무상으로 공헌해 주는 사람들이다. 그들이 제품을 개발하는 것은 아니기 때문에 그 사람들이 자사 형편대로 움직여 주지는 않는다.

리눅스 운영체제를 사용한 임베디드 시스템의 제품 개발은 SoC 업체의 레퍼런스 보드 및 제품 보드에서 하드웨어가 잘못 지정될 때 드라이버 소프트웨어가 리눅스 운영체제에서 지원되지 않아 어쩔 수 없이 드라이버 소프트웨어를 자사에서 직접 개발해야 하는 일이 많다. 하드웨어 개발과 소프트웨어 개발이 병행되는 임베디드 개발에서는 하드웨어 부문이 단가, 재고 유무에 따라 부품이 결정되는 일이 종종 있다. 부품이 결정되고 제품 보드가 만들어진 이후에 리눅스 운영체제를 기동하면서 비로소 드라이버 소프트웨어가 없는 것을 알고 개발해야 하는 경우를 많이 봐왔다.

이때 자사에서 개발한 부분은 자사 책임으로 관리해야 한다. 오픈 소스 소프트웨어 개발에서 또 다른 주의할 점은 자사의 소프트웨어를 만들기 위해 과거 자산이라고 하는 소프트웨어 부품을 이용하는 것이다. 과거 자산을 활용하는 것은 간단하다. 빌드 작업도 쉽게 할 수 있다. 그러나 실시간 운영체제와 윈도우 등에서 개발한 소프트웨어는 리눅스 운영체제의 아키텍처와 맞지 않는 부분이 있기 때문에 통합(integration) 시험 등 후반 공정으로 갈수록 성능 문제와 버그가 많이 발생해서 개발 비용이 2~3배로 늘어나는 일이 자주 있다.

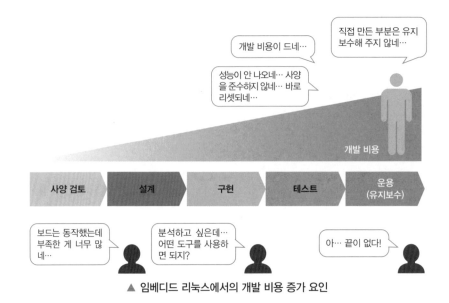

▲ 임베디드 리눅스에서의 개발 비용 증가 요인

제품 개발을 하는 상위 과정에서는 리눅스 운영체제가 지원하는 드라이버 소프트웨어를 사전에 조사해야 한다. 하드웨어 부문과 조정이 필요하거나 과거 자산을 사용할 때에는 리눅스 운영체제에 이식하기 위한 아키텍처 설계 등 리눅스 운영체제를 활용하기 위한 개발 프로세스가 필요하므로 유의해서 이용하자.

다른 한편으로, 오픈 소스 소프트웨어는 일반에 공개되어 있기 때문에 제품 사용 시 기능 안전 및 보안에 대해 주의해야 한다. 오픈 소스 소프트웨어는 소스 코드 자체가 공개되어 있기 때문에 악의를 가진 사람이 소스 코드의 버그를 악용해 제품에 침입한 후 소프트웨어의 조작이나 바이러스, 악성 코드 등을 감염시킬 우려가 있다. 이러한 사태가 발생하면 임베디드 제품이 발판이 되어 다른 시스템에 대한 공격에 이용될 가능성도 있다. 편리한 반면 위험도 있다는 점에 주의해서 사용하자. 또한, 품질에서의 담보는 스스로 해야 하기 때문에 테스트 설계 및 테스트 프로세스를 확립한 품질 확보가 요구된다.

---

column | 라즈베리 파이 3B+의 이더넷 LED

필자의 경험에 의하면 라즈베리 파이 3B+의 네트워크 접속을 확인했을 때 이더넷의 노란색 LED가 켜지지 않는 현상이 있었다. 처음에는 '고장났나?'라고 생각했지만, 통신 자체는 할 수 있었기에 인터넷으로 검색해 보았다. 리눅스는 인터넷 검색 → 실제 시도 → 결과를 다시 검색하는 순서로 반복적인 학습을 통해 자신의 능력을 키워 나간다.

http://mickey-happygolucky.hatenablog.com/entry/2019/02/12/133323

이더넷의 LED에 대해서는 mickey님의 블로그에서 찾아본 결과 올바른 동작임이 판명되었다. 인터넷에 정보를 제공하는 여러 사람들에게는 정말 감사하다는 말밖에 할 말이 없었다. 이번에 mickey님에게 라즈베리 파이에서 yocto를 이용하는 방법에 대해 연락을 취했고, 여러 지원을 받았다. 그리고 애플리케이션에서의 드라이버 조작 부분에서는 mickey님의 친구인 @LDScell님을 소개받아 도움이 될 만한 소스와 정보를 얻었다. 이러한 커뮤니케이션을 오픈할 수 있다는 점이 리눅스의 장점일지도 모른다. mickey님과 @LDScell님에게는 이 자리를 빌어서 감사 인사를 전하고 싶다.

8

임베디드
소프트웨어의
개발 프로세스

이 장의 개요

세상에 존재하는 컴퓨터를 탑재한 기기의 개발이 어떻게 이루어지는지 생각해 보자. 학교 수업에서 만든 공작품 수준의 제품으로는 상품으로서의 가치가 없어 팔리지 않을 것이다. 또한, 안심하고 사용할 수도 없다. 임베디드 시스템은 품질을 포함한 제품의 특성을 고려한 개발 프로세스를 통해 제품을 만들어 내고 있다. 여기에서는 제품 전체의 개발 프로세스 중 임베디드 소프트웨어 개발의 구체적인 작업 프로세스를 소개한다.

임베디드 시스템의
라이프사이클

임베디드 시스템은 다양한 영역에서 제품이나 시스템으로 이용된다. 이러한 제품이나 시스템은 웹이나 애플리케이션 등과는 달리 하드웨어로 판매 및 제공, 이용되고 있다. **임베디드 시스템의 가장 큰 특징은 하드웨어라는 실물이 존재하고, 거기에 컴퓨터가 탑재되어 있다는 점이다.**

제품 및 시스템은 기획부터 시작하여 설계 및 생산을 거쳐 사용된다. 이용되는 기간 중에는 유지보수 및 지원 등의 일이 발생한다. 시장에 제품이나 시스템을 출시하면 품질 등의 문제로 지원에 많은 비용이 필요하다.

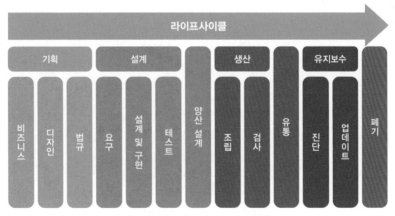

▲ 제품과 시스템의 라이프사이클

최근에는 네트워크에 연결되는 기기가 늘어나면서 임베디드 소프트웨어의 업데이트를 통해 품질 문제를 해결하는 사례가 늘고 있다. 예를 들어, 우주로 보낸 인공위성도 통신 속도가 느리지만, 지구로부터 소프트웨어를 업데이트하는 기능이 있어 다양한 경우에 유연하게 대응할 수 있게 되어 있다. 자동차는 예전부터 대리점에서의 점검 시 고장 진단 및 소프트웨어 업데이트가 이루어지고 있다.

그러나 이런 업데이트 기능은 모든 장비와 시스템에 마련된 기능이 아니며, 업데이트로 대응할 수 없는 경우도 있다. 또한, 임베디드 시스템은 물리적인 실체로 존재하기 때문에 폐기에 대해서도 고려해야 한다. 금속과 플라스틱의 분리를 가능하게 해서 재활용률을 높인 제품도 출시되고 있다는 점은 잘 알려진 사항이다. 또한, 폐기 시 제품이나 시스템에 기록된 개인 정보나 기업 정보가 유출되지 않도록 하는 등의 고려도 요구된다.

제품 및 시스템 설계에는 크게 두 가지 특징이 있다. 하나는 제품이나 시스템의 시장 공급을 가능한 한 빨리 실현하기 위해 각종 설계를 동시에 실시하는 **동시 개발**(concurrent development), 다른 하나는 테스트 및 생산, 유지보수 등 상정했던 사항에 대해 이를 사전에 고려해서 설계하는 **프런트 로딩**(Design for X, DfX)의 두 가지다.

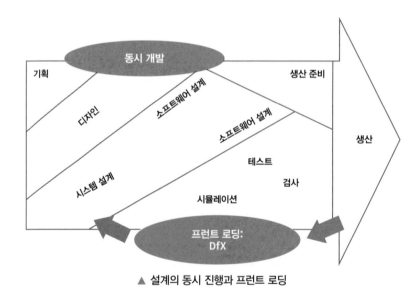

▲ 설계의 동시 진행과 프런트 로딩

SECTION 30 | 임베디드 시스템의 개발 방법

🔧 동시 개발

동시 개발에서는 제품이나 시스템의 시장 공급을 가능한 한 빨리 실현하기 위해 각종 설계를 동시에 실시한다. 하드웨어 설계가 완료되지 않은 단계에서 동작하는 임베디드 소프트웨어 설계를 진행한다. 하드웨어의 상태를 읽어 낼 인터페이스가 정해져 있지 않은 단계에서 소프트웨어가 하드웨어에 어떻게 접근하는지에 대한 디자인도 진행한다.

하드웨어 설계만 너무 앞서서 진행된 경우에는 임베디드 소프트웨어 쪽에서의 제어가 미정인 채로 인터페이스가 정해져 버린다. 이 경우는 제어가 어려워지는 문제가 발생할 수도 있다.

소프트웨어와는 달리 하드웨어는 간단히 수정할 수 없기 때문에 임베디드 소프트웨어 쪽에서의 대책으로 대응하는 일이 많다. 단, 성능이나 품질에 큰 영향이 있을 것으로 예상되는 경우에는 하드웨어의 설계 변경을 할지 아니면 소프트웨어에서 대응할지 판단이 필요하다.

동시 개발은 하드웨어와 소프트웨어의 설계를 동시에 진행할뿐만 아니라 외장 케이스 등의 디자인이나 메커니즘에 대해서도 동시에 진행한다. 또한, 제조에 시간이 필요한 LSI(Large-Scale Integrated circuit)의 설계도 동시에 진행하는 경우가 있다. LSI는 앞서 언급한 바와 같은 인터페이스의 변경 등 변동에 따른 재작업이 발생하면 많은 시간과 비용이 소요되므로 가능한 한 선행 단계에서 인터페이스 등의 조건을 결정해야 한다.

하드웨어나 LSI 회로 등을 PC나 워크스테이션에서 시뮬레이션하고, 초기에 임베디드 소프트웨어를 포함한 동작 검증을 하는 것도 이루어지고 있다.

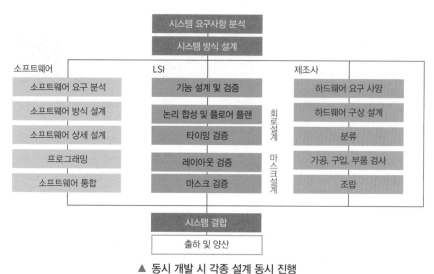

▲ 동시 개발 시 각종 설계 동시 진행

🔀 프런트 로딩

프런트 로딩은 제품이나 시스템의 전체 라이프사이클에서 고려해야 할 사항을 상위 단계의 설계에서 고려하고, 각 기능별로 구비하는 등 대책을 마련하는 개발 방법이다.

예를 들어, 제품이나 시스템의 라이프사이클의 맨 마지막 과정인 폐기는 폐기될 때를 가정해서 기능을 구비한다. 예를 들어, 자동차의 에어백 장치는 자동차의 폐기 시에 안전하게 폭발시켜 사고로 이어지지 않도록 기능을 구비하고 있다. 그 밖에도 에코에 대한 대응으로 환경 적응도에 대한 평가 기준을 마련하여 리뷰 및 평가에 의한 데이터를 수집해 개선하려는 노력도 이루어지고 있다.

이러한 환경에 대한 프런트 로딩은 **DfE(Design for Environment)**라고 불린다. DfE에서는 제품이나 시스템을 이용하는 고객의 의견도 상품 기획과 요구 정의 시에 사용된다. 고객 상담 센터에 접수되는 의견이나 고객 만족도 조사 결과는 영업 및 지원 부문에서 피드백 요구서 등의 형태로 설계 부문에 정보가 전개된다.

공장에서의 검사를 효율적으로 수행하기 위한 방안도 프런트 로딩 설계 시 그 기능이 마련된다.

예를 들어, 내비게이션 등의 디스플레이를 검사 및 조정할 때에는 사람이 육안으로 조정하는 것이 아니라 조정용 PC 등으로 체크한 결과를 반영하는 인터페이스를 구비하는 식으로 이루어진다. 검사 및 조정 작업의 효율화는 제품이나 시스템의 비용과 리드 타임[4]에 큰 효과가 있다. 임베디드 시스템은 양산되는 생산 수가 수 천에서 수 만에 이르는 매우 많은 경우도 있기 때문에 검사 및 조정 시간의 단축이 양산 효율을 높일 수 있다.

이러한 생산 및 검사에 관한 프런트 로딩은 **DfM(Design for Manufacturability)**이나 **DfT(Design for Testability)**라고 부른다.

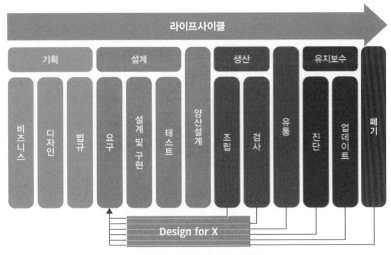

▲ 라이프사이클을 고려한 설계

🔀 임베디드 소프트웨어 개발 프로세스의 V자 모델

임베디드 소프트웨어 개발 프로세스는 V자 모델로 표현되는 경우가 많다. 기본적으로는 기업용 소프트웨어 개발과 같은 프로세스라고 해도 특별히 문제가 없다.

비즈니스 및 마케팅에서 사용하는 결과물인 제품이나 시스템의 기획서를 바탕으로 구체적인 물건을 만들어 나간다. 기획서에 기재된 추상적인 표현 정보나, 기획서에서는 생략

---

4 **옮긴이** 리드 타임(lead time)은 상품의 주문일시와 인도일시 사이에 경과된 시간을 말한다.

되거나 혹은 고려되지 않은 사항을 명확히 하면서 상세화하고 세분화하면서 구체적인 제품을 개발한다.

제품에서 구비해야 할 요구를 명확하게 하여 그것을 하드웨어와 소프트웨어에서 어떻게 기능을 분담하여 구현할지 설계한다. 구현 방법이 정해지면 임베디드 소프트웨어로서의 구현 방법을 설계하고, 프로그램을 코딩한 다음, 임베디드 시스템의 컴퓨터에서 동작할 수 있도록 한다.

그리고 그것들이 설계한 대로 제작되었는지 테스트하고, 사양대로 제작되었는지 타당성을 검증한다. 테스트나 타당성 검증에 대응하는 설계 공정이 존재하고 각각의 설계 공정에서의 아웃풋(설계 정보)을 기반으로 확인한다. V자 모델의 왼쪽은 상세화의 흐름이고, 오른쪽은 확인의 흐름으로 각각의 공정이 좌우로 대칭한다.

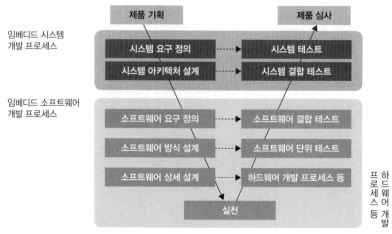

▲ 임베디드 시스템 및 임베디드 소프트웨어 개발 프로세스의 V자 모델

🔀 임베디드 소프트웨어 개발 프로세스

제품의 하드웨어를 포함한 설계는 이 임베디드 시스템 개발 프로세스에서 구체화된다. 기획서에 기재된 정보를 바탕으로 개발 대상인 제품에 관한 정보를 시스템 요구 사양서나 시스템 아키텍처 설계서로 구체화해 나간다. 그리고 그 문서들을 기반으로 테스트나

타당성 확인의 작업을 실시하여 개발한 제품이나 시스템을 생산 공정에 전달한다.

이후에 기재하는 개발 프로세스는 IPA가 작성한 **임베디드 소프트웨어용 개발 프로세스 가이드**(Embedded System development Process Reference guide, ESPR)를 참고하고 있다.

column	임베디드 소프트웨어용 개발 프로세스 가이드(ESPR)

일본 경제산업성이 임베디드 소프트웨어 개발력 강화를 목적으로 작성한 《ESPR》라는 도서가 있다. 임베디드 소프트웨어 개발을 하는 자동차나 가전 업체의 지식인과 대학의 교수들이 모여 지식을 공유한 것이다. 과거에 학술적으로 정리한 내용 이외에 책 집필 시점에 각 기업의 대응 상황에 대해서도 반영되어 있다. 책으로 발매되었지만, 동일한 내용의 PDF를 무료로 구할 수도 있다.

https://www.ipa.go.jp/files/000028853.pdf

임베디드 시스템 개발 프로세스의 첫 단계인 **시스템 요구 정의**에서는 기획서 등의 정보를 바탕으로 정보를 확인, 정리해 제품에 요구되는 요구사항을 요약 정리한 **시스템 요구 사양서**를 만든다. 시스템 요구 사양서에는 제품에 구비해야 할 기능인 **기능 요구**나 제품에 요구되는 각종 품질 등 **비기능 요구**, 그리고 그것들을 처리할 때의 제한 사항을 정의해 둔다.

기능 요청은 각 시스템 간이나 사용자와의 인터페이스를 정의하고 제품의 입력에 대해 출력(액션이나 축적 등)을 구체화한다. 사용자 시나리오 및 유스 케이스, 액티비티 다이어그램, 인터페이스 다이얼그램 등 각종 문서도 작성한다.

기능 요구 이외의 요구인 비기능 요구에서는 제품에 요구되는 신뢰성 및 유지보수성, 이식성 등을 구체적으로 정의한다. 비기능 요구에 대해서는 **소프트웨어 품질 특성**(JIS X 0129: ISO/ IEC 9126)의 항목에 각 사항별로 구체적인 비기능 요구에 대해 정의되어 있으므로 참고하기 바란다.

- **기능성:** 목적성, 정확성, 상호 운용성, 보안성/기밀성, 기능성 표준 적합성
- **신뢰성:** 성숙성, 장애 허용성, 회복성, 신뢰성 표준 적합성
- **사용성:** 이해성, 습득성, 운용성, 매력/주목, 사용성 표준 적합성
- **효율성:** 시간 효율성, 자원 효율성, 효율성 표준 적합성
- **보수성:** 해석성, 변경성, 안정성, 시험성, 보수성 표준 적합성
- **이식성:** 환경 적응성, 설치성, 공존성, 대체성, 이식성 표준 적합성

임베디드 시스템에서는 제품별로 혹은 이용자별로 원하는 요구의 우선순위가 다르다. 의료 기기에서는 신뢰성과 보수성이 중요시되지만, 일반 소비자용 기기에서는 사용성과 효

율성이 중요시된다. 단, 이것은 가장 우선적인 요구가 바뀌는 것만을 의미하기 때문에 다른 것이 요구되지 않는다는 의미가 아니다. 한정된 비용과 납기에 대해 무엇을 우선적으로 실현할지 정리하고 최적의 솔루션을 찾는 것이 요구 정의다.

최근에는 보안 및 기밀성이 중요시되고 있다. 네트워크에 연결된 제품에서는 이것이 필수 사항이며, 그 외에도 정의되는 요구 사양이 계속적으로 증가하고 있다. 요구 사양은 빠짐 없이 일관성 있게 정의해야 한다. 그리고 우선순위를 명확히 하고, 트레이드오프 분석 등 정보 정리와 판단에 따라 정의한다. 경우에 따라서는 제품 기획 담당자와 고객, 최종 사용자 등 이해 관계자와 조정하면서 정의를 진행한다.

시스템 아키텍처 설계

시스템 아키텍처 설계에서는 시스템 요구 정의에서 작성된 시스템 요구 사양서를 바탕으로 하드웨어를 포함한 **시스템 아키텍처 설계서**를 작성한다. 먼저 하드웨어 및 소프트웨어 등의 역할 및 기능 분담을 고려하고, 각각의 구성 및 동작을 구체화한다. 각 기능 간의 인터페이스나 제한 사항을 명확히 하고, 이후의 하드웨어나 소프트웨어가 개별적으로 설계 가능하도록 한다.

시스템에 대한 요구를 하드웨어로 실현할 때 기판에 부품을 탑재하는 방법과 더불어 LSI 나 **FPGA(Field-Programmable Gate Array)**로 실현해야 할 것인지 검토하는 경우도 있다.

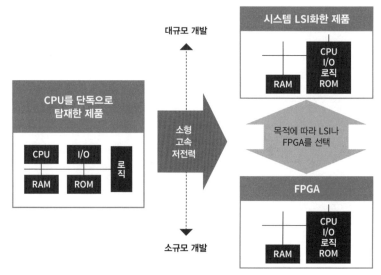

▲ 시스템 LSI, FPGA의 채택 검토

소프트웨어로 실현할 때 임베디드 소프트웨어로 공장 출하 시에 ROM이나 플래시 ROM 에 기록해서 탑재할 것인지, 그리고 소프트웨어 업데이트 또한 가능하게 할 것인지를 검 토한다.

기존 제품의 재사용이나 상업용 부품의 활용(make or buy)도 고려하고, 제품을 실현하는 방법을 구체화한다. 이러한 시스템 요구 사양서에 기재된 **QCD(Quallity, Cost, Delivery)**를 고려해 최적의 실현 방법을 선택한다.

임베디드 시스템에서 요구되는 대표적인 요구사항으로는 저전력과 빠른 응답(quick response)이 있다. PC나 스마트폰 등의 범용 컴퓨터와 비교하여 전용 장비로 실현되는 임 베디드 시스템은 이러한 항목이 사업적으로는 차별화 항목이 된다.

오디오 플레이어에서는 SD 카드 등 대용량 플래시 메모리에 저장된 파일을 디코딩하여 음악을 재생한다. 이때 마이크로컴퓨터가 대용량 메모리에서 하드웨어 디코딩 회로의 메 모리에 복사를 반복한다. 마이크로컴퓨터가 동작함으로써 전력을 소비하고 제품의 가동 시간이 짧아진다.

저소비 전력을 실현하는 방법에는 재생을 트리거로 마이크로컴퓨터가 대용량 메모리에 서 디코딩 회로의 메모리에 곡마다 같은 큰 단위로 복사하는 방법 등이 있다. 재생 시에 는 마이크로컴퓨터의 동작을 가능한 한 줄이고 저전력 전용 회로인 하드웨어에서 음악을 재생한다.

이렇듯 시스템 아키텍처 설계에서는 요구 사양(소비 전력 등)을 실현하기 위해 하드웨어와 소프트웨어의 기능 분담, 메모리 용량, 각각의 동작을 고려하면서 설계를 진행한다.

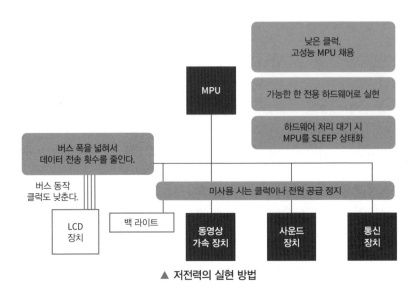

▲ 저전력의 실현 방법

예를 들어, 디지털 카메라의 경우라면 스마트폰의 카메라 기능과 비교될 때가 많기 때문에 전용 장비 특유의 화질과 빠른 반응의 장점을 차별화 항목으로 두는 것이 중요하다.

기동 시에는 즉시 촬영이 가능하도록 여러 마이크로컴퓨터가 함께 동작하는 방식이 고려된다. 세부적으로는 렌즈 커버를 열고 렌즈를 조작하는 모터를 구동하는 마이크로컴퓨터와 이미지 및 동영상 처리 등을 담당하는 마이크로컴퓨터가 병행 처리를 함으로써 사용자가 즉시 사용할 수 있게 되어 있다. 또한, 셔터를 눌러 촬영한 후에는 다음 촬영을 위해 셔터를 누를 때까지의 시간(카메라 릴리스 간격)을 단축하는 각종 처리를 병행해서 실시하고 있다.

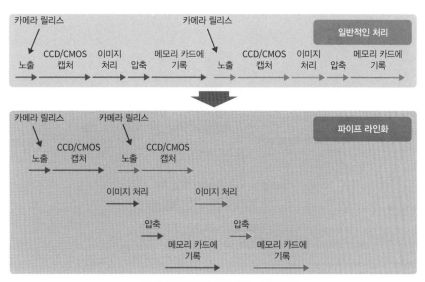

▲ 파이프라인화에 의한 반응 속도 향상

셔터를 눌러 이미지 소자로부터 데이터를 추출한 후, 이미지 처리 및 이미지 압축, 메모리 카드로의 기록 등 세 가지 처리를 실시하는데, 이와 동시에 다음 촬영을 위한 노출 및 이미지 소자로부터의 데이터 추출을 병행해서 처리한다. 이러한 병행 처리를 통해 다음 촬영을 빠르게 할 수 있다. 이를 실현하기 위해 마이크로컴퓨터와 이미지 소자, 그리고 메모리가 병렬로 작동할 수 있도록 버스를 다단계로 구성하고, 데이터 교환 시에는 버스를 점유하지 않는 아키텍처로 설계한다.

이처럼 시스템으로서 요구되는 기능 요구 및 비기능 요구를 QCD 등의 제약을 고려하면서 시스템의 구조와 동작을 검토하는 것이 시스템 아키텍처 설계다. 이것은 아키텍처 비즈니스 사이클이라고도 부른다. 비즈니스 환경에서 발생하는 요구사항과 제약 조건에 대해 자사가 사용할 수 있는 기술 환경을 기반으로 아키텍터의 능력껏 시스템 아키텍처를 도출해 낸다. 최적의 구조와 동작을 설계하려면 아키텍터가 가진 지식과 경험이 중요하다. 특히, 반도체 기술은 전문적인 기술이 필요하고, QCD에 큰 영향을 미친다.

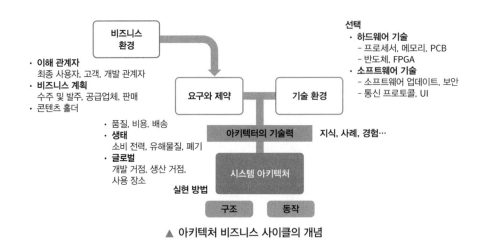

선택
- **하드웨어 기술**
  - 프로세서, 메모리, PCB
  - 반도체, FPGA
- **소프트웨어 기술**
  - 소프트웨어 업데이트, 보안
  - 통신 프로토콜, UI

비즈니스 환경

- **이해 관계자**
  최종 사용자, 고객, 개발 관계자
- **비즈니스 계획**
  수주 및 발주, 공급업체, 판매
- **콘텐츠 홀더**

요구와 제약

기술 환경

- 품질, 비용, 배송
- **생태**
  소비 전력, 유해물질, 폐기
- **글로벌**
  개발 거점, 생산 거점,
  사용 장소

아키텍터의 기술력   지식, 사례, 경험…

시스템 아키텍처

실현 방법

구조   동작

▲ 아키텍처 비즈니스 사이클의 개념

소프트웨어 요구 정의는 임베디드 소프트웨어 개발 프로세스의 첫 번째 단계다. 시스템 요구 사양서 및 하드웨어 사양서를 바탕으로 임베디드 소프트웨어에 관한 요구사항을 검토 및 구체화한다. 시스템 요구 정의와 마찬가지로 각종 제약을 고려하여 기능 요구 및 비기능 요구를 구체화한다.

소프트웨어 개발에서 **요구**는 개발 프로세스의 시작 단계인 상위 공정에서 실시하는 중요한 작업이다. 소프트웨어 개발의 후반에서는 소프트웨어의 완성도를 확인하기 위해 테스트 및 타당성 검증 등을 한다. 그때 발견되는 문제에 대해 요구 정의에 기인하는 문제가 남아 있을 때도 많다.

요구를 제대로 정의할 수 없으면 소프트웨어의 완성도가 높아지고 납기가 다가오는 상황에서 앞 공정으로 되돌아가는 버리는 경우가 많아진다. 이러한 재작업을 최소화하기 위해 요구사항 정의부터 제대로 작업해야 한다.

소프트웨어 공학에서는 요구사항 공학이 체계화되어 있다. 요구사항 공학은 요구사항 개발과 요구사항 관리로 크게 나뉜다. 요구사항 개발은 다음과 같은 흐름이다.

- 요구사항을 추출 및 획득한다.
- 요구사항을 분석한다.
- 요구사항을 사양으로 정의한다.
- 정의한 요구사항에 대한 사양의 타당성을 확인한다.

요구사항 관리는 개발 중에 구체화 및 추가되는 요구사항의 변경 관리나 요구사항이 어떻게 구현되고 있는지 추적해 관리한다.

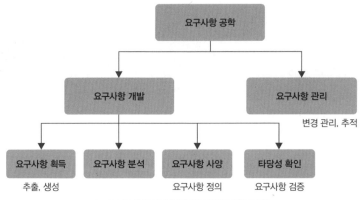

▲ 소프트웨어 공학에서의 요구사항 공학

자동차와 같은 안전성이 중요시되는 제품의 개발에서는 추적 관리(추적 가능성 확보)가 필수 요소로 자리 잡고 있다. 추적 관리의 요구사항은 그것을 표현하는 설계서, 그것을 구현하는 코드, 그것을 테스트하는 테스트 항목·절차·기록을 추적할 수 있게 하는 것이 필요하다. 이것들은 인력으로 관리하는 것이 어렵기 때문에 전용 관리 도구를 사용하여 관리한다.

▼ 추적 가능성(traceability)의 확보

요구 사항 번호	설명	기본 설계서	상세 설계서	Code	단위 테스트 항목	결합 테스트 항목	시스템 테스트 항목	비고
1.2.4	CD를 로드한다.	4.3.4	7.4.2	cdplay.h cdplay.cpp	5.2.1~ 5.2.34	3.2.1~ 3.2.15	2.1.1~ 2.4.16	

소프트웨어
아키텍처 설계

소프트웨어 아키텍처 설계는 소프트웨어 요구 사양서나 하드웨어 사양서를 바탕으로 임베디드 소프트웨어에 대한 아키텍처를 검토 및 구체화하는 공정이다. 이 공정에서는 시스템 아키텍처 설계와 마찬가지로 각종 제약을 고려하여 소프트웨어의 구조와 동작을 구체화해야 한다. 유사한 제품의 소프트웨어를 재사용하거나 **상업용 소프트웨어 부품**(Commercial Off-The-Shelf, COTS)의 활용을 포함해 **소프트웨어 아키텍처 설계서**를 작성해 나간다.

소프트웨어 구조의 세분화에 대해서는 각각 회사와 현장에 따라 표현이 달라진다. 여기에서는 임베디드 소프트웨어가 실현하는 기능을 정리한 것을 '기능 유닛'이라고 부른다. 현장에 따라서는 기능 블록이라고도 부르는 경우도 있다.

또한, 기능 유닛을 구성하는 프로그램의 최소 단위를 '프로그램 유닛'이라고 한다. 프로그램 유닛은 컴파일과 테스트를 실시하는 단위다. 소프트웨어 아키텍처 설계에서는 이 기능 유닛을 어떻게 구성할지, 그리고 그것들이 어떤 인터페이스인지를 설계한다.

구조를 고려하는 경우에는 인터페이스에서 어떤 절차로 교환하는지 동작에 대해서도 고려한다. 이 구조와 동작은 여러 차례 수정하고 정리함으로써 최적으로 설계할 수 있다. 소프트웨어 아키텍처 설계에서는 다음 공정인 소프트웨어 상세 설계에서 각 담당자가 상세 설계를 실시할 때 필요한 모든 정보를 구체화한다.

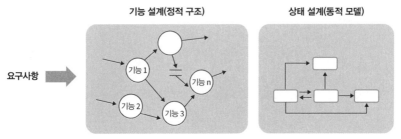

※ 출처: 《SESSAME 기초 코스 교재》, SESSAME

▲ 구조와 동작

- **동작:** 데이터 플로우 다이어그램, 액티비티 다이어그램, 시퀀스 다이어그램, 상태 머신 다이어그램, 타이밍 다이어그램
- **구조:** 구조도, 클래스 다이어그램, 객체 다이어그램, 패키지 다이어그램, 컴포넌트 다이어그램, 배치도

특히 설계 오류로 인한 재작업 시에 영향이 큰 성능이나 소비 전력, 기록 영역에 대해서는 이 공정에서 추정의 정확도를 높여야 한다. 이것들은 하드웨어의 사양에 따라 크게 영향을 받는 요구 항목이다. 마이크로컴퓨터의 성능, 메모리 용량과 속도, 하드웨어의 반응 속도, 그리고 이것들을 접속하는 버스의 속도나 구성을 바탕으로 한 성능 및 소비 전력을 추정한다.

마이크로컴퓨터가 고성능이라도 메모리의 대기 시간이 길거나, 버스 속도가 느리거나, 버스의 경합이 다발하는 등의 요인으로, 기대했던 성능을 발휘하지 못할 수도 있다. 하드웨어의 읽고 쓰는 속도가 빨라도 실제로 정보가 업데이트될 때까지 시간이 걸릴 수도 있다. 유사한 하드웨어 보드나 컴퓨터로 시뮬레이션해서 평가할 수 있다면 추정의 정확도를 높일 수 있다. 전원을 켜고 사용할 수 있게 될 때까지의 기동 시간과 고부하 또는 과부하 상태에서의 반응 시간 등도 실현 가능한지 검토해야 한다.

또한, 운영체제의 오버 헤드, 입출력의 대기 등이 최악의 경우에서는 어떻게 되는지 예측해서 평가하는 것도 중요하다.

이 공정에서 중요한 설계로는 **예외**와 **공통 상수의 정의**가 있다. 특히, 신뢰성이 요구되는 기기는 예외 처리 쪽이 정상적인 기본 처리보다도 많을 때가 많다. 하드웨어를 포함해 모든 예외에 대해 식별할 수 있는 ID 체계를 정의하는 것과 수준이나 반응에 대해서 정리한다.

더불어서 개발환경도 이 단계에서는 준비되어야 한다. 이미 실적이 있는 개발환경은 큰 문제가 발생하지 않을 것으로 생각한다. 그러나 개발환경의 운영체제 버전 업으로 동작이 불가능해지는 등 다른 문제가 발생할 수 있음을 염두에 두어야 한다. 초기 단계에서 확인해 두거나 해당 운영체제 버전을 남겨 두는 등 대책을 세워 둔다. 실적이 없는 신규 개발환경은 빨리 구축하고, 예상 설정 등을 사용해 기본적인 동작을 확인해야 한다. 컴파일러가 출력하는 어셈블러 코드 등을 살펴보고, 최적화하는 습관을 들여서 정보 수집을 해두면 좋을 것이다.

소프트웨어 상세 설계

소프트웨어 아키텍처 설계서를 바탕으로 기능 유닛에 포함된 각 프로그램 유닛의 논리 조건과 처리 항목을 구체화해 나가는 공정이 **소프트웨어 상세 설계**다.

소프트웨어 상세 설계에서는 다음 공정인 구현 공정에서 각 담당자가 프로그램 유닛을 코딩할 때에 필요한 정보를 모두 구체화한다. 어떠한 함수(모듈)의 구조 및 조합에 대해 구체화하고 프로그램의 내부 구조(함수 및 모듈의 호출 관계)를 설계한다. 동적인 동작은 모듈의 호출 방법(동기식/비동기식)과 모듈 내부의 상태 제어로 설계한다.

모듈의 내부 논리 구조는 모듈의 기능 및 입출력을 기반으로 설계한다. 여기에서 구조화 프로그래밍의 기본인 '순차 호출·분기·루프'를 조합하여 설계한다. 프로그래밍이 아닌 조건 테이블이나 순서도 등으로 프로그램의 논리 및 흐름 구조를 생각해 가는 과정이다.

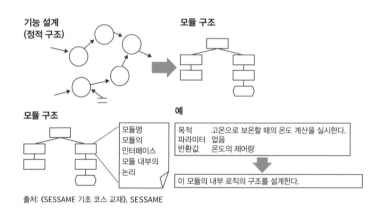

출처: 《SESSAME 기초 코스 교재》, SESSAME

▲ 기능 설계로부터 모듈 구조로 변환

모듈 내부를 구체화할 시에는 하드웨어 제어 절차의 구체화, 운영체제 시스템 콜의 파라미터 구체화 등도 설계한다. 이 공정에서도 메모리 용량과 성능의 재견적을 실시한다.

소프트웨어 상세 설계서를 바탕으로 프로그램 유닛을 프로그래밍해 나가는 과정이 **구현**이다. 공통적으로 사용하는 프로그램 유닛을 선택하고 개발환경을 확인한 후 작업을 시작한다. 참고로 컴파일 에러가 발생하지 않았다고 해서 프로그램이 제대로 동작한다는 의미는 아니므로 주의하기 바란다.

단위 테스트는 프로그램 유닛이 설계대로 구현되어 있는지 확인한다. 단위 테스트에서 체크하는 것은 프로그램 유닛이 사양에서 규정한 동작을 하는 것과 사양에서 규정하지 않은 데이터를 받아도 비정상적인 동작을 하지 않는 것이다. 구체적으로는 프로그램 유닛 안의 분기가 파라미터 및 외부 참고 등의 조건에 따라 모두 문제없이 실행되는지 확인한다. 테스트 방법으로 경계값 테스트 및 제어 경로 테스트를 사용하면 모든 분기를 통과하는 테스트 항목을 설계할 수 있다.

테스트의 목적은 버그를 찾아내는 것이지 버그의 원인을 찾는 것이 아니다. 버그의 원인을 찾아서 수정하는 것을 **디버깅(debugging)**이라고 한다. 단위 테스트는 프로그램 유닛의 버그를 찾아내는 것이 목적이다. 따라서 구석구석을 파고들어 집요하게 테스트 항목을 설계하고, 버그가 없음을 증명해야 한다.

단위 테스트는 구현(프로그래밍)과 함께 작업할 때도 많아서 테스트 도구를 사용할 때에는 프로그램 유닛 설계서를 단위 테스트의 테스트 코드로 코딩함으로써 실현한다. 전부 아니면 다수의 프로그램 유닛을 프로그래밍한 다음, 나중에 한꺼번에 단위 테스트를 하면 동일한 실수를 반복할 때도 있다.

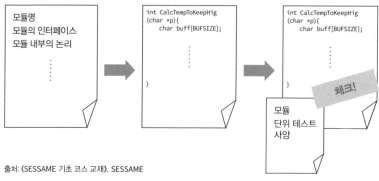

▲ 프로그래밍과 단위 테스트

개발환경은 코딩(편집), 컴파일 및 빌드 같은 기본적인 환경부터 단위 테스트를 위한 테스트 환경, 디버깅, 시뮬레이션 등 다양하다. 이것들은 개발 팀에서 사전에 준비한 환경을 이용한다. 또한, 코딩 규칙 및 체크 도구에 대해서도 개발 팀 내에서 공통된 인식이나 규칙을 가지고 작업한다.

프로그래밍은 함수나 변수의 이름 및 들여쓰기, 주석 등 자유도가 높아서 담당자가 각각 원하는 대로 코딩할 수 있다. 그러나 팀 프로그래밍을 하는 경우에는 알아보기 쉽고 실수가 나오지 않게 하는 명명 규칙 등이 필요하다. 이것은 팀 프로젝트의 품질과 생산성이라는 비즈니스적인 요구뿐만 아니라 소프트웨어 엔지니어 및 프로그래머의 상식적인 면에서도 필요하다.

---

column | ESCR 임베디드 소프트웨어 개발을 위한 코딩 기법 가이드(C언어판)

《ESCR(Embedded System development Coding Reference guide)》이라는 도서는 ESPR과 마찬가지로 경제산업성이 임베디드 소프트웨어 개발력 강화를 위해 만들었다. 임베디드 소프트웨어 개발을 하고 있는 자동차 및 가전 업체의 지식인과 대학의 교수들이 모여 지식을 공유하고, MISRA(Motor Industry Software Reliability Association)-C라는 자동차 업계에서 활용되는 코딩 규칙과 함께, 그 시점에서 각 기업의 노하우를 반영한 내용이 담겨 있다. 이것도 서적으로 발매되고 있으며, 동일한 내용의 PDF 파일을 무료로 사용할 수도 있다.

https://www.ipa.go.jp/files/000065271.pdf

또한, 프로그램의 고속화와 메모리 사용에 대한 효율성도 이 시점에서 체크한다. 함수 수준에서 비효율적인 처리가 존재하면 이것은 커다란 처리 지연이나 불필요한 소비 전력으로 이어진다. 단위 테스트는 물론, 다른 담당자와의 크로스 체크와 리뷰를 실시함으로써 비효율적인 처리를 추출하여 개선해 나가도록 한다.

이 공정부터 소스 코드의 구성 관리를 시작한다. 구성 관리 방법으로는 문서 등 기존 구성 관리를 하고 있던 환경과 통합하는 방법, 그리고 코드는 다른 환경에서 구성 관리하는 방법이 있다. 팀 내에서 설정한 규칙에 따라 체크인·체크아웃을 확실하게 한다. 체크인 시에는 주석 내용이 추후에 의미가 없는 것이 되지 않도록 주의한다.

단위 테스트의 기록도 설계 정보로 구성·관리할 수 있다. 로그 텍스트는 제대로 실시한 증거도 되고, 반대로 체크 누락 등의 구체적인 오류 파악에 이용할 수 있다. 작업 개선으로 이어지므로 주저하지 말고 기록을 남겨야 한다. 또한, 단위 테스트는 임베디드 소프트웨어 개발 중에서도 자동 테스트가 보급된 영역이다. 자동 테스트 환경이 정비되어 항목 및 스크립트, 로그가 있으면 프로그램 재수정(리팩토링)의 진입 장벽을 낮출 수 있다. 알기 쉽고, 빠르고 효율적인 프로그램을 목표로 지속적인 개선을 추구해 프로그래밍해 나가길 바란다.

소프트웨어 결합, 통합 테스트

소프트웨어 결합 테스트에서는 프로그램 유닛을 결합(연결)하여 기능 유닛과 임베디드 소프트웨어가 설계대로 구현되어 있는지 확인한다. 이 테스트는 소프트웨어 아키텍처 설계서에 기재된 설계 정보대로 임베디드 소프트웨어가 동작하는지 확인하는 공정이다.

소프트웨어 결합 테스트는 하드웨어 설계의 성과인 하드웨어 기판을 사용한 환경에서 실시하는 것이 바람직하지만, 하드웨어의 완성 시기와 수량, 품질 수준의 관계 등을 고려해 컴퓨터 시뮬레이션 환경에서 하는 경우도 많다. 단, 결국에는 실제 하드웨어에서 동작하는 상태에서 확인하는 것이 반드시 필요하다. 테스트 항목마다 어떤 환경에서 테스트를 할 것인지 명확하게 하고 나서 확인 작업을 진행해야 한다.

소프트웨어 통합 테스트는 기능 유닛 등 임베디드 소프트웨어를 모두 통합한 상태에서 사양대로 동작하는지 확인한다. 소프트웨어 요구 사양서에 기재된 사양대로 임베디드 소프트웨어가 동작하는지 확인한다.

소프트웨어의 테스트에서는 테스트 항목을 어떻게 만드는지가 중요하다. 제대로 조준도 못하는 총을 여러 발 쏴봤자 명중하지는 않는다. 소프트웨어 공학을 체계적으로 정리하고 있는 **SWEBOK**(Software Engineering Body Of Knowledge)에서는 소프트웨어 테스팅(software testing)을 다음과 같이 정의한다.

> 일반적으로 무한한 경우의 수가 존재하는 실행 공간으로부터 적절하게 선정한 유한한 수의 테스트 케이스를 해당 프로그램에 적용해서 동적으로 그 동작을 미리 사양화된 기대 행동과 비교·확인하는 작업으로 구성된다.

위의 '적절하게 선정한 테스트 케이스'를 추출하기 위해서 '사양화된 기대 행동'인 사양서 및 설계서에서 테스트 조건을 정의한다. 테스트 조건을 통해 추출하는 테스트 케이스는 적절한 테스트 설계 기법을 선택해서 작성한다. 그리고 테스트 케이스를 동적으로 검증하기 위한 테스트 절차를 작성한다.

- 테스트 조건의 확인
- 테스트 케이스의 작성
- 테스트 절차의 작성(테스트 데이터의 작성)

테스트 조건의 확인에서는 사양서 및 설계서, 소스 코드를 대상으로 무엇을 테스트할 것인지 결정한다.

테스트 케이스의 작성에서는 테스트 조건을 기반으로 테스트 기법을 사용하여 구체적인 조건(상태, 숫자, 입출력 등)을 작성한다. 테스트 기법의 분류로는 **블랙박스**와 **화이트박스**가 있다. 블랙박스의 경우, 내부 구조는 대상으로 하지 않고, 사양서 및 설계서를 토대로 테스트 조건과 테스트 케이스를 작성 및 선택한다. 블랙박스에는 동치 분할, 경계값 분석, 의사 결정 테이블 테스트, 상태 전이 테스트 등의 기법이 존재한다.

화이트박스는 프로그램 유닛 및 기능 유닛, 하드웨어의 내부 구조를 정리해 테스트 설계를 한다. 테스트 망라 비율 기준에는 명령 망라(C0 기준), 분기 망라(C1 기준), 복합 조건 망라(C2 기준) 등이 있다. 프로그램 코드를 대상으로 한 경우는 판정 및 분기 조건으로 생각하고 테스트 케이스를 만들어 나간다.

테스트 절차의 작성에서는 테스트 케이스를 검증하기 위한 구체적인 절차(준비, 부여 조건, 확인할 행동이나 데이터)를 작성한다.

테스트 절차가 준비되었다면 테스트를 실행하고 기록을 남긴다. 단위 테스트에서도 언급했지만, 테스트≠디버깅임을 잊어서는 안 된다.

테스트를 진행하면서 느끼게 되는 고민이라면 '어디까지 테스트하면 좋을까?'일 것이다. 테스트 항목이 모두 실행되면 테스트 완료로 봐도 좋은 것일까? 여기서 등장하는 것이 품질 신뢰도 성장 곡선인데, 이것은 소프트웨어 개발 과정에서 발생한 방대한 데이터로부터 도출해 낸 아이디어다.

일반적인 예로, 우리가 테스트 항목을 소화해 내면서 테스트를 진행하다 보면 어느 정도

품질이 확인된 소프트웨어인 경우 문제 발견 건수가 점차 감소하는 경향이 나타낸다. 만약 문제 발견 건수가 감소 추세가 아닌 증가 추세 또는 제자리걸음이라면 아직 품질이 제대로 확인되지 않았다고 생각할 수 있는데, 이때 품질 신뢰도 성장 곡선과 비교하게 된다. 그리고 품질이 제대로 확인되지 않았다고 판단했다면 테스트 설계를 검토하는 등의 조치를 취하게 된다.

테스트 중 버그 수정을 위해 프로그램을 변경할 때도 많다. 프로그램 변경 후에는 해당 변경 내용이 지금까지 확인된 프로그램과 테스트에도 영향을 주고 있지 않은지 확인해야 한다. 이것을 회귀 테스트(regression test)라고 한다. 이미 테스트한 항목이 문제없이 동작하는지 확인하는 것인데, 자동화된 테스트 도구를 사용하는 경우가 많아졌다. 시간은 걸리지만 일손이 필요하지 않기 때문에 아무도 작업하지 않는 밤중에 실행해 다음날 아침에 확인할 수도 있다.

---

column | 테스트 기술자 인정 시험

일본에서 소프트웨어 테스트에 대해 배우려면 JSTQB(Japan Software Testing Qualifications Board)라는 자격 시험 공부법이 있다. ISTQB라는 국제적인 사업의 일본판이며, 소프트웨어 테스트에 대해 체계적으로 배울 수 있다. 교과의 학습 사항이나 용어집이 웹사이트에 공개되어 있으며, 해당 도서 등을 사용한 학습도 가능하다. 기본적인 수준에서 높은 수준까지 준비된 자격 시험에 응시함으로써 소프트웨어 테스팅 지식을 갖고 있음을 어필할 수 있다.

http://jstqb.jp/

이에 해당하는 한국판 시험으로는 KSTQB가 있다.

https://www.sten.or.kr/bbs/board.php?bo_table=sten_ist

소프트웨어 타당성 확인 테스트

이 책에서는 **소프트웨어 타당성 확인 테스트**라고 표현하고 있으나, **적격성 확인 테스트**나 **입고 테스트**라고 부를 때도 있다. 소프트웨어 타당성 확인 테스트는 소프트웨어 요구 사양을 충족하고 있는지 확인한다. 대규모나 안전성이 요구되는 대규모 임베디드 소프트웨어를 개발하는 일부 기업에는 타당성을 확인하는 조직이 있으며, 개발 팀에서의 테스트후, 발주자나 이용자의 관점에서 다시 타당성 확인을 실시하는 곳도 있다.

임베디드 소프트웨어는 하드웨어를 포함한 타당성 확인이 필수적이며, 다음 공정인 시스템으로서의 테스트 및 타당성 확인에 무게를 두고 실시할 수 있다.

시스템 결합 및 통합 테스트는 소프트웨어나 하드웨어 등 별도로 개발된 구성 요소를 결합하여 제대로 동작하는지 검증한다. 소프트웨어 결합 및 통합 테스트에서도 하드웨어에 탑재해 테스트를 진행했지만, 여기에서는 시스템 전체에서 검증한다. 소프트웨어 결합 및 통합 테스트에서는 테스트 항목의 상황에 따라 컴퓨터 시뮬레이션도 실시하였는데, 이 단계에서는 실제 하드웨어(금형, 기판), 케이스 등 실제 환경에서 테스트한다.

테스트 조건과 테스트 케이스는 시스템 아키텍처 설계서를 기반으로 작성한다. 시스템 아키텍처 설계서에 기재된 각종 조건에서 테스트 조건을 추출하고, 거기에서 테스트 케이스를 설계한다. 테스트 케이스의 설계에는 소프트웨어 테스트와 같은 방법을 적용할 수 있지만, 하드웨어에 관련된 케이스의 추출 및 선택에 있어서는 하드웨어 전문가와의 조정이 필요하다.

시스템 타당성 확인 테스트에서는 제품으로서 시스템 요구 사양을 충족하는지 확인한다. 실제로 사용되는 환경에서 확인 작업이 이루어지는데, 사양에 명시된 범위(또는 범위 이상)라는 엄격한 환경에서의 확인 작업도 동시에 실시한다.

조작성에 문제가 없는지, 큰 부하(스트레스)를 걸 때 문제가 생기지 않는지, 일부러 장애를 발생시킨 후 복구는 어떻게 하는지 등 시스템으로서의 기능, 성능을 만족하는지 확인한다. 온도, 진동 등의 환경적인 시스템 테스트도 이 과정에서 최종적으로 확인한다.

시스템 결합 및 통합 테스트, 시스템 타당성 확인 테스트에서 결과가 실패일 때 디버깅해서 문제의 원인을 조사한다. 소프트웨어 버그인지 하드웨어 버그(설계 불량)인지, 하드웨어 장비의 불량인지, 각 담당자가 상호 연계하여 문제 해결에 나선다. 하드웨어의 버그(설계 불량) 시에는 양산 및 출하의 타이밍, 비용적인 관점에서 하드웨어의 설계를 변경할 수 없을 때도 있다. 이때 소프트웨어에서 설계를 변경해 대응할 수도 있다.

개발 부문에서 시스템 타당성 확인 테스트를 완료한 후에는 제품을 출하하는 공정으로 나아간다. 양산 설계를 거쳐 양산되고, 비로소 제품이 출하된다. 단, 양산 설계 단계에서 임베디드 소프트웨어의 변경, 특히 비용과 품질을 고려한 설계 변경이 발생할 수도 있다.

출하 후에는 유지보수 및 애프터서비스를 진행한다. 임베디드 소프트웨어는 문제 대응 및 보안 대응, 그리고 하드웨어로 인한 설계 변경이 발생한다. 소프트웨어 업데이트 기능이 구비되면 원격으로 소프트웨어 업데이트도 진행한다. 참고로, '출하 후 업데이트할 수 있으니 다소 버그가 있어도 문제없다'라는 생각을 가져서는 안 된다.

9

사물인터넷/
인공지능 시대의
임베디드 소프트웨어
개발

이 장의 개요

임베디드 시스템은 특정 용도의 컴퓨터로 사람들의 생활 속에서 많은 활약을 하고
있다. 앞으로의 시대 또한 컴퓨터의 성능 향상 등 기술 개발을 통해 새로운 경험을
제공하게 될 것이다. 여기에서는 앞으로의 시대에서 임베디드 시스템이 어떠한 영향
을 주게 될 것인지를 고려하고, 그러한 임베디드 소프트웨어를 어떻게 개발하면 좋
을지에 대해 제시한다.

SECTION 41 | 산업혁명과 임베디드 시스템

중학생 때 배운 산업혁명과 임베디드 시스템은 서로 크게 관련되어 있다. 각각의 산업혁명은 기술에 의한 생산성 향상이 공통점이다.

독자들은 이 제4차 산업혁명의 정가운데 있다는 사실을 인식하기 바란다. 여기에서는 교과서에 있던 산업혁명과 임베디드 기술과의 관계성을 주로 소개한다.

▼ 산업혁명 사회에서 필수적인 임베디드 시스템

	제1차 산업혁명	제2차 산업혁명	제3차 산업혁명	제4차 산업혁명 Industry4.0
핵심 기술	증기 기관	석유, 전기	컴퓨터, 인터넷	사물인터넷, 인공지능
대표적인 제품이나 서비스	철도	자동차	PC	자동 운전
공장 생산	증기 엔진 기계 생산	대량 생산	자동화	스마트 공장

제1차 산업혁명

제1차 산업혁명(단순히 산업혁명이라고도 함) 시기에는 증기 기관을 동력원으로 사용하여 섬유 등을 기계에 의해 효율적으로 생산할 수 있게 되었다. 또한, 증기선과 증기 기관차 철도의 등장으로 사람들의 이동도 효율화되어 사회가 크게 바뀌었다. 임베디드 소프트웨어 개발은 이 제1차 산업혁명과 직접적인 관계는 없지만, 임베디드 시스템으로서 큰 요소인 하드웨어, 특히 기계 등의 기술이 발전 및 성장했다. 기계 장치를 만드는 기술은 오래전부터 존재했지만, 제1차 산업혁명에 의해 보다 더 복잡한 기술이 생겨났고 복제되어 증기 기관에 의해 장시간의 연속 동작을 실현하였다.

■ 섬유 산업의 약진

제1차 산업혁명 시기에는 섬유 산업이 큰 산업으로 발전했다. 이 섬유 산업의 발전을 실현한 것이 자동 방직기다. 누에에서 실을 뽑아 옷감으로 완성하는 기존의 수작업 공정을 기계 장치로 대체해 자동으로 고품질 제품을 생산할 수 있게 되었다. 참고로, 도요타 자동차도 이 자동 방직기를 만드는 회사로부터 탄생했다. 이 자동 방직기는 동력원이 증기였는데, 석유에서 전기로 된 지금도 유사한 원리로 이용되고 있다. 현재는 임베디드 시스템으로 컴퓨터를 활용한 고급 제어에 의해 고품질의 저렴한 섬유 생산, 그리고 의류 생산을 실현하고 있다.

🔧 제2차 산업혁명

제2차 산업혁명 시기에는 석유나 전기를 동력원으로 사용하여 대량 생산이 이루어지게 되었다. 또한, 화학 및 철강 분야에서도 기술 혁신이 있어 근대화가 크게 진행되었다. 상징적인 사건이라면 포드 T형이 1908년에 발매되었다는 점이다.

1900년의 뉴욕에서는 마차가 큰 길을 오고 가는 사진이 존재하지만, 1913년의 사진에서는 거리에 자동차로 넘쳐나는 사진이 있어서 자동차가 급격하게 보급된 것을 알 수 있다. 20세기는 가솔린 자동차와 함께 시작했으며, 100년이 경과한 21세기에는 가솔린 자동차에서 전기 자동차로의 전환이 진행되고 있다는 점도 엔지니어로서 인식해야 할 사항이다.

■ 인쇄 기술에 의한 정보 유통 확대

또 다른 상징적인 사건은 인쇄 기술의 진전이다. 회전식 인쇄기가 보급되어 기계식 인쇄기가 탄생함으로써 책뿐만 아니라 신문이나 잡지 등의 정기 간행물을 많이 유통할 수 있게 되었다.

지식과 정보가 빠르게 널리 유통되는 것은 제1차 산업혁명에 의한 사람들의 이동 효율성의 변화 이상으로 사회에 많은 영향을 끼쳤다. 특히, 기술에 관한 정보의 유통이 진행된 것은 산업혁명을 보다 넓고 빠르게 전개하는 데 기여했다. 이것은 이후의 컴퓨터와 인터넷을 통한 정보의 유통으로 이어진다.

제3차 산업혁명

제3차 산업혁명 시기에는 컴퓨터와 인터넷을 통해 생산의 자동화가 진행되었다. 가정이나 사무실에서의 컴퓨터와 인터넷의 보급은 윈도우95가 발매되었을 무렵이 상징적인 시기로 널리 알려져 있다. 그러나 산업혁명이라는 관점에서는 제철소에서 보다 빨리 컴퓨터의 활용이 진행된 것이 상징적인 사건일지도 모른다.

■ 공장 자동화

일본에서는 1901년부터 제철소가 가동을 시작해 일본 내에서 철의 생산이 진행되었다. 철의 생산은 일본의 산업 진흥을 지원해 왔다. 수입된 철광석을 용광로에서 녹여 쇳물을 정화하고 고객이 요구하는 크기와 특성의 철강 제품을 생산한다. 고온 환경에서 제철하는 프로세스를 센서 및 액추에이터를 사용해 자동 제어하고, 다품종 및 다량의 제품 생산을 제어하기 위해 컴퓨터를 이용할 필요가 있었다. 신일본 제철의 기미쓰 제작소는 광섬유로 둘러싸여 컴퓨터 제철소라고도 한다. 또한, 자동차 공장에서 로봇이 용접이나 도장 등을 하는 영상을 볼 수 있는 기회도 많다.

로봇은 당연히 컴퓨터에 의해 제어되며, 제조 라인에서 중요한 역할을 담당한다. 이것은 **FA(Factory Automation)**라고 불리며, 로봇을 비롯한 센서나 액추에이터를 이용한 임베디드 시스템에서 많이 사용되는 영역이다. FA 이외에도 다음과 같은 산업에서 'xA'라는 표현이 사용된다.

- **PA(Process Automation)**: 기체나 액체를 정제하는 플랜트의 제어를 자동화한다.
- **BA(Building Automation)**: 건물의 공기 조절이나 엘리베이터, 방범 등 관리를 자동화한다.
- **DA(Distribution Automation)**: 상품 등의 물류·반송 등의 제어를 자동화한다.

■ 임베디드 시스템의 특징

임베디드 시스템은 제3차 산업혁명에 의해 태어난 기술이다. 컴퓨터를 다양한 영역에서 활용하여 자동화와 효율화를 추진함으로써 사회에 공헌하고 있다. 제2차 산업혁명까지의 자동 방직기와 자동차 등 고기능 및 고품질의 제품은 복잡한 기계 메커니즘이나 전기 및 전자 기술에 의해 실현되어 왔다. 제3차 산업혁명에서는 컴퓨터가 다양한 제품에 내장되어 복잡한 처리를 임베디드 소프트웨어와 반도체(LSI 등)에 의해 실현하는 경우가 많아졌다. 기계 메커니즘이나 전자 부품 등의 부품 수를 줄임과 동시에 고기능 고품질의 제품을 실현했다.

임베디드 소프트웨어나 반도체 등의 부품을 생산할 수 있다면 고급 제조 공정을 필요로 하지 않는 상태가 된 것이다. 이것은 전후 일본이 국제 경쟁력을 발휘한 고품질의 제조 공정 경쟁 우위의 감소를 초래했다. 한국과 대만, 싱가포르 등 신흥 공업국이 급성장한 것은 이 제조 공정의 우위성 감소, 인건비 및 신기술 취득이 크게 영향을 미쳤다.

또한, 스마트폰이나 디지털 가전 등의 인터넷 대응 장치에서는 세계를 대상으로 한 제품 기획 및 비즈니스 모델, 디자인이 크게 영향을 주었다. 일본 기업보다도 애플 등 미국이나 저비용 생산을 전문으로 하는 중국과 대만 기업이 비즈니스적인 성공을 거두었다.

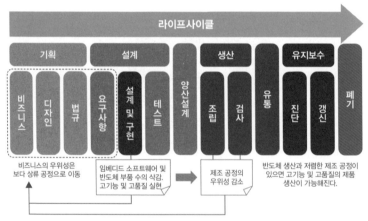

▲ 임베디드 소프트웨어나 반도체의 보급에 의한 제조 공정의 우위성 저하

애플 제품의 반도체는 한국에서 생산되고, 반도체를 내장하는 제품 본체는 중국에서 제조된다. 비즈니스 모델이나 상품 기획은 미국에서 이루어지며, 제품은 전 세계적으로 제공된다. 테슬라가 전기 자동차 부문에서 선두에 있는 것은 스마트폰과 마찬가지로 컴퓨터와 반도체의 조달 등 비즈니스 모델의 우위성으로 인해 기존의 자동차보다 빨리 실용적인 제품을 출시할 수 있었던 것이 가장 큰 요인이다.

🔀 제4차 산업혁명

그리고 현재 Industry4.0이라고도 불리는 제4차 산업혁명은 사물인터넷과 인공지능이 핵심 기술이다. 제3차 산업혁명 시기에 컴퓨터가 도입된 영역에서 사물인터넷과 인공지능을 활용하여 더욱 고도의 제어를 통해 생산성 등을 향상시키고 있다.

FA에서는 스마트 팩토리로 무인화 등의 간소화가 추진되고 있다. 자동차는 자율주행 등으로 사람의 개입을 줄여 가고 있다. 인간에 의한 실수를 줄이고, 인간에 의존하는 노하우가 공유되고 있다. 심지어 인간도 눈치 채지 못한 법칙의 발견이 생산성과 안전성 향상에 기여하고 있다.

지금까지 사람들이 생각한 절차와 규칙을 실행하던 컴퓨터는 사물인터넷 및 이미지 인식을 통해 모은 방대한 정보로부터 스스로 생각한 절차와 규칙을 실행한다. 이러한 분야에서 이용되는 임베디드 소프트웨어를 개발하는 엔지니어는 사물인터넷과 인공지능이 안정적으로 동작하는 컴퓨터 시스템을 개발하는 역할을 한다.

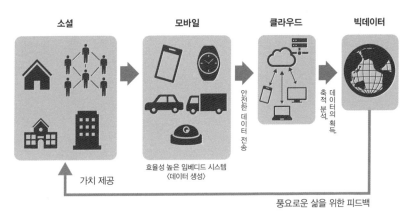

▲ DX(Digital Transformation)와 임베디드 시스템

사물인터넷과 인공지능의 활용은 **DX(Digital Transformation)**와도 관계가 있다. DX는 주로 기업의 정보 시스템에서 사용되는 용어다. 새로운 기술을 통해 풍요로운 삶을 실현한다는 의미에서 제창된 개념이며, '소셜', '모바일', '클라우드', '정보(빅데이터)'를 활용하여 실현하는 제품이나 서비스 등을 의미한다. 기업 활동에서는 이러한 기술을 효과적으로 활용함으로써 고객 만족도를 높여 경쟁 우위를 확립하는 것을 바라고 있다.

■ 임베디드 시스템이 데이터를 모아서 실현하는 DX

임베디드 시스템은 사물인터넷 장치로 센서로부터 풍부하고 정확한 데이터를 수집함으로써 DX에 기여할 수 있다. 센서 정보는 아날로그와 디지털의 센서 장치뿐만 아니라 카메라 등의 이미지 처리를 수반하는 인식 데이터도 포함된다. 카메라를 사용한 이미지는 인공지능을 이용한 인식 처리에 의해 자동 수집할 수 있는 매우 중요한 빅데이터가 될 수도 있다. 최근의 인공지능을 이용한 이미지 처리는 인간에 의한 이미지 판별보다도 빠르고 정확하게 실현할 수 있기 때문이다.

스마트폰이나 자동차 등은 소셜에서 모바일 장치라고 부른다. 이러한 장치를 실현하는 것이 임베디드 시스템이다. 여기서 생성되는 센서나 카메라로부터의 정보를 효율적으로 처리하고 클라우드에 올려 빅데이터로 활용할 수 있게 되었다. 모바일 장치의 고성능화, 소형화, 저소비 전력화가 중요하며, 또한 데이터의 안전성과 신뢰성을 생각한 보안 대책도 중요해지고 있다.

임베디드 소프트웨어를 개발하는 엔지니어는 데이터를 발생시키는 소셜의 주체로서 사람의 행동과 의식을 이해하고, 데이터를 보낼 곳인 클라우드도 이해해서 높은 보안과 효율성이 높은 임베디드 시스템을 설계해야 한다.

SECTION 42 DX 시대의 임베디드 시스템 개발

DX가 진행되는 세상에서는 지금까지의 임베디드 시스템 개발과는 스타일이 다르다. 앞 장에서 나타낸 요구사항 정의, 아키텍처 설계 등의 개발 기술은 크게 변함이 없지만, 흐름이나 소비할 수 있는 기간이 달라진다. 또한, 아키텍처로는 클라우드에 관한 지식이나 조작계에 활용하는 스마트폰이나 태블릿 등의 UI 디자인에 대한 지식도 필요하다.

하드웨어를 포함한 스마트폰과 클라우드, 네트워크 설계 등 모든 영역에 대응할 수 있는 인재를 **풀 스택 엔지니어(full stack engineer)**라고 한다. 어떤 의미에서는 임베디드 시스템 개발에 관한 슈퍼맨이므로 모두가 풀 스택 엔지니어가 될 필요는 없다. 초급 엔지니어는 특기 분야를 깊이 있게 공부하면서 개발에 기여할 수 있는 영역을 넓히면 좋을 것이다.

기능 배치의 변화

기존의 임베디드 시스템은 특정 기능을 수행하는 전용 장비로서 단독 혹은 간단한 네트워크 접속에 의해 기능을 실현한다. 전용 장비는 이용자에게 가치를 제공하는 것을 추구하면서 기업이 수익을 창출하는 비즈니스 모델을 제공한다. 프린터나 복사기는 디지털 카메라와 같이 고품질·고성능의 기능을 이용자에게 제공하고, 제품 구매 이외에도 잉크나 토너 등 운영 비용으로 수익을 내고 있었다. 만보계 등 이용자가 휴대하는 장치는 소형화·고기능화함으로써 가치가 올라 높은 가격으로 판매할 수 있다.

■ 기존 임베디드 시스템의 가치와 비즈니스 모델

DX 시대의 임베디드 시스템은 네트워크에 연결되어 각종 정보를 클라우드에서 수집하고, 데이터 분석을 통해 가치를 창출하고 있다. 유지보수 부품 및 소모품을 효율적으로 제공하고, 이상 감지 및 예측을 실시함으로써 이용자의 편의성을 높일 수 있다. 이러한 정보를 활용하면 제조업체는 이용자에 대한 차기 제품 제안 등 영업 활동의 효율화를 도모할 수 있다.

■ 클라우드에 접속하여 가치 만들기

클라우드에 접속하여 데이터를 수집·분석함으로써 가치를 창출할 때 다음과 같은 분류가 있다. 하나는 고성능 및 소형화된 제품이 제공된다는 가치다. 임베디드 시스템은 스마트폰이나 PC와는 달리 전용 기기로 이용된다. 스마트폰의 앱이나 스마트폰에 접속하는 장치에서도 가능한 것을 전용 기기에서 실현하기 때문에 더 작고 고성능인 제품을 제공해야 한다. 다른 하나는 데이터로부터 도출되는 어드바이스라는 가치다. 지금까지 독립형 장치에서 제공한 정보보다 더 유용한 정보를 제공하는 것을 허용해야 한다.

■ 예를 들어, 만보계의 가치는?

가치의 구체적인 사례로 만보계를 소개한다. 만보계는 손쉽게 구입할 수 있는 장치다. 상품화된 장치라고 해도 과언이 아니다. 물론, 스마트폰에도 만보계 기능이 탑재되어 앱에서 과거 정보를 볼 수 있다. 그러나 만보계를 파는 매장을 보면 10만 원에 가까운 제품도 판매되고 있다. 이것들은 노년층을 대상으로 해서 스마트폰의 앱보다 편리한 사용 방법을 추구한다. 전용 웹사이트로의 접속이 가능하며, 웹사이트에서의 데이터 축적과 분석, 어드바이스 등의 서비스를 받을 수 있다.

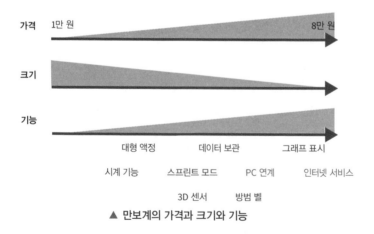

▲ 만보계의 가격과 크기와 기능

기계 학습에 의한 데이터의 분석과 어드바이스를 클라우드에서 처리하면 장치 측에서 굳이 고성능 마이크로컴퓨터를 채택할 필요가 없다. 제품의 가격은 전용 웹사이트에 대한 가치도 포함해서 설정한다. 또한, 보행 이외에도 심장 박동과 체온 등의 정보도 수집할 수 있도록 간단한 시계 형식으로 되어 있는 활동량 측정기라는 제품도 있다. 이러한 제품은 몸과의 밀착을 전제로 하고 있으며, 취침 시간에도 착용하여 항상 데이터를 수집할 수 있다. 이를 통해 단순한 만보계보다 높은 가치를 제공할 수 있으며, 가격도 일반 만보계보다 비싸게 설정하는 것이 가능하다.

■ 스마트폰의 화면과 WAN 접속이 편리

이러한 활동량 측정기를 포함한 최근의 장치는 센서, 최소한의 조작 시스템, 그리고 WAN으로 접속할 수 있는 스마트폰과의 PAN 접속 기능을 구비한 간단한 제품들이 늘어나고 있다. 앞의 만보계와는 달리 노년층을 대상으로 하지 않고, 스마트폰 등의 조작에 어려움이 없는 사람을 대상으로 비용 절감을 도모하고 있다.

이 경우 복잡한 조작이나 고급스런 UI 표시는 스마트폰이나 태블릿에서 제공한다. 저가이면서도 높은 조작성과 많은 정보량을 겸비한 제품은 가격 대비 성능을 원하는 사용자에게 최적의 장치다. 스마트폰과 태블릿이 가정에 보급된 것이 이러한 장치의 등장을 뒷받침한다고 말할 수 있다.

■ 에지 컴퓨팅

이처럼 스마트폰이나 태블릿을 통한 클라우드 접속은 소비자용 장치가 중심이 된다. 산업용 장비로서의 전용 장치가 클라우드 접속 시에는 WAN에 대한 액세스 기능이 필요하다. 농업에서 데이터를 수집하는 사물인터넷 시스템이나 인프라 모니터링을 하는 사물인터넷 시스템 등이 해당된다. 각각의 센서를 탑재한 장치가 직접 WAN에서 클라우드에 접속하면 각종 문제가 발생한다. 또한, WAN 접속을 위한 비용 및 소비 전력이 높아지고, 클라우드로의 접속 및 데이터가 집중되어 처리가 지연된다.

이 문제를 해결하기 위해 설치되는 기기를 에지(edge) 시스템이라고 한다. 에지 시스템은 대량으로 존재하는 센서를 탑재한 소형 장치를 묶어서 데이터를 정리한 다음, 효율적으로 클라우드 등의 센터에 보고한다. 이것에 의해 빠른 응답을 실현하고, 기능을 분산 처리함으로써 WAN 회선의 트래픽을 줄일 수 있다. 성능과 비용면에서의 효과를 기대할 수 있는 기능 배치이기도 하다.

머신러닝도 클라우드에서 처리하는 것이 아니라 이 에지 컴퓨터로 처리되는 경우가 많아지고 있다. 클라우드에서 실시한 학습 결과를 에지 컴퓨터로 복사 및 배포함으로써 각각의 위치에서 인식 판단이 이루어진다. 대량의 이미지를 클라우드에 보내지 않고, 각 에지에서 처리할 수 있으므로 인식 판단도 빨라진다.

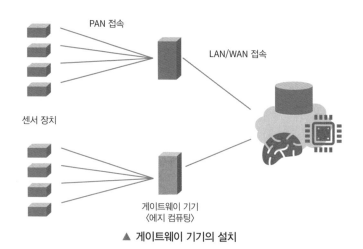

▲ 게이트웨이 기기의 설치

■ 프로토타입에서 PoC로

인터넷, 무선 통신, 스마트폰의 보급에 의해 웹 기반의 서비스 제공은 진입 문턱이 낮아져 많은 B2B 및 B2C 최근에는 C2C 서비스까지 제공된다. 여기에는 클라우드 서비스의 이용도 포함하여 서비스를 시험 제공해 다양한 피드백을 얻고 본격적인 서비스로 전환할 수 있는 환경이 갖추어진 점이 크게 영향을 미치고 있다. 클라우드 측의 프로그램 수정, 스케일 설정의 변경, 스마트폰의 앱 업데이트를 이용하면 각종 기능의 업데이트도 쉽게 할 수 있다.

그러나 임베디드 시스템을 새롭게 제공할 때에는 웹 기반 서비스와 같을 수 없다. 장치의 프로토타입, 양산, 출하, 유통 등의 과정이 필요하기 때문이다. 한편 임베디드 시스템 제품의 라이프사이클은 짧아져, 스마트폰 등은 몇 년 내에 교체되고 있다. 또한, 상품 기획부터 제품을 출시하기까지의 기간(리드 타임)도 짧아지고 있다.

제품의 **프로토타입**을 만들고, 기능 및 성능을 평가하는 것은 지금까지도 이루어지고 있다. 프로토타입은 제품 평가를 목적으로 작성되는 것이며, 제품 사양은 거의 결정된 상황에 만들어진 것이다. 평가 결과에 따라 각종 수정 및 개선이 이루어져 제품으로 출하된다.

최근에는 프로토타입을 만드는 중요성보다도 **PoC(Proof of Concept)**를 만드는 것이 주목받고 있다. PoC는 제품 사양을 결정하기 전에 제품의 콘셉트를 결정할 때 작성한다. 예비 이용자에게 피드백을 얻을 목적으로 이용해 보도록 하고, 세부적인 개선점을 얻는 것이 아닌 보다 큰 콘셉트와 제품의 방향성을 판단할 재료를 얻는다. 또는 현재 방향과 다른 방법의 아이디어를 추출하고 기록한다.

■ 린 스타트업

PoC를 만든다는 것은 상품인 임베디드 시스템이 비즈니스로서 성립하는지를 확인하는 것이다. PoC가 시장에서 받아들여질지를 테스트하고, 그것의 결과 데이터로부터 콘셉트의 좋고 나쁨 등을 파악한다. 이러한 새로운 상품이나 서비스의 위험을 줄이면서 실현해 나가는 방법으로 **린 스타트업(lean startup)**이라는 방법이 있다.

린 스타트업에서는 아이디어를 바탕으로 상품이나 서비스를 구축한다. 이것은 일종의 PoC이지만, 린 스타트업에서는 **MVP(Minimum Viable Product)**라고 부른다. MVP는 최소한의 실용성을 지닌 제품을 이용자들로 하여금 체험해 보도록 하는 등 실용 정도를 측정하는 것이다. 이 측정에서 각종 데이터를 수집하고 거기에서 향후 액션을 생각한다. 액션의 선택은 동일한 접근 방식의 아이디어를 전에 얻은 아이디어에서 추려내거나 또는 기능을 추가하여 제공하는 식으로 지금까지와는 다른 것들을 구축하고 다시 측정하는 방식이다.

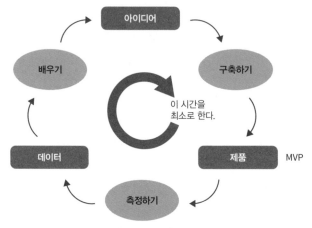

▲ PoC와 프로토타입을 만드는 개발

린 스타트업에서는 위 그림의 피드백 루프를 도는 시간을 최소화하는 것이 중요하다. 웹 서비스 등의 경우에는 서비스의 조회수나 등록수 등 사용자의 반응을 자동적으로 측정할 수 있다. 임베디드 시스템의 경우에는 실제 사용 환경에서의 운용을 통해 고객이나 이용자가 만족을 얻을 수 있는지 측정 항목을 정의한 후에 실증의 장을 만들어야 한다.

임베디드 엔지니어의 학습방법

임베디드 기술의 진화는 웹 등과 비교하면 빠르지 않다고 알려져 있다. 이것은 사실이기도 하지만, 잘못 알려진 것이기도 하다. 미션 크리티컬한 임베디드 시스템이나 고성능이 아닌 염가의 임베디드 시스템에서는 오래된 기술을 현재에도 이용하고 있다. 신뢰성의 관점에서는 옛날의 제조 방식으로 만들어 실적이 풍부한 기술을 사용함으로써 오작동 등의 요인을 줄일 수 있다. 또한, 비용면에서 저렴하고 대량 입수가 가능한 부품을 사용할 수 있다는 장점도 있다. 한편, 사물인터넷이나 인공지능을 활용한 임베디드 시스템은 최첨단 기술을 사용한다. 최신의 마이크로컴퓨터, GPU, 최신의 통신 모듈을 탑재하고 고급 운영체제에서 제어가 이루어진다.

임베디드 엔지니어들은 최신 기술을 따라잡으면서 업무를 진행해 나가지 않으면 안 된다. 그러나 최신 기술도 기반이 되는 기술이 있으며, 그 기반 기술을 응용하여 최신 기술이 태어난다. 최신의 마이크로컴퓨터라도 완전히 새로운 것은 없다. 근간이 되는 마이크로컴퓨터가 있기 때문에 새롭게 기능과 성능이 향상되는 것이다. GPU도 예전 GPU가 하던 것과 기본적으로는 차이가 없다. 기본적인 기능은 DSP에서의 신호 처리와 동일하다. 최신의 통신 모듈 제어도 기존의 통신 모듈과 거의 동일하다. 새로운 기술을 두려워하지 말고 새로운 기술을 사용한다는 기쁨을 즐길 수 있기 바란다.

🔀 수파리 이론

일을 진행하는 방식에는 나름 이론이 있다. 선배들의 일하는 방식에는 선인들의 지혜가 듬뿍 담겨 있어 현재의 방식이 된 것이다. 먼저 선배들의 방식을 흉내내서 작업해 보자.

무술과 다도 등에서는 수파리(守破離)[5]라는 이론이 있다. 개발로 말하면 선배나 부서에서의 작업 방법에서 사용되는 생각, 형태, 기술을 충실히 지키는 것이 필요하다. 이것을 잘 지켜 냈다면 기존의 방법에 자신의 생각이나 다른 작업 방법을 담아 기존 형태(또는 형식)를 깨고 새로운 형태를 만든다. 임베디드 시스템 개발로 말하면 엔터프라이즈나 웹 등 다양한 시스템 개발의 기술을 포함시켜 융합을 도모한다. 또한, 다른 부서나 타사의 생각과 형태를 도입해 볼 수도 있다. 그리고 자신의 형태로서 기존의 유파(현재의 작업 방법)를 떠나 새로운 유파(새로운 개발 절차 및 프로세스)를 만드는 것이다.

신입 엔지니어나 초급 엔지니어는 수파리의 수(守)에 해당하는 선배들의 노하우를 확실하게 마스터하는 일에 도전하길 바란다. 아류의 형식이나 기술은 나중의 성장에 이상한 버릇으로 나타나 방해가 될 수 있다. 단, 배속된 현장의 방식이 항상 올바르다는 보장은 없다. 업무로 바쁘거나 공부 부족을 이유로 잘못된 형식과 기술로 현재의 작업을 진행하고 있을 가능성도 있다. 표준적인 개발 프로세스나 기법과는 다른 진행 방식이라면 선배에게 "왜 이 작업은 하지 않으면 안 되는 건가요?", "왜 이런 방법으로 하는 건가요?" 등의 질문을 해보자. 이런 소박한 질문을 던질 수 있는 것은 신입 엔지니어나 초급 엔지니어일 때뿐이다.

🎯 표준적인 개발 방법 배우기

표준 개발 프로세스나 기법은 어떻게 배우고 이해할 수 있을까? 연구회 및 세미나를 수강하는 것도 좋을 것이다. 참고로 필자의 추천이라면 공부와 실익을 겸한 자격 시험을 활용한 방법이 좋을 것이다.

이미 학창 시절에 프로그래밍을 꽤 할 수 있게 된 사람이라면 자격 시험 응시의 필요성을 느끼지 못할지도 모른다. 그러나 자격 시험에는 두 가지 관점에서 장점이 있다. 하나는 기술을 체계적으로 배울 수 있다는 점이다. 자격 시험은 지식 체계가 정비되어 있으며, 그것을 기반으로 시험 문제가 출제된다. 이 지식 체계를 파악하고 기출 문제를 풀어 나감

---

5 옮긴이 수파리(守破離) 이론이란 다음과 같다.
　　수(守): 스승의 가르침을 준수한다.
　　파(破): 잘 연마한 기술을 응용해서 개인에 맞는 독창적인 방식을 창출한다.
　　리(離): 기존의 것에 연연하지 않고 스승을 떠나 보다 성장한 단계를 의미한다(청출어람).

으로써 기술을 폭넓게 이해할 수 있다.

다른 하나는 기업에 따라 자격 보유로 기술 수당이나 합격 축하금이 지급되는 곳도 있다는 점이다. 또한, 자격증 보유가 승진의 요건이 되는 기업도 있으며, 기업 내에서의 스킬 업에 필요한 경우도 있다. 도급 업무와 파견 업무의 경우에도 보유 자격에 따라 우대를 받을 수 있으며, 기술자를 보유하고 있는 기업에서 자격 취득을 요구하는 경우도 많다.

물론 자격증을 보유하고 있는 것과 제대로 일할 수 있는 것은 별개 문제다. 하지만, 그 분야의 지식을 보유하고 이해하고 있음을 증명하는 데에는 유효하다.

🔯 자신이 직접 정보를 제공하면 다른 정보도 수집된다

선인들의 지혜와 다른 영역에서의 기술을 활용하여 더 나은 작업으로 개선하는 것은 기술자로서 필요한 노력이다. 경험을 쌓으면 쌓을수록 우수한 작업 방법으로 발전되는 법이다.

그런 때에 자신이 하고 있는 절차와 도구 등을 문서나 도구의 형태로 형식화해서 공유하기 바란다. 당신의 절차 및 도구는 다른 사람에게도 효과적일 가능성이 높기 때문이다.

사내에서는 개선을 위한 제안 및 작업 사례로 정보 공유를 도모하고, 작업 표준 등에도 반영할 수 있으면 좋을 것이다. 사외로는 회사나 조직의 허락을 얻은 후 깃허브(GitHub) 등의 저장소에 공유하고, 여러 IT 지식 커뮤니티에도 정보 공유를 도모한다. 이렇게 함으로써 자신과 같은 어려움을 다른 사람들이 똑같이 겪지 않도록 하거나, 반대로 다른 사람의 정보로부터 자신의 업무에 효율적으로 활용할 수 있다.

사내에서의 기술자 커뮤니티는 물론, 사외의 기술자 커뮤니티로의 참여도 추천한다. 회사와 집에 이어서 제3의 장소에서 외부의 엔지니어와 기술 이야기를 하는 것은 기술을 향상시키고 경력에 도움이 된다.

기술은 새로운 무언가를 만들어 낼 수 있는 것이며, 사람에게 도움이 되는 것이다. 또한, 만들어 낸다는 즐거움도 있다. 기술을 즐기고 고급 기술을 습득해 밝은 미래를 만들어 나가자.

Arduino IDE/
Yocto의 설치

이 장의 개요

아두이노 우노를 이용하기 위한 소프트웨어 개발환경의 설치 방법, 라즈베리 파이 3
로 동작시킬 Yocto의 빌드 방법을 소개한다. 아두이노 우노의 개발환경을 설치할 때
는 윈도우를 운영체제로, Yocto 빌드에서는 우분투(Ubuntu) 16.04를 운영체제로
사용한 환경을 전제로 한다.

SECTION 44 | IDE를 윈도우 10에서 설치하기

🖧 Arduino IDE의 입수

구글 등 검색 사이트에서 'Arduino UNO IDE'라고 입력한 후 검색한다. IDE의 사이트를 선택하여 연다.

IDE의 다운로드를 선택한다.

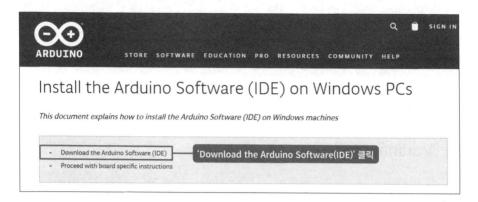

다운로드 페이지를 연다.

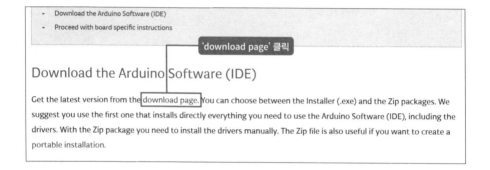

윈도우 버전의 ZIP 파일을 선택한다.

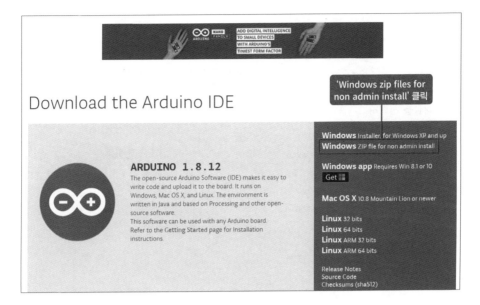

Contribute to the Arduino Software 페이지로 이동한다. 이동한 후 다운로드를 시작한다.

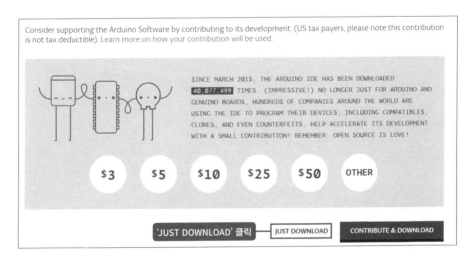

⚡ Arduino IDE의 설치

다운로드가 완료되면 ZIP 파일의 압축을 푼다.

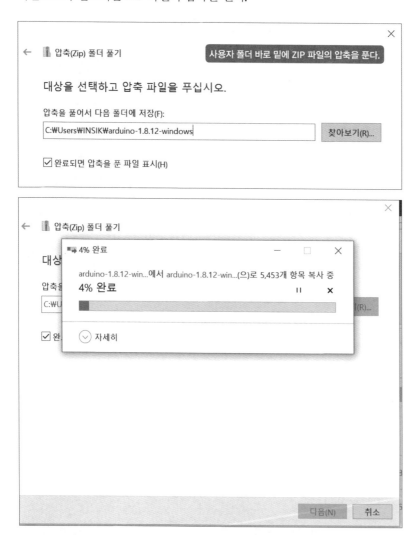

압축을 다 풀었으면 arduino-1.8.12-windows 폴더에 arduino-1.8.12 폴더가 있을 것이다.
경로가 길기 때문에 arduino-1.8.12 폴더를 하나 위의 계층으로 이동시킨다.

이동한 후 arduino-1.8.12-windows 폴더를 삭제한다.

이어서 IDE를 실행하는 데 필요한 경로를 추가한다. 탐색기를 표시하고 PC 아이콘의 속성을 선택한다.

표시된 창에서 '고급 시스템 설정'을 연다.

'고급 시스템 설정'이 열리면 '환경 변수(N)…'를 클릭한다.

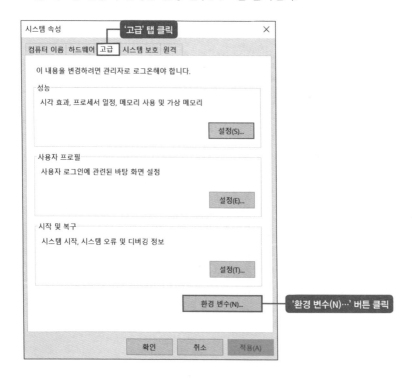

'환경 변수(N)…' 박스가 열리면 시스템 환경 변수를 편집한다.

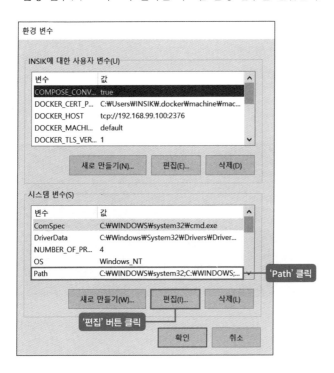

'환경 변수(N)…'의 편집 박스에서 경로를 추가한다. 추가가 완료되면 열린 박스는 모두 닫는다.

🎯 AVR 명령의 동작 확인

명령 프롬프트를 열고 path 명령을 입력하여 경로가 반영되어 있는지 확인한다. 반영되지 않은 경우는 절차를 다시 살펴보기 바란다.

```
path
```

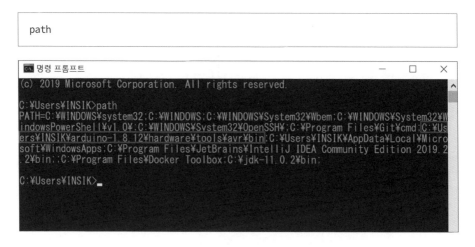

경로가 확인되었다면 명령 프롬프트에서 AVR 명령을 avr-gcc로 입력하여 동작하는지 확인한다.

```
avr-gcc
```

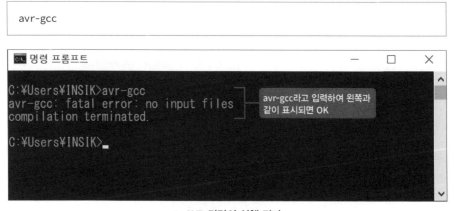

▲ AVR 명령의 실행 결과

SECTION 45 | Yocto 빌드 환경의 준비

🔀 dash의 전환

PC에 설치한 우분투를 시작한다. 먼저 사용하는 셸을 bash로 전환한다. 화면의 요청에 대해 '아니오'를 선택한다.

```
$ sudo dpkg-reconfigure dash
```

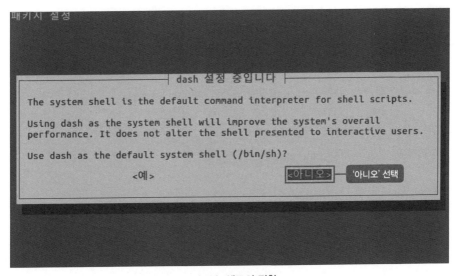

▲ bash 셸로의 전환

🔀 빌드에 필요한 패키지 설치

먼저 빌드에 필요한 패키지를 설치한다.

```
$ sudo apt-get update
$
$ sudo apt-get install gawk wget git-core diffstat unzip texinfo gcc-multilib
build-essential chrpath libsdl1.2-dev xterm cmake subversion coreutils unzip
texi2html texinfo docbook-utils fop gawk python-pysqlite2 make gcc xsltproc
g++ desktop-file-utils libgl1-mesa-dev libglu1-mesa-dev autoconf automake
groff libtool libxml-parser-perl
```

PC가 64비트 환경일 때, 다음의 파일도 설치한다.

```
$ sudo apt-get install libncurses5-dev
$ sudo apt-get install lib32z1
$ sudo apt-get install lib32ncurses5
$ sudo apt-get install ncurses-dev
```

🔯 프록시의 설정이 필요할 때

빌드 환경이 프록시(proxy) 네트워크일 때 프록시를 통과하기 위한 설정이 필요하다. 다음
의 예에서는 네트워크 포트를 8080으로 설명하고 있다. 프록시 서버의 ID, 패스워드, 프
록시 서버 명의 설정 부분은 사용 환경에 맞게 변경한다.

■ /etc/apt/apt.conf의 작성

vi 에디터를 사용하여 /etc/apt/apt.conf을 작성한다.

```
$ sudo vi /etc/apt/apt.conf
```

▼ 파일 /etc/apt/apt.conf

```
Acquire::ftp::proxy "ftp://ID:PASSWORD@"proxy 서버 명":8080/";
Acquire::http::proxy "http://ID:PASSWORD@"proxy 서버 명":8080/";
Acquire::https::proxy "https://ID:PASSWORD@"proxy 서버 명":8080/";
```

■ ~/.wgetrc 파일의 작성

동일하게 vi 에디터로 ~/.wgetrc 파일을 작성한다.

```
$ cd ~
$ vi .wgetrc
```

▼ 파일 ~/.wgetrc

```
http_proxy=http://ID:PASSWORD@proxy 서버 명:8080/
https_proxy=http://ID:PASSWORD@proxy 서버 명:8080/
ftp_proxy=http://ID:PASSWORD@proxy 서버 명:8080/
```

■ ~/.bashrc의 추가

환경 변수로 ~/.bashrc에 프록시의 추가가 필요하다. vi로 다음의 내용을 추가한다.

```
$ cd
$ vi .bashrc
```

▼ 파일 ~/.bashrc

```
export http_proxy=http://ID:PASSWORD@proxy 서버 명:8080/
export https_proxy=http://ID:PASSWORD@proxy 서버 명:8080/
export ftp_proxy=http://ID:PASSWORD@proxy 서버 명:8080/
```

■ 프록시 통과를 위한 프로그램 설치와 설정

git을 이용하여 프록시 서버를 통과할 때에는 cockscrew라는 프로그램이 필요하다. 다음은 corkscrew를 설치하는 방법이다.

```
$ sudo apt-get install corkscrew
$
$ cd
$ sudo vi /usr/local/bin/git-proxy
```

▼ 파일 /usr/local/bin/git-proxy

```
#!/bin/sh
exec /usr/bin/corkscrew【 proxy 서버 명】 8080 $1 $2 ~/.proxy_auth
```

작성한 git-proxy에 실행 권한을 부여한다.

```
$ cd
$ sudo chmod 755 /usr/local/bin/git-proxy
```

.bashrc에 git-proxy를 추가한다.

```
$ cd
$ vi .bashrc
```

▼ 파일 .bashrc

```
export GIT_PROXY_COMMAND=/usr/local/bin/git-proxy
```

git-proxy 명령에 건넬 파라미터를 작성한다.

```
$ cd
$ vi .proxy_auth
```

▼ 파일 .proxy_auth

```
ID:PASSWORD
```

라즈베리 파이 3의 Yocto 환경 구축

라즈베리 파이 3의 Yocto 환경을 구축한다.

🔧 Yocto의 버전

최신 대응 버전은 2.6.1이다. 이 절차서는 thud(2.6.1)을 대상으로 설명할 것이다.

🔧 Yocto의 환경 구축

임의의 디렉터리를 작성한다.

```
$ mkdir ~/yocto
$ cd ~/yocto
```

■ 디렉터리 구성

poky의 소스 코드와 각 레이어를 다음과 같이 구성되도록 배치한다.

```
~/yocto
├── build
│   └── conf
├── downloads
└── sources
    ├── meta-openembedded
    ├── meta-raspberrypi
    └── poky
```

■ Yocto, 라즈베리 파이 3의 취득

다음의 명령으로 Yocho 환경과 라즈베리 파이 3의 환경을 다운로드한다. 라즈베리 파이 3의 환경도 얻는다.

```
$ mkdir sources
$ cd sources
$ git clone git://git.yoctoproject.org/poky.git -b thud
$ git clone git://git.openembedded.org/meta-openembedded -b thud
$ git clone git://git.yoctoproject.org/meta-raspberrypi -b thud
```

🔀 Yocto 환경의 셋업

빌드를 실행하기 전에 Yocto의 레이어를 구성한다.

■ 레이어 구성 절차

Yocto의 레이어 구성을 실시한다. Yocto의 레이어 구성은 build 디렉터리인 conf/bblayer. conf에 기재된다.

```
$ cd ~/yocto
$ source sources/poky/oe-init-build-env
$
$ bitbake-layers add-layer ../sources/meta-openembedded/meta-oe
$ bitbake-layers add-layer ../sources/meta-openembedded/meta-python
$ bitbake-layers add-layer ../sources/meta-raspberrypi
```

■ 환경 파일의 편집

Yocto 빌드 실시 때의 환경 파일에 빌드를 위한 설정을 기재한다. 환경 파일은 build 디렉터리인 conf/local.conf에 기재한다.

```
$ cd ~/yocto
$ source sources/poky/oe-init-build-env
$
$ vi conf/local.conf
```

▼ 파일 conf/local.conf

```
# for raspberrypi3
MACHINE = "raspberrypi3"
DL_DIR ?= "${TOPDIR}/../downloads"

# systemd
DISTRO_FEATURES_append = " systemd virtualization"
VIRTUAL-RUNTIME_init_manager = "systemd"
DISTRO_FEATURES_BACKFILL_CONSIDERED = "sysvinit"
VIRTUAL-RUNTIME_initscripts = ""

# for weston
#MACHINE_FEATURES += "vc4graphics"

# enable serial debug
ENABLE_UART = "1"
```

■ 빌드의 실행

빌드를 실행한다. 이번에는 CUI(Command User Interface)의 이미지를 작성한다.

```
$ cd ~/yocto/build
$ bitbake rpi-basic-image
```

■ SD 카드의 데이터

빌드가 완료되면 라즈베리 파이 3용 SD 카드 이미지가 만들어진다. 카드 이미지 파일은
다음의 ls 명령으로 확인할 수 있다.

```
$ cd ~/yocto/build/tmp/deploy/images/raspberrypi3/
$
$ ls rpi-basic-image-raspberrypi3.rpi-sdimg
```

■ SD 카드의 작성

SD 카드를 작성한다. SD 카드의 장치 인식은 PC 환경에 의존하기 때문에 제대로 실행하
기 바란다. 이 작업은 사물인터넷의 디바이스 수만큼 실시해야 한다.

```
$ cd ~/yocto/build/tmp/deploy/images/raspberrypi3/
$ sudo dd if=rpi-basic-image-raspberrypi3.rpi-sdimg of=/dev/sdX bs=100M
```

참고로 sdX는 사용 환경에 따라 다르다(sdb, sdc 등). 잘못된 장치 경로를 지정하면 해당 장치의 데이터가 제거되므로 충분히 주의하여 실행하도록 한다.

---

column | rpi-basic-image는 언젠가 사라진다

rpi-basic-image를 지정하여 bitbake를 하면 경고 메시지가 표시될 것이다. 아직 통합 단계이지만, 언제가 rpi-basic-image는 사라질 것이고, core-image-base라는 이미지 명으로 변경될 예정이다.

core-image-base는 Yocto 2.6(thud)이면 현재도 사용할 수 있다. 라즈베리 파이 3B+ 하드웨어의 와이파이나 블루투스도 사용할 수 있도록 처음부터 빌드해 준다. 앞으로는 core-image-base를 사용하는 것이 좋다.

찾아보기